大道知行

国际儒学联合会系列讲座

滕文生

第二辑

国际儒学联合会 组编

辽宁人民出版社

图书在版编目（CIP）数据

大道知行：国际儒学联合会系列讲座. 第二辑 ／ 国际
儒学联合会组编. — 沈阳：辽宁人民出版社，2023.8
ISBN 978-7-205-10797-0

Ⅰ. ①大… Ⅱ. ①国… Ⅲ. ①儒学—文集 ②儒学—
应用—企业管理—文集 Ⅳ. ①B222.05-53 ②F272-53

中国国家版本馆CIP数据核字（2023）第125252号

出版发行：辽宁人民出版社
　　　　　地址：沈阳市和平区十一纬路25号　邮编：110003
　　　　　电话：024-23284321（邮　购）　024-23284324（发行部）
　　　　　传真：024-23284191（发行部）　024-23284304（办公室）
　　　　　http://www.lnpph.com.cn
印　　　刷：辽宁新华印务有限公司
幅面尺寸：170mm×240mm
印　　张：30.75
字　　数：350千字
出版时间：2023年8月第1版
印刷时间：2023年8月第1次印刷
责任编辑：郭　健　张婷婷
装帧设计：G-Design
责任校对：吴艳杰
书　　号：ISBN 978-7-205-10797-0

定　　价：128.00元

本书编委会

主　任

滕文生

副主任

赵毅武　贾德永　孟宪实

委　员

（按姓名笔画排序）

于建福　牟钟鉴　李　岩　张　践　张立文

张学智　周桂钿　单　纯　桂晓风　高长武

郭　沂　郭　昱　舒大刚　蓝素红　楼宇烈

儒学文化的本质特性、思想价值与发展前途

　　如何认识儒学的特性、价值和前途，是一个很值得探讨和研究的问题。我的总体看法是：儒学的思想价值，不仅可以用来为实现各国各地区的共同发展、维护世界和平、建立以合作共赢为核心的世界新秩序、促进和改善全球的治理服务，而且一定能发挥它的重要影响和作用。这是由儒学所具有的本质特性决定的。儒学在中国产生以后，不仅存在和发展于中国，而且传播到亚洲和世界其他地方，一直传承和延续到今天，它之所以有着持久不衰的发展生机与活力，有着不断繁荣进步的发展前途，也是由它所具有的本质特性决定的。

　　那么，儒学具有哪些本质特性呢？我认为，最主要的是四个方面的特性：一是开放包容；二是实事求是；三是经世致用；四是与时俱进。

　　因为儒学具有开放包容的特性，所以它对别的学说

能够"兼收并蓄、海纳百川"，能够在相互共存之中取人之长补己之短，也就能够不断地丰富和发展自己。当孔子所代表的儒家思想产生之时，与它同时并立的还有老子所代表的道家思想、墨子所代表的墨家思想，等等。正是由于虚心向道家、墨家等学说学习，认真从中吸取思想营养，儒家思想才成为了中国春秋战国时期诸子百家中首屈一指的"显学"。当它传播到东亚其他地区，又能与当地的思想文化交相融合，促进了东亚儒学文化圈的形成。当佛学从外国传入中国后，它不仅能与之共容共存，而且将佛学引为自己鉴短取长的学习对象。这些都体现了儒学的开放包容的特性，以及由此给它带来的生生不息的发展活力。

因为儒学具有实事求是的特性，所以它要求人们"惟是以求、知错必纠"，而不能"知错不改、文过饰非"。实事求是，这一思想概念出自中国史籍《汉书·河间献王刘德传》，刘德是一个具有儒家思想的人，《汉书》说他是"修学好古、实事求是"。实事求是的精神，在中国儒学文化的发展历程中是一以贯之的，是中国历代儒学学者所追求和坚持的。这里举一个例子就可以说明。东汉的著名儒学思想家王充在《论衡》一书中，有两篇题为《问孔》与《刺孟》的文章。王充在文中认为，即使对孔子、孟子这样的圣贤和儒家学说创始人，如果发现他们思想中有疏失有错误，也应加以"问难"，以纠"非"而明"是"。他说："夫圣贤下笔造文，用意详审，尚未可谓尽得实，况仓猝吐言，安能皆是？"像王充这样敢于指出和纠正前辈儒学思想家著述与言行中的错误的学者，在古往今来的中国儒学界所在多有。这就足以说明求实求真求是，是儒学文化所具有的重要特性。

因为儒学具有经世致用的特性，所以它要求人们做到"知行合一、躬行为务"。所谓"经世致用"，就是要坚持将儒学的道德要求和思想主张应用于个人的修养和国家、社会的治理中去，也就是儒学大家们坚持倡导的"修身、齐家、治国、平天下"和"实干兴邦"。在中国西汉时期，著名儒学思想家董仲舒提出"独尊儒术、罢黜百家"的方针，为汉武帝所采纳。实行这一方针的目的和实质，并不是要排斥，更不是要废止其他各家的思想学说，而是要把积极进取、致用为上的儒家学说确立为治国理政的主导思想，同时发挥其他各家学说的长处与优势，共同致力于维护国家统一，实现国泰民安，推动经济社会的发展和进步。正是由于儒学作为中国传统文化的主干，充分发挥了它的治国理政、开物成务的实践功能，不仅成就了它对中国文明的发展不断作出重大贡献，而且保证了它不断从社会实践中吸取养分，从而不断滋养和丰富自己的思想价值。这也是儒学能够长久保持旺盛生命力的一个法宝。

因为儒学具有与时俱进的特性，所以它能够"因时达变、推陈出新"。主张惟陈言之务去、弃旧而图新，反对蹈常袭故、陈陈相因，是中国历代儒学学者和儒学工作者为学与治世的共同追求。儒学产生以后的两千多年间，在中国历史上经历过多次大的自我更新与演进。先是从先秦时期的儒家学说演进为两汉时期的经学，后来又经过魏晋南北朝和隋唐的儒释道三学并立与交融互鉴，演进为宋明时期的理学，随后又经过总结和吸取理学过于空疏的教训，演进为清朝时期的实学。新中国成立以后，经过对传统儒学的去粗取精、去伪存真的改造，弘扬和发展儒学所蕴含的思想精华，使之为社会主义事业的发展服务，成为社会主义精神文明的组成部分。正是由于中国历代儒学学者、儒学工作者和一切具有远见卓识的思想家、政治家，不断根据时代条件、历史使命和社会实践发展变化的需要，适时地推动儒学的创造性转化和创新性发展，才保证了儒学与不断前进的社会实践同在，与长流不息的文明之舟共进。

总之，儒学所具有的这些本质特性是十分宝贵的，是儒学的精髓所在。它们赋予了儒学长久不衰的生机与活力，引领和推动着儒学不断地为历史的前进和社会的发展进步贡献智慧与力量。

当今世界已经进入全球化时代，各国各地区的思想、政治、经济、文化、社会的联系空前紧密，各种不同文明的对话与交流与日俱增；同时在全球化的推动下，今天的人类社会无论是物质文明还是精神文明都取得了巨大进步，特别是物质文明的进步达到了古代世界完全不可想象的繁荣境地。这些都为人类命运共同体的构建创造了前所未有的有利条件。但是，全球化也像所有的事物一样，有利也有弊，是利弊共存的对立统一体。它在给人类带来巨大利益与进步的同时，也带来了不少弊端与难题。例如，贫富差距持续扩大、物欲追求奢华无度、个人主义恶性膨胀、社会诚信不断消减、伦理道德每况愈下、人与自然关系日趋紧张，等等。要消除和解决这些弊端与难题，不仅需要运用人类社会今天创造和发展的各种智慧与力量，而且需要运用世界各种文明以往所积累和储存的一切智慧与力量。毫无疑义，对于具有悠久历史的儒学文化，应该充分挖掘其蕴集的丰富思想价值，结合全球化、现代化的实际，实现其新的创造性转化和发展，使之为改进全球治理，为消除和解决全球化、现代化中存在的弊端与难题，作出更多的贡献。

关于儒学和以儒学为主干的中国传统文化所蕴集的思想价值，习近平主席 2014 年 9 月在纪念孔子诞辰 2565 周年国际学术研讨会暨国际儒学联合会第五届会员大会开幕会上的讲话中已作了重要概述。他指出："包括儒家思想在内的中国优秀传统文化中蕴藏着解决当代人类面临的难题的重要启示，比如，关于道法自然、天人合一的思想，关于天下为公、大同世界的思想，关于自强不息、厚德载物的思想，关于以民为本、安民富民乐民的思想，关于为政以德、政者正也的思想，关于苟日新日日新又日新、革故鼎新、与时俱进的思想，关于脚踏实地、实事求是的思想，关于经世致用、知行合一、躬行实践的思想，关于集思广益、博施众利、群策群力的思想，关于仁者爱人、以德立人的思想，关于以诚待人、讲信修睦的思想，关于清廉从政、勤勉奉公的思想，关于俭约自守、力戒奢华的思想，关于中和、泰和、求同存异、和而不同、和谐相处的思想，关于安不忘危、存不忘亡、治不忘乱、居安思危的思想，等等。中国优秀传统文化的丰富哲学思想、人文精神、教化思想、道德理念等，可以为人们认识和改造世界提供有益启迪，可以为治国理政提供有益启示，也可以为道德建设提供有益启发。"同样，世界上其他各种历史文化中蕴含的各具特色的思想价值，也都应结合当今的时代条件加以继承和弘扬，使之共同为消除全球化、现代化中存在的弊端，为解决全球化、现代化带来的难题，促进世界的和平与各国的共同发展，造福于人类的现在与未来而服务。

儒学文化与世界上其他所有的传统文化一样，在其形成和发展过程中，不可避免会受到当时人们的认识水平、时代条件、社会制度等局限性的制约和影响，因而也不可避免会存在陈旧过时或已成为糟粕的东西。这就要求人们在学习、研究、应用儒学文化时要坚持革故鼎新、择善而从，取其精华、弃其糟粕，而不能不加分析地照套照用。具体说来就是：一要采取有鉴别、有扬弃的继承态度；二要把握好继承的目的是古为今用、以古鉴今，而不是厚古薄今、以古非今；三要紧密结合新的社会实践和时代要求，不断总结和吸取实践中的新鲜经验，使儒学文化的思想精华能够因时制宜地实现新的转化、升华和发展。所有从事儒学文化工作的同仁应该注意贯彻这些原则。

历史已经进入 21 世纪，这将是一个充满巨变而又有着光明前途的世纪。几千年来人类积累的一切理性知识和实践经验，依然是我们在新的世纪创造性前进的重要基础。只有不断地发掘、利用人类已经积累和正在创造的一切优秀的思想文化成果，特别是其中蕴含的启示、智慧与经验，我们才能更好地认识世界、认识社会、认识自己，才能推动全球化和现代化健康地向前发展，才能更好地开创人类社会和人类文明的美好未来。

滕文生

目录

《山径春行图》（局部）南宋·马远

中华优秀传统文化是我们的根

徐惟诚

中国大百科全书出版社原总编辑，兼任中国家庭文化研究会会长，中国人民大学道德科学研究院院长，中国伦理学会名誉会长等职。

主要研究方向为伦理学和道德建设。

在企业文化建设的研究中，前几年对国外相关学者研究成果的关注好像比较多一些，近几年对有关传承中华优秀传统文化的关注则呈上升的趋势。

这种现象很正常。我们是在中国的大地上，建设中国企业的文化，自然要面向中国的实际，解决中国的问题。经过反复的实践，大家逐渐体会到，企业文化最根本的是要解决企业灵魂的建设，要建设共同的核心价值观。怎样建设企业的灵魂，我们开始研究的时候，好像还没有想清楚企业文化是什么东西。最开始我们重视的是表面的东西，包括企业形象设计之类。逐渐大家觉得企业文化，最重要的还是要解决这个魂，企业要有一个魂。这样就要在企业当中建设共同的核心价值观，必然把企业文化的建设逐渐聚焦到这个上面来。企业由众多的自然人组成，在不断变幻的市场中竞争，各种不同的观点互相激荡，只有形成共同的核心价值观，有了判别是非、美丑、对错的价值标准，才能形成合力，才能团结奋斗，才能保持定力，才能不断地抓住机遇，克服困难，及时应对，走向胜利。

特别强调"及时"两个字，因为有许多人在不同的观点间震荡，这好像没关系，大家讨论到最后择其善者而从之。实际上不是这么回事。企业在市场中竞争，机遇、挑战转瞬即逝，争了半天，说应该这样办，大家都一致了，机会已经过去了。必须要能够及时应对，企业在市场当中才能发展。要及时应对，特别是像中国从一个落后的状况要走向现代化，一大堆新观念天天涌进来，不知道哪一个符合需要，哪一个不符合。自由、民主，争论半天，什么时候能够做起来？要解决这个问题必须要有，最起码的，最大公约数，就是核心价值观。

培养共同的核心价值观，离不开中华优秀传统文化，这是中国的一个优势。几千年来中华优秀传统文化滋养着我们的民族，成为支撑民族发展繁荣的精神力量，引导我们应对各种挑战，适应形势的各种变化。传统文化自身也不断地得到丰富和发展，显示出强大的生命力。中华优秀传统文化已经渗透在我们的血液中，成为我们民族的基因，是我们共同的根，有这个共同的根，是我们最大的幸福，我们应当爱护它、珍惜它。这么丰富的内涵，能够应对各种各样情况的经验，我们有这样的东西，就更容易在市场的激荡中保持定力，保持自身发展的速度。

中华优秀传统文化有博大精深的内容，蕴藏着解决当代各种问题的重要启示。如"天下兴亡，匹夫有责""苟利国家生死以""留取丹心照汗青"，这些都是爱国的观念。如"筚路蓝缕，以启山林""锄禾日当午，汗滴禾下土""天行健，君子以自强不息""良田万顷，不如薄技随身"，这些都是讲劳动、奋斗、创造。如"苟日新，日日新，又日新""青出于蓝而胜于蓝""后来居上"，这都是讲革新、创造。如"俭以养德""一粥一饭，当思来之不易""咬得菜根，百事可做"，都是讲勤俭节约。如"仁者爱人""老吾老以及人之老""出入相友，守望相助""扶贫济困"，这都是讲互助、关爱。如"一诺千金""人无信不立"，讲的都是诚信。如"和而不同""包容""己所不欲，勿施于人"，说的是和谐。还有，"天下为公""民为邦本""不患寡而患不均"，等等。大体上我们今天能够碰到的各种问题，在中国传统文化中都可以找到启示我们正确处理的思想资源。这些思想和理念完全可以随着时代的发展与时俱进，成为核心价值观的重要源泉。

不要以为只有上了本本，特别是圣人的本本，才是中华优秀传统文化。中华优秀传统文化早已渗透进我们民族日常生活的方方面面，它就存在于我们的语言、文字、风俗、习惯、民间节庆活动、民谣、戏曲、俗语、谚语、家训、家规、家风、邻里关系、待人接物之中。这里有中国人独特的精神世界，有百姓日用而不觉的价值观。许多人不用价值观这个词，甚至都不知道自己有价值观，但是他天天用价值观判断是非，已经到处都存在了。重视、结合和运用渗透在日常生活中的优秀传统文化，必将使文化建设收到事半功倍之效，更加容易得到群众的理解和支持。

弘扬优秀传统文化当然不可以泥古不化。传统文化本身有精华和糟粕之分，精华部分也要随着时代的发展而发展。孔子说仁，每一次说的都不完全一样，而又基本相通，他被称为"圣之时者"，而不是"以不变应万变"。我们今天更要重视优秀传统文化与现代生活的对接，用创造性转化和创新性发展来同现实文化相融相通，新知旧识凝聚蓬勃生机，共同为中国的企业增添活力。

儒家修养论今说

楼宇烈

北京大学哲学系暨国学研究院教授、博士生导师，北京大学宗教文化研究院名誉院长。兼任教育部社会科学委员会委员，全国古籍整理出版规划领导小组成员，全国高校古籍整理研究工作委员会委员。

主要著作有《国学精神——中国的品格》《郭象哲学思想剖析》《试论近代中国资产阶级改良派的哲学思想》等。

一、儒家文化中的人格塑造及近代挑战

人与动物的本质区别究竟在什么地方？古今中外的前贤硕儒，从不同的角度进行过大量的探讨和论述。有的以人具智识理性与动物区别开来，有的以人不能离群（社会组织、人际关系）为与动物区别的标志，有的以人的行为的自觉性和合目的性为与动物的本质区别，有的以人有伦理观念、道德意志为与动物的根本区别，等等。这些论点，虽说有深浅的不同，有本质和非本质的区别，但并不是互不相容的。如果人们能够正确地理解这些从不同角度说明人与动物区别的论述，则对于全面把握人的本质都还是有其理论价值的。

中国古贤们在上述各种理论中，更强调把是否具有伦理观念和道德意志作为区别人与动物的根本标志。如孟子说：人与禽兽的差别只有那么一点点，一般人常常轻易地丢弃它，而君子则牢牢地保住它。这一点点的差别就在于人是具有伦理意识、道德情感的。所以，孟子又说：没有恻隐之心，没有羞恶之心，没有辞让之心，没有是非之心，是不能称作人的。荀子在论述人与万物的区别时也特别强调，人是因为具有了礼义，才成为天下万物中最尊贵者的。他还说，天上最明亮的是日月，地上最明亮的是水火，万物中最明亮的是珠玉，而对于人类来说，最明亮的则应当说是礼义了。孟、荀以上的论述，代表了中国传统文化对于人与天地万物本质区别的最基本观点。《礼记》中归纳说，人如果不讲礼义，即使能说话，那也还是禽兽之心。禽兽没有礼义，父子可同与一雌性禽兽发生关系。因此之故，圣人出来制定礼义以教化人，使人因有礼义而自觉地与禽兽区别开来。以后各时代、各学派学者的有关论述，虽说也有不少发展和丰富，但从总体上讲，都没有超过这一基本观点。

（一）人格的确立与提升

基于以上对于人的本质的理解，所以在中国传统文化中，尤其是儒家文化中，把人格的确立（以区别于禽兽）和提升（以区别于一般人）放在第一位，因而也就特别强调伦理观念、道德规范的教育和养成。儒者们十分推崇孔子"学而不厌，诲人不倦"（《论语·述而》）的精神，重视个人的学习和对他人的教育。而在他们的心目中，学和教的首要内容是完全相同的，即学习和教人如何做人（为人），亦即确立和提升人格的问题。孔子说："古之学者为己，今之学者为人。"（《论语·宪问》）所谓"为己""为人"的意思，可以用孟子的一段话来作说明。孟子说："有天爵者，有人爵者。仁义忠信，乐善不倦，此天爵也；公卿大夫，此人爵也。古之人，修其天爵而人爵从之；今之人，修其天爵以要人爵，既得人爵而弃其天爵。"（《孟子·告子上》）荀子的解释则说："古之学者为己，今之学者为人。君子之学也，以美其身；小人之学也，以为禽犊。"（《荀子·劝学》）这里的"美其身"，就是"为己"，相当于孟子讲的"修天爵"，指人格的提升；而所谓的"为禽犊"，就是"为人"，相当于孟子讲的"要人爵"，即把"学"作为追求名利的手段，这是儒家大师们最为反对的。这里，我们还可举出南宋两位不同学派的著名学者的论述为例，来说明这一点。如心学大家陆九渊说：人们学习究竟为了什么？人生在天地之间，做人就应当尽其为人之道。因此，人们之所以求学，就是学如何为人而已，没有其他的目的。理学大家朱熹则在他的《白鹿洞书院揭示》中说道：考察以往圣贤之所以教人，无非是让人们探求明白做人的道理，进行自我修身，然后推以及人。并不只是教人们广闻博记，写漂亮文章，以便去沽名钓誉，追求利禄。

（二）中国传统文化中的伦理道德根据

在中国传统文化中，关于建立人的伦理道德的根据问题，有着各种不同的甚至相反的观点。如有的以性善论为建立人的伦理道德的根据（如孟子等），有的则以性恶论为建立人的伦理道德的根据（如荀子等）。此外，还有性无善无恶、性有善有恶、性可善可恶等种种理论。尽管在建立人的伦理道德的根据上有如此众多的分歧，然而在如何才能建立起人的伦理道德，或者说如何才能成为一个真正的人，这一点上，则几乎是完全一致的，即都认为必须通过教育、学习和修养。孟子认为，人人都具有"亲亲""敬长"的"良知""良能"，人人都具有"恻隐""羞恶""辞让""是非"之心，是为为善之端。所以，从根本上来说，人的本性是善的。但是，由于环境的影响和个人的懈怠，这些善的本性在不断地丧失，如果没有教育、学习和修养，这些"良知""良能"和为善之端，是不会自动地发展为仁义礼智等道德行为的，当然也不会成为具有完善人格的人的。所以孟子说："学问之道无他，求其放心（放逸、放失之心）而已矣！"（《孟子·告子上》）荀子认为，人生而好逸恶劳，好利恶害，有好利心、疾恶心和耳目之欲求，等等，如果顺其发展，必然走向争夺暴乱。所以。从根本上来说，人的本性是恶的，必须有待于教育、学习和自我修养，才能使人成为一个有伦理观念、遵守道德规范的人。因此，荀子所著之书，首篇即题为"劝学"。他说，从学的意义来讲，就是要从学做一个懂礼义的人开始，而最终成就为一个圣人。从这一意义来讲，"学"是一刻也不能没有的。学了就能成为一个人，不学就会沦为禽兽。

总观历代儒家学者的有关论述，我们可以看到，在基本人格的确立，基本伦理观念、基本道德规范的养成方面，他们着重强调的是社会良好环境的创造，以及师友、父母的言传身教。而在人格的提升、伦理观念的深明和道德规范的自觉、道德境界的向上方面，则着重强调个人的学习和修养。孔子说：实践仁的品德，完全是自己的事，难道还要靠别人！又说：仁的品德离我们很远？不，我想要得到它，它就会来到。孟子也说：君子遵循正确的道理和方法去不断地提高，主要是要求他自觉地有所得。正确的道理和方法，就像大路一样一目了然，哪有什么难于了解的？所怕的是人们不去求罢了。这些话都强调了个人修养在提升道德人格方面的决定作用。毫无疑问，社会环境对于人格品德形成和提升是有着巨大影响的，同时显而易见的事实是，生活在大致相同社会环境中的人们，在人格品德等各个方面却往往存在着极大的差异。这说明，同样的社会环境对于不同的人，所发生的影响和效果是很不相同的。究其原因，主要是与每个人的主观努力和接受程度直接相关。从理论上讲，也就是人们常说的，外因必须通过内因起作用。这就是个人修养既必要又重要的现实根据和理论根据之所在。

（三）儒家修养论在近代受挫

近代以来，人们对于儒家的修养论有许多十分严厉的批判，其中有不少是缺乏科学性的，但如果把它放在近代反封建的历史背景下去考察，这些严厉的批判是可以理解的。然而，在史无前例的十年内乱期间，却大大地发展了这种对传统文化不科学的批判运动。它首先给传统文化中儒家的修养论定为封建地主剥削阶级的、唯心主义的货色，然后去批判刘少奇同志的《论共产党员的修养》。因为刘少奇同志在该书中充分肯定并强调了共产党员自我修养的必要性和重要性，同时也认为在中国儒家中有许多修养身心的方法是可以借鉴利用的。而通过对刘少奇同志《论共产党员的修养》的批判，不仅进一步否定了传统文化中儒家的修养论，甚至进一步完全否定了一般的自我修养的必要性。应当指出，内乱期间炮制出来的这种完全否定自我修养的谬论，一度曾给社会的德育带来了极大的冲击、极坏的影响。至今，人们也不应当忽视其在理论上和思想上所造成的混乱，而应当予以必要的澄清。事实上，随着物质文明的高速发展和世界交往的日益开放，社会对于现代人的品质要求是越来越高了。所以，对于现代社会的每一个成员来说，不是要不要自我修养的问题，而是如何加强自我修养以适应现代化社会的问题。古语说得好："玉不琢，不成器；人不学，不知道。"（《礼记·学记》）这是一个朴实无华、颠扑不破的真理。

二、儒家修养论的范围方法及其现代意义

我国古代哲人们在修养问题上有着极其丰富的理论阐发和实践原则，对于这些理论和原则我们不仅要进行历史的整理研究，而且要根据时代的需要"择其善者而明用之"（《荀子·王霸》），即选择其精华，阐明其现代

意义，把它运用到现代人的修养生活中来。以下，就儒家修养论所论及的有关修养范围和方法等方面作一些考察，探求一下其中有没有值得我们今天借鉴、吸收和发展的东西。

儒家所讲的修养主要是道德方面的修养，但他们所讲的道德是一种广义上的道德，它包括了作为一个社会的人所应具备的各方面的基本品质。因此，儒家讲的修养范围，实际上包括了一个人的文化、艺术、性格、品德等多方面的修养。儒家在这方面有许多论述是相当深刻的，很值得我们择其善者而明用之。

（一）文化修养

文化修养，首先当然是一般文化知识的接受和提高。由于儒家着重强调的是德育和修养，所以在许多人的印象中都认为，儒家轻视一般文化知识的教育和修养。其实，这种印象是不够全面的。在中国历史上，儒家是以从事社会国民教育为主要职业的一个学派。他们的教育对象，从幼儿开始到各种专门人才都有。他们的教育内容，则从童蒙识字开始到各种专门知识的传授。《论语》记载，孔子以四方面的内容教育学生，首先教的是历史文献。他也认为，通过学习《诗经》，不仅可以学到许多做人的道理，同时也可以增加许多关于鸟兽草木方面的知识。孔子非常注意"因材施教"，在他的学生中既有以德行著称的颜渊、闵子骞等，也有专长于政事的冉有、季路等，同时也还有语言方面的专家，如宰我、子贡等，和文学方面的专家，如子游、子夏等。可见，儒家对于文化知识教育也还是相当重视的。他们反对的只是为知识而学知识的倾向，而强调学知识要有助于提高人的道德品质。在今天新知识层出不穷、瞬息万变的信息时代，人们如果在文化知识方面不能不断地提高和更新，则必将被时代所淘汰。但是，在人们不断提高和更新文化知识时，也不能回避这样一个问题：这些高、新、精、尖的知识，在迅速提高人们的物质生活的同时，是否有利于改善人的整体生存环境，是否有助于人的精神生活的提升？目前世界上日益热门的研究课题，如新兴的"生态伦理学"（我以为还应当提出"科技伦理学"），以及古老的"人生价值论"，等等，正是由此而提出来的。这样，儒家把一般文化知识与伦理联系起来的传统观念，对以上今天人们所关心和思考的热点问题，不也还是有某种启发意义吗？

儒家所讲的文化修养，不单单是知识的高低多少，同时也表现在一个人的礼仪风度方面。我觉得，这一点在今天似乎很有必要特别提出来讲一讲。我们许多人似乎特别欣赏那些在礼仪上不拘小节的人，认为这样才是"潇洒"。而在我们对中小学青少年的一般文化教育中，也主要偏重于知识的传授，而对他们的基本礼仪规范的养成教育则是很不够的。更令人担忧的是，今天有一些"小皇帝"，在"二"（父母）加"四"（祖父母、外祖父母）的百般溺爱下，将不知礼貌仪表为何物。孔子是"席不正不坐""割不正不食""食不语，寝不言"（《论语·乡党》）。举这个例子，并不是说要我们今天的人还要完全照孔子的样子去做。但是，我想一个坐没有坐相，站没有站相，吃没有吃相，穿着邋遢以及见了尊长连个招呼都不打，麻烦了别人连句感谢话也不说，在公共场所目无他人、任意妄为的人，总不能说是一个有文化教养的人吧？礼貌、仪表、风度是反映一个人文化素质高低的重要方面。在儒家经典《仪礼》《礼记》等著作以及许多著名学者的"家训""学规"中，有大量的关于日常衣食住行、待人接物等方面的礼仪规范。其中有相当一部分，在经过新的解释后，是可以作为今日礼仪教育或修养之用的。而且，不仅可以作为青少年基本品德养成教育和修养之用，甚至也可以作为各行各业成人职业礼仪教育和修养之用。

（二）艺术修养

人们常说中国传统文化是一种富于伦理精神的文化，殊不知中国传统文化还是一种具有丰富艺术精神的文化。可以毫不夸张地说，在中国传统文化中，伦理精神与艺术精神犹如车之两轮、鸟之两翼，两者相辅相成，相得益彰。儒家对于艺术教育和修养的重视丝毫也不亚于对伦理道德的教育和修养。在他们看来，艺术修养有助于道德修养，同样是达到完美人格不可或缺的一个基本组成部分。在先秦儒家那里，艺术教育和修养的主要内容是"诗教"与"乐教"。孔子教训他的儿子伯鱼说："不学诗，无以言。"（《论语·季氏》）意思是说，不学习古代诗歌就不会应对酬答。他认为，认真地学习古代诗歌，可以感发起人的心志，提高观察能力，培养合群性，学得表达感情的方法。而且诗歌中所讲述的道理，近则可以用于侍奉父母，远则可以用于服侍君上。此外，学习诗歌也还可以多识鸟兽草木的名目。对于音乐，儒家尤为重视，总是把它与礼相提并论。他们认为音乐体现了一种和谐精神，音乐最能深刻感动人心，最能迅速变化人的性情，从而起到移风易俗的作用。孔、孟、荀诸子，都注意到了不同的音乐会对人发生不同的影响，会产生不同的社会效果。有的使人哀伤，有的使人悲壮，有的使人畅想，有的使人端庄。所以，儒家十分重视音乐的格调和品位，认为一首好的乐曲应当是美与善的统一。随着时代的发展，艺术的样式和内容越来越丰富多样，书法、绘画、戏剧、小说等等，也都成为人们表达情感、陶冶性情、提升格调的手段与方式。

在魏晋玄学崇尚自然、得意忘象等理论和思维方式的影响下，形成了中国艺术以"立意""传神""求韵味"为上的重要特点和根本精神。中国的艺术作品内涵丰富，具有深邃的哲理性。它寄托着创作者深层的感情，又启发着欣赏者无限的情思。艺术活动，无论是创作还是欣赏，都是一个人内心感情最直接的表露，反映了他对于自然、社会、人生的理解和追求。艺术创作中立意的正邪，欣赏趣味中格调的高低，也就会反映出或影响到一个人品格或境界的正邪与高低。因此，通过艺术修养培养起高尚的艺术欣赏趣味来，这对于高尚人格、理想人生境界的追求和确立有重要的、积极的意义。追求艺术的完美与追求人生的完美，在其终极处是相通的、一致的，这就是中国传统文化中艺术精神的体现。

通过艺术修养，人们不仅能培养起高尚的创作或欣赏趣味，而且还能够从中体悟到不少自然、社会、人生的哲理。艺术修养不但能提升人的精神生活，同时也能提高人的实际理事处世能力。艺术的完美离不开和谐，艺术家们对于诗句的平仄对仗，乐章的高低缓急，画面的经营布置，舞台的人物调度，无不煞费苦心，其目的无非是求得某种完美的和谐。艺术作品所达到的和谐程度，反映了一位艺术家水平的高低。推而广之，一切通过经营布置以达到完美和谐的活动，都可称之为一种艺术创作活动。因此，一个真正领会和把握了中国艺术精神的人，他一定能够巧妙地运用艺术的手法去经营布置好各种自然、社会与人际之间的复杂关系，使之达到某种合理的、最佳的和谐与协调状态。艺术修养对于人生的重要，于此可见一斑。

（三）变化气质

儒家在修养论中还提出了一个"变化气质"的问题。

所谓"气质"，许多儒者都把它说成是与生俱来的，而另一些学者则认为是后天习染所成。从现代科学的观点看，所谓"气质"，与个人某些先天的生理特征有一定的关系，但最主要的还是由后天的环境影响形成的，它大致相当于我们今天所讲的"习性"。变化气质，改变习性，也就是上文所提到的性格修养。北宋著名哲学家张载十分重视变化气质的问题。他认为，求学最大的益处是在于能使人自觉地改变自己的气质，否则的话，学问反而会对人有害。而变化气质是与能否虚心互为表里的。由此看来，儒家所讲的"气质"含有某种贬义，是与心浮气躁、骄傲自满等习性联系在一起的。所以，儒家强调的"变化气质"，如果从正面来讲，主要指的是涵养与意志等方面的修养和锻炼。

一个趾高气扬、自以为是、指手画脚、高谈阔论的人，人们一定会说他是一个缺少涵养的人。所以，变化气质而使自己成为一个有涵养的人，其关键和目标就在于要能虚心地待人接物，这也就是人们所说的涵养功夫。在孔子的弟子中，曾参是一位特别注重修养的人，他说的"吾日三省吾身"（《论语·学而》），是早为人们熟知的名言。此外，他更大力提倡要向在才能上、学问上不如自己的人请教。而自己则应当表现为像是一个没有学问、腹中空空的人那样。即使是受到了别人的欺侮，也不要与人计较。他说，他从前的一位朋友（指颜渊）就是按照这样的教导去进行修养的。一个人要做到时时事事都能够谦虚谨慎并非易事，尤其是要做到如曾子所说的不耻下问，更是需要经过长期的自我修养才有可能达到的。汉末思想家徐干曾说：人的品德就如同一个器皿，器皿是空的才能装进东西，满了就装不进东西了。所以，一个人应当经常地保持虚心和恭敬，不要以自己有超群之才，而凌驾于别人之上。要处处看到别人的优点，而时时看到自己的不足。这样，别人才会愿意帮助你、教导你。古语说："人道恶盈而好谦。"（《周易·谦卦"象曰"》）又说："满招损，谦受益。"（《尚书·大禹谟》）"君子以虚受人。"（《周易·咸卦"象曰"》）这些都是儒家学者所推崇的人生哲理，而至今读来也仍然不失为为人处世的至理名言。

汉代著名儒者刘向，在他编撰的《说苑》一书中，记载了一个孔子由观周庙中一种空时倾斜，注入一半水时持平，而灌满水时就倾覆的器皿（"欹器"），而得到"恶有满而不覆者"的启发的故事。并且借子路之问，进一步引发出了孔子关于"持满之道"当"挹而损之"和如何"损之"的一番议论。所谓"挹而损之"，就是从灌满水的器皿中舀出一些来，使它不致倾覆。以人的修养来讲，其损之之道的具体内容，则如孔子所说：当是"高而能下，满而能虚，富而能俭，贵而能卑，智而能愚，勇而能怯，辩而能讷，博而能浅，明而能暗"。这就叫作"损而不极"，即保持一定的空虚，而不是满到了极点。最后，孔子十分肯定地说："能行此道，唯至德者及之。"今天，我们以这个故事和孔子所论述的"持满之道""损之"之道来作为个人修养的教材，也还是相当生动而深刻的。

（四）"大丈夫"人格

孟子为他心目中的"大丈夫"（真正的人）立了三条标志，即"富贵不能淫，贫贱不能移，威武不能屈"（《孟子·滕文公下》）。确实，一个人如果真能做到这三条，那他就是一位无愧于天地，具有高尚品德的真正的人。然而，一个人要真正做到这三条又谈何容易。他需要长期地进行品德方面的修养，树立起一个正确的人生观和价值观，才有可能达到的。在这方面，儒家以"义利""公私""苦乐""生死"等这些人生面临的最现实的价值选择问题，对人们进行基本的品德修养教育，是很值得今人注意的。因为，现代人的品德修养教育同样也离不开这些基本的人生价值选择。而儒家学者在这方面的许多精辟论述，无疑也还是可以作为今天人们品德修养的指导的。

讲到"义利"问题，儒家总的倾向是重义而轻利、先义而后利，主张以义制利、见利思义。在当今这个以功利为上的世界里，如果有人按汉代大儒董仲舒所提倡的"正其谊不谋其利，明其道不计其功"（《汉书·董仲舒传》）的训条去做，则将被人们视为迂腐。其实，无论哪一个社会，也总是有一些只问耕耘不计功利的"迂腐"者的，他们的真诚和高尚的品德是无可非议的。我们并不要求每个社会成员都这样去做，都要达到这样的境界。

但是，我们总也不会希望社会每个成员凡事都斤斤计较于功利吧！当然，更不会希望人人唯利是图，见利而忘义。因此，希望人们做到如清初大儒颜元修正后的训条："正其谊以谋其利，明其道而计其功。"（《四书正误》卷一）也就不能说是过分的要求了。

在"公私"问题上，儒家一贯强调大公无私、先公后私，提倡公而忘私，反对假公济私。随着时代的发展，"公"和"私"的具体对象和内容都已发生了根本的变化，但是，我想在处理公与私两者之间的关系上，儒家所强调的这些原则至今仍然是正确而有效的。

在"苦乐"问题上，儒家历来不以物质生活的贫富论苦乐，而是以精神生活的充实与否论苦乐；又以为个人之苦乐算不了什么，众人的苦乐才是真正的、最大的苦乐。历史上儒者所称道的"孔、颜乐处"就是一种安于物质生活的贫困，而去追求充实的精神生活的"乐"。孟子则反对"独乐"而强调要"与民同乐"。他曾以欣赏音乐为例说，一个人乐，不如与他人一起乐；与少数人乐，不如与所有人一起乐。北宋大政治家范仲淹的名言："先天下之忧而忧，后天下之乐而乐。"（《岳阳楼记》可以说集中地表达了儒家的"苦乐"观。

至于"生死"问题，孔子说的"死生有命"（《论语·颜渊》），代表了儒家对待自然生死问题的基本态度。而对于来自社会原因的生死问题，儒家则总是与"义利""公私"等问题联系在一起，始终提倡"杀身成仁""舍生取义"，而反对"苟且偷生"。儒家这些有关"苦乐""生死"方面的基本观念和精神，至今也还是值得肯定和应当效法的。

三、儒家修养论的知行合一

儒家在修养论上十分强调"知行合一"，也就是说，修养既要在认识上弄清道理，而且要在行为上身体力行。由此，他们在"求知"和"力行"方面，提出了许多具体的修养方法，其中也不乏可供今人择善而用之的东西。以下择要介绍之。

（一）立志

儒家讲修养，首先讲立志。所谓"立志"，就是要确立宏大的、坚定的志向，明确自身的责任和奋斗的目标。孟子讲："故天将降大任于是人也，必先苦其心志，劳其筋骨，饿其体肤，空乏其身，行拂乱其所为，所以动心忍性，曾（增）益其所不能。"（《孟子·告子下》）这是大家都很熟悉的一段话，他在这里指出了一个事实，即一个要承担天下重任的人，必定要受到种种艰难困苦的磨炼。由此也可知，只有那些有宏大而坚定志向的人，才会自觉地去进行修养，主动地接受种种艰难困苦的磨炼。孔子弟子子夏说：广博地学习而且志向坚定不移，诚恳地讨教而且联系实际思考，这样仁德就在其中了。宋儒程颐在解释第一句话时说："学不博则不能守约，志不笃则不能力行。"明确地指出了坚定的志向对于修养实践的重要性。反过来说，一个志向不坚定的人，他的修养是不能成功的；而一个志向不宏大的人，他的修养至多也只能成就为一个独善其身者。

（二）反求自己

儒家以"反求诸己""改过迁善""见贤思齐"为修养之要旨。孔子说："君子求诸己，小人求诸人。"（《论语·卫灵公》）所以他总是强调"不患人之不己知，患其不能也"，从来是"不怨天，不尤人"（《论语·宪问》）的。孟子则更具体而明确地说：如果你爱别人而别人并不亲近你，那就应当反思你的仁爱是否真诚；如果你治理别人而别人并不服从你的治理，那就应当反思你的智慧是否足够；如果你礼貌待人而别人并不敬重你，那就应当反思你的礼貌是否虔诚。总之，一切行为如果在实践中达不到预期效果的，都应当"反求诸己"。反求诸己就是要能发现自己的不足或过错，不足者补足之，有过错则不讳言而勇于改过。儒家是允许人们犯过错的，只是要求人们知错必改。诚如孔子所说："过则勿惮改"（《论语·学而》）"过而不改，是谓过矣"（《论语·卫灵公》）。程颐在解释这一思想时，进一步发挥说："学问之道无他也，知其不善，则速改以从善而已。"又说："君子自修之道当如是也。"朱熹也说："自治不勇，则恶日长，故有过则当速改，不可畏难而苟安也。"不足者补足之，则要善于发现别人的长处，积极主动地学习别人的长处，这就是儒家常说的"见贤思齐"。而如果当你见到别人身上"不贤"的方面，则应当赶紧反思一下，自己是不是也存在着这方面的问题,以便一并改过。修养就是要通过平时长期的自我锻炼、自我改造以适应环境、改造环境。所以，儒家在修养中强调"严以律己""反求诸己""见贤思齐""改过迁善"等，仍然是我们今天进行修养的有效方法。

（三）慎独

在"严以律己"方面，儒家还提出了一个"慎独"的修养方法。所谓"慎独"，主要是洁身自好的意思。如孟子说：古时候的人，得志时则普施恩惠于百姓，不得志时则修品德以显于世。一个人不通达时应当"独善其身"，而当其通达之时则应当"兼善天下"。孟子所谓的"独善其身"，也就是"洁身自好"的意思。荀子最早提出"慎其独"这个命题，并把它与"诚"（诚实不欺）的概念联系在一起。他认为，一个人的修养，最重要的就是要做到"诚"。君子有至德，所以为人们理解、亲近与尊敬，这都是因为他能慎其独的缘故。然而，只有做到诚，才能慎其独，只有慎其独，才能显示出至高的品德，才能支配万物、教化百姓。此后，儒家重要经典《大学》和《中庸》也都讲"慎其独"，进一步发挥了荀子所强调的"诚"的思想。如把"慎其独"解释为"诚其意"，而

"诚其意"就是"毋自欺"；或者说，在人们看不到、听不见的地方要格外地谨慎，不可做出亏心事来。后人引申此意，有所谓"不欺暗室"之说。宋明理学家大都十分赞赏"慎独"的修养方法，因此近代以来也常常受到人们的批评和否定。不过，我以为朱熹在讲解《大学》"慎其独"一句时说的"独者，人所不知而己所独知之地也。言欲自修者知为善以去恶，则当实用其力，而禁止其自欺"，还是很有道理的。试问，一个连"毋自欺"都做不到的人，还谈得上什么修养？

（四）锲而不舍

进行自我修养也与做其他事一样，要从一点一滴做起，要能专心一志、持之以恒地去做，否则是达不到修养目的的。荀子曾说：路虽然很近，不走是到不了的；事虽然很小，不做是成不了的。一个经常无所事事的人，是不会有什么出人头地之处的。所以，不从半步半步地积累起来是不可能达到千里的，没有一条一条细小河流的汇集是不会有大江大海的。荀子还认为，人们在修养方面应当有明确的目标，目标确定之后，只要坚持不懈地去做，那么不管什么样的人，或快或慢，或先或后，总是可能达到的。千里马日行千里，而平常马不停地跑上十天也能达到；同样，只要半步半步不停地往前走，一只瘸了腿的鳖也能达到千里之远；只要一筐一筐不断地往上垒，最终总能堆成一座高山。持之以恒与专心一志也是分不开的。孟子关于弈秋教二人下棋，一人专心致志，一人三心二意的故事是人们十分熟悉的。而孟子举这个例子，则正是为了批评那种"一日暴之，十日寒之"，即不能持之以恒的现象的。决心、专心、恒心，这是修养者能否达到修养目标的关键所在。荀子有两句十分精辟的话，可以作为我们修养时的座右铭："锲而舍之，朽木不折；锲而不舍，金石可镂。""无冥冥之志者，无昭昭之用；无惛惛之事者，无赫赫之功。"（《荀子·劝学》）

（五）良师益友

俗话说："近朱者赤，近墨者黑。"环境和师友对一个人的影响是不容忽视的。所以，孔子以能与仁者相邻为美事，认为不能选择仁者做邻居，就不能算是有智慧的人。而荀子则反复强调"隆师而亲友"。他认为，一个人不管他原有的资质如何好，如何聪慧，也必须"求贤师而事之，择良友而友之"，然后才能不断地进步。假如整天与不良的人处在一起，那么最后连身陷刑网时还糊里糊涂呢！所以俗话说："不知其子视其友。"他还说，所谓朋友的意思，就是在共同理想的基础上互相帮助，如果没有共同的理想，又怎么能互相帮助呢？因此他告诫说："不可以不慎取友。"这是人们在修养中绝不可忽视的一个方面，否则或将因师从不当、交友不慎而使自己的长期修养成果毁于一旦。

（六）言行合一

言行不一是儒家修养论中最为人所不齿的。孔子说，古人不轻易说话，就是怕自己在行动上做不到。又说，君子以说得多、做得少为羞耻。这些都是要求人们在修养中做到言行一致。一个人立志固然要宏大，但如果他只是一位言而不行的人，那就反而不如那些立志虽不宏大，却能说一点就做到一点的人。

以上所提到的这些儒家关于修养的方法和要求，只是全部儒家论修养方法和要求中的一小部分而已。我认为，这些修养方法和要求，在经过现代阐释后，是可以提供给今人修养时参考和采用的。

四、结语

儒家认为，修身是做人的根本，要达到"齐家""治国""平天下"，都要从"修身"做起，所以他们说："自天子以至于庶人，壹是皆以修身为本。"（《大学》）我并不认为修身有如此之大的作用，因为社会经济的决定力量大大超过道德的教化力量。但是，我也不认为因此就可以放弃道德教化的努力，否定自我修养的必要。人不应沦为单纯的经济动物，把自己变成自己创造的物质文明的奴隶；人应当用自己创造的物质经济成果来为净化人的生活环境、提升人的道德品格服务。修养将使人自觉到这一点。物质文明越发达，精神文明就越重要，自我修养也就越不可缺少。所以我认为，今天在小学、中学、大学都应当考虑设立一门修身课，作为青少年养成教育的一个重要内容；而在广大职工中也应当广泛地、经常地展开各种与职业有关的"修身"活动，作为成人终身教育的一个重要内容。

仁和之道——时代的呼唤

牟钟鉴

中央民族大学哲学与宗教学学院教授、博士生导师，学术带头人。兼任国家社会科学基金项目评审组专家、中国宗教学会顾问、中国孔子基金会学术委员会主任、中国人民大学孔子研究院学术委员等。

出版专著《中国宗教与文化》《中国道教》《走近中国精神》《儒学价值的新探索》《宗教·文艺·民俗》《中国宗教通史》等。

一、西方文明的两重性和人类面临的危机

西方工业文明主导世界二三百年，给人类带来巨大的进步，人类社会和生活有了根本性的改观。

由于市场经济的发达，积累起以往农业文明不可企及的物质财富，虽然存在着明显的贫富差距，但总体上说，多数有职业的人的衣食住行还是有了很大的提高。

由于科学技术的进步，人类生活和劳动的方式、条件，有了质的飞跃，更加舒适、方便、高效率，并有益于健康。如讯息发达，交通便捷，电气化、自动化、网络化，医药卫生保健事业日益完善，服务网遍布，许多行业摆脱了繁重的体力劳动，极大地提高了劳动生产率。

由于打破了封建等级制度和人身依附，人的个性和创造力获得很大的解放，个人的自由度和基本权利得到更大程度的实现，与此相适应，民主与法制成为当代国家制度的普遍模式，公民参与政治生活，个人权力受到有效制约。所积累的自由、民主、人权、法制等理念具有普遍价值，成为现代文明不可或缺的要素。

但是西方工业文明也给人类带来一系列严重的问题和危机，其危害人类的程度与它所做的贡献等值，甚至

又有过之，如不及时纠正，其后果是可怕的。

资本的本性是贪婪，商品社会释放了人性的贪欲，使之膨胀，不仅造成贫富悬殊，导致市场经济失控，发生周期性经济危机，而且影响到整个社会人心，趋向功利主义，见利忘义，道德沦丧，信仰丧失，人性堕落，人被异化,成为钱奴。奢华享乐的过度消费导致资源枯竭，使人类不能持续发展。

强势国家和集团为获取最大利益必然要掠夺世界性资源，控制市场，榨取广大落后地区人民的血汗。早期是赤裸裸的殖民侵略和帝国暴力，其极致便是法西斯主义。后期改变为以军事政治为后盾的经济和文化扩张，时而伴以军事侵略，这是世界性对抗、冲突和战争的总根源。

霸权主义激出极端主义和恐怖主义，恶性循环，无有已时，民族宗教冲突不断，使大批无辜百姓遭殃，使世界陷于混乱和动荡。从"9·11"到伊拉克战争，到印度孟买连环恐怖袭击，族群之间的仇恨在增加，人类仍然是四分五裂。

核武器是悬在人类头上的一柄达摩克利斯剑，随时威胁着人类，而且核军备竞赛还在进行中。如果发生核恐怖袭击，人类将遭受重创；如果在核大国之间发生战争，人类将遭受毁灭性打击，有幸活下来的人只能苟延残喘。

生态恶化，资源滥用，环境危机不仅是全球性的，而且继续在发展，总体上没有得到遏制。更为严重的是，人类生存的基础性条件正在恶化，如清洁的淡水，清新的空气，稳定的气候，无毒的农牧产品，这些古人不用费事就可享用的资源现在都成了问题，一旦恶化到人类无法正常生存，再想改善就来不及了。而生态危机始自工业革命。美国学者格里芬在《后现代宗教》中指出，以往的传统社会，尽管社会发展迟缓，今天看来落后，毕竟延续了几千年；而如今高度发达的现代社会，由于人和自然的关系严重失衡，能否持续一个世纪，是不敢保证的。西方文明引领世界，引领到这个地步，难道不值得全体人类深刻反思、猛然惊醒吗？

二、贵斗哲学的反思

贵和哲学是东方中国文化的传统，贵斗哲学是西方文化的传统。孙中山在《大亚洲主义》一文中说："东方的文化是王道，西方的文化是霸道。讲王道是主张仁义道德，讲霸道是主张功利强权。讲仁义道德，是用正义公理来感化人；讲功利强权，是用洋枪大炮来压迫人。"这样的评断未免简单化了，因为贵和哲学也有它的历史局限性，贵斗哲学也有它的历史贡献，不过孙中山对两种文化差异性的分析，却抓住了问题的要害之处。让我们评论一下源自西方文化的几种主要贵斗哲学形态。

（一）达尔文进化论和社会达尔文主义

达尔文的生物进化论是科学史上一次根本性的变革，

它打破了基督教上帝创造世界的神话，用自然界本身进化的历史说明生物多样性的形成。从此西方才有了现代意义上的生物学、人类学、宗教学，推动了整个的自然科学和社会科学。但是达尔文所发现的生物界生存和进化的规则：物竞天择、适者生存，严格讲也是不完整的，它忽略了生物突变的现象，也没有容纳生物之间相互依赖、共生共荣的事实。最大的问题在于，一些人把达尔文描述的生物界的优胜劣汰、弱肉强食的规则，直接搬到人类社会，认为也是人类生存发展的规则，这就是社会达尔文主义，它成为民族沙文主义、帝国主义乃至法西斯主义共同信奉的教条，危害甚大。

人类不同于动物，人是有文化的，人的社会是讲文明的，人和人之间不能服从于生物界盲目的争斗规则，还需要相互扶助、友爱团结、救困济弱等文明规则。孟子认为人之异于禽兽，在于有恻隐之心、羞恶之心、辞让之心、是非之心。荀子说："水火有气而无生，草木有生而无知，禽兽有知而无义，人有气有生有知，亦且有义，故最为天下贵也。"（《王制》）人类若没有爱心，不讲正义只讲争斗，则禽兽不如，因为人有智能，用之于残杀，其害万倍于禽兽，社会若是虎狼世界，其前途不是生存而是毁灭。现在西方政治上的大国主义、单边主义、霸权主义正是以社会达尔文主义为其思想基础的。可以说，社会达尔文主义"有见于竞，无见于兼"。

（二）马基雅维利的强权政治论

马基雅维利是文艺复兴时代西方政治学之父，强调国家至上，权力神圣，为了国家利益可以摈弃道德，不择手段。近现代西方政治家口头上讲人权、平等，实际上将马基雅维利的政治论视为圭臬，奉行"强权就是公理""弱者无外交""政治斗争无诚实可言"的原则。尤其美国在世界事务上，一方面推行"强者为王"的霸权主义，另一方面从国家利益出发，奉行实用主义外交，践踏国际法和公理，搞双重标准，欺负弱小国家。但事实反复证明，只有硬实力而没有软实力的国家不是真正强大的国家。大国必须拥有道义的力量才能服众。美国发动伊拉克战争至今难以自拔，也遭到美国人民的谴责，就证明了这一点。可以说，马基雅维利的理论"有见于强，无见于柔"。

（三）基督一神教的排他性

基督教属于亚伯拉罕系三大一神教之一，对欧洲的社会史、文化史有巨大影响。它成为欧美西方国家的精神支柱和维系社会道德的主要力量，它的博爱思想和献身精神成为西方人参与社会事务、推进公益事业的动力。但基督教是一神教，相信"耶稣之外无拯救"，视其他信仰为异端。从这种教义出发，在历史上西方教会发动过"十字军东征"，建立过"宗教裁判所"，大肆屠杀异教徒，迫害科学家。基督教后来一分为三：天主教、东正教、基督新教，为了适应近代社会的发展，各自都进行了不同程度的改革，增加了宽容性，减弱了排他性。当代一批自由主义神学家对基督教作自我批判和反思，主要是批判它的排他性和独尊性，强调宗教的多元性与宗教之间的对话。但是基督教的基本教义派的力量仍很强大，在当今西方强国压迫控制伊斯兰教国家的霸权行动背后，基督教的排他性发挥着很重要的作用。基要派至今没有放弃"把福音传到全世界"的战略目标，这就不可能尊重信仰的他者，必定与其他信仰发生冲突，于是博爱的宗教很容易变成暴力的宗教，可以说它是"有见于神，无见于人"。而且这种强烈的扩张式传教的愿望与实践，与西方霸权主义者要控制全世界的政治野心与行动恰相配合，共同推销西方的价值理念和生活方式，这是今天世界动荡不安、冲突不断的重要根源。

（四）文明冲突论

美国政治学权威亨廷顿于 1993 年提出"文明冲突论"。国际上各界人士批评它是冷战思维的延续。亨廷顿在说法上作了调整，他知道冲突论已经不符合时代潮流了，但骨子里仍然是社会达尔文主义、马基雅维利强权政治论和基督新教福音救世论的思想。一是维护美国盎格鲁·撒克逊新教徒（WASP）的优势地位，和它的文化在世界上的引领位置，使美国永保超级大国的特权；二是认为伊斯兰文明和儒家文明可能共同对西方文明进行威胁或提出挑战，所以美国要及早加以应对。显然，文明冲突论背后仍然是大国主义和斗争哲学，它代表了今日西方主流意识形态。然而它毕竟过时了，因为危机日深的世界不能再冲突下去，人们在寻找新的出路，于是文明对话论兴起，渐渐成为主流话语。

三、儒家仁和之道为世界提供了前进的智慧

20世纪末期，时代的风向变了。一切激进主义都逐渐丧失了推动社会前进的积极作用，而让位给社会改革和建设。邓小平在80年代就指出，世界的主题不再是战争和对抗，而是和平与发展。哲学家冯友兰敏锐地观察到，如今世界和中国，不能再讲斗争哲学，"仇必仇到底"是没有出路的；人们应当向儒家学习，走张载所说的"仇必和而解"之路。时代需要儒家的仁和之学，它能够给人类文明的转型提供伟大的智慧。

（一）以仁为体，以和为用

我称儒家学说之宗旨为"仁和之道"，不赞成孤立地讲"和"，其因盖在于仁是和之体，和是仁之用。有子讲："礼之用，和为贵。先王之道，斯为美，小大由之。有所不行，知和而和，不以礼节之，亦不可行也。"（《论语·学而》）礼代表秩序，和是在秩序内的和谐，不是为和而和。而礼以仁为内在精神（"人而不仁，如礼何？"），所以和是以仁为体、以礼为限的，而仁是人类的爱心和同情心。人与

人之间，有爱才能和，有大爱才能大和。人心柔暖，才能和谐相处；人心冷酷，不可能和谐。按照孔子和儒家的说法，爱自亲始，及于社会，达于万物。孔子说："泛爱众，而亲仁。"孟子说："亲亲而仁民，仁民而爱物。"现在的问题有两个，一是推己及人不足，有些人的爱止于其亲，有的止于其族，不能达到爱人类、爱万物。民族冲突，乃是爱与恨交织，用仇恨他族表达热爱本族，其结果共同受损。事实证明，不能施爱于他人者，不能真正爱己，爱是相互的。保持人类之爱，是实现人类和谐的基础。二是己所欲，施于人，不会尊重人，这种偏执的爱也不能达到和谐，对方感受的是强迫带来的痛苦。所以孔子讲："己所不欲，勿施于人。"更进一步，还要做到"人所不欲，勿施于人"。所以和谐要求人们：一要有大爱之心，二要平等互尊。

在这里，儒家的忠恕之道最能体现仁和精神，为世界提供人际关系的原则。忠是仁爱的施与，"己欲立而立人，己欲达而达人"。在关怀人、帮助人的时候，不是一厢情愿地将自己的模式强加于人，而是自己希望独立于世，也帮助别人独立于世；自己希望发达，也帮助别人发达。恕是平等的守护，"己所不欲，勿施于人"。它的精神就是尊重人、体谅人。

"和而不同"是处理世界民族、国家、文化、宗教之间差异性的基本原则。世界在各方面都是多样性的存在，五光十色、多姿多彩，世界因而才有生气。政治上不能一个模式，经济上不能一种产业，文化上更不能一种类型。单一化是有害的，趋同化是倒退的，不仅做不到，还会引起争斗。只有承认多样、尊重差别，才能和谐相处；只有各得其所、互补相生，才能共同发展。所以只有和而不同的思想才能使人摆脱纷争、对抗，使世界达到和平。

（二）天人一体，泛爱万物——天和

天和即是人与自然的和谐。儒家不仅要求人们认识到天地乃人类生存之本（荀子："天地者，生之本也。"），还要在情感上自觉到人与天是一体的。程颢说："仁者浑然与物同体。"程颐说："仁者以天地万物为一体。"人对自然要有敬畏，卑谦地做事天、补天的工作，这样才能破除人类中心论和征服自然论。为此，保护自然，节俭地生活，认真倾听自然的警示，随时调整过度的发展方式，应当成为人类社会的自觉责任。

（三）协和万邦，睦邻友好——世和

儒家在国家关系上，历来主张"协和万邦""化干戈为玉帛"，反对侵略战争和霸权主义。孔子提出"四海之内皆兄弟也"，主张"远人不服，则修文德以来之"。孟子更是主张以德服人的王道，反对以力服人的霸道，要求给"善战者服上刑"。他坚信"仁者无敌"，道义的力量是巨大的。在这种思想影响之下，中国历朝政权在对外关系上没有形成扩张侵略的传统，而有和平外交的传统。成吉思汗未接受儒学时，其游牧文化具侵略性，后来丘处机用儒家敬天爱民的思想劝诫成吉思汗去残止杀，颇有功效。明代郑和率舰队下西洋是和平之旅。近代以来都是抵御外国侵略。新中国建立以来，提出和平共处五项原则，实行独立自主的和平外交政策，现在更强调和平发展与睦邻、安邻、富邻，劝和促谈，化解冲突，积极参与维和，这都是对儒家和平睦邻传统的继承和发扬。

（四）民族团结，华夷一家——族和

儒家有华夷之辨，但强调文化的先进性，而不看重种族的差异。孔子、孟子不仅主张先进的华夏民族要用文德来吸引落后民族，而且认为少数民族可以出圣贤而为华夏族所尊。孟子说："舜生于诸冯，迁于负夏，卒于鸣条，东夷之人也；文王生于岐周，卒于毕郢，西夷之人也。"儒家的圣人出自少数民族，再加上贵和的哲学，所以儒学有利于促进民族团结与融合。不论哪个民族主政中国，只要代表先进文化，都可以得到各民族的认可。而历代王朝在文化和宗教上都实行多元并奖的政策，对于边疆民族，尊重其固有文化，管理上"因俗而治"，给予其正常生存的空间，不要求信仰一律，从而有益于中华民族内部各民族的团结。中华民族形成内部保持差异的文化共同体，历经政治分裂而不解体，复又走向统一，儒学是有功劳的。

（五）以民为本，政通人和——政和

政和之要在官民关系的协调。儒家虽然肯定等级制度，但主张国家管理者要以民为本，提出"民为邦本，本固邦宁"。孔子理想的圣王要能"博施于民而能济众"。孟子更勇敢提出"民为贵，社稷次之，君为轻"。君王和官员要爱民、惠民、富民，为政以德，同时倾听民众的呼声、国人的意见，善于举贤和纳谏，做到下情上达，上情下达，政通而后人和。政治上最可怕的是上下堵塞，为君为官者专横腐化，平民百姓饥寒交迫而无人关心，矛盾激化必然导致社会动荡。现在的社会制度和政治体制已经不同于古代了，但仍然存在着管理者与民众的上下级关系，儒家关于政通人和的理念和民本主义思想依然有其借鉴意义。

（六）廉洁奉公，济贫救弱——均和

社会之不平等主要表现为富贵与贫贱的差别过大。贵贱是社会地位问题，富贫是财产多寡问题；前者关乎权，后者关乎钱。儒家并不主张绝对的平均主义，而是强调差别要适度，关系要和谐。对于贵贱问题，主要在于为官者要廉洁奉公，为民办事，则百姓就会信任他，亲近他。对于富贫的问题，则要使民有恒产，能养生送死，同时损有余而补不足，使富与贫不形成严重对立。孔子说："有国有家者，不患寡而患不均，不患贫而患不安。盖均无贫，和无寡，安无倾。"国家的安宁不在人口多少、总财富多少，而在财富分配是否公平，阶层关系是否和谐。

（七）孝慈恩义，家道和顺——家和

家庭关系有二：父母与子女，丈夫与妻子。前者是血缘关系，后者是情感关系。儒家最重家庭伦理，讲父慈子孝，而以孝道为百行之先。孝道最能体现生命伦理的价值，表达人对父母给予生命的感恩。孔子强调孝道重在"敬养"，使父母衣食无忧，心情愉悦。家有孝子，不单父母老年有所依托，而且全家自然和顺；家出逆子，父母之悲，全家不宁。夫妻关系以往强调夫主妇随，现在则强调男女平等。但古人认为夫妻同体，要互敬互爱、百年好合，则有其合理性。离婚自由是应该的，但不宜太随意。家庭的不稳定不利于社会的稳定，有害于子女的教育成长。所以夫妻的伦理应当是"情义"，感情加恩义，这才有益于家庭和谐。

（八）理欲调和，德才兼备——身和

人性中有生物性，有文化性；前者表现为情欲，后者表现为理义。宋明理学家有"天理""人欲"之辨，其"存天理，灭人欲"之说未免有偏颇处。后人起而纠之，谓"天理就在人情之中"，更合儒家精神。《毛诗序》云"发乎情，止乎礼义"，情与礼（理）是要兼顾的。关于健康人格的养成，孔子有"三达德"之说："仁者不忧，智者不惑，勇者不惧。"仁、智、勇为人格三要素，以仁为主，三者平衡，才有人格尊严。总之，"身和"要求合情合理，德才兼备。

（九）执两用中，无所偏倚——中和

这是儒家实践仁和之道的总原则，也就是中庸之道。其要求有三：一是防止极端，"过犹不及"；二是掌握两极而用其中道；三是兼顾各方，达成妥协。《中庸》说："致中和，天地位焉，万物育焉。"可知中和之道能使天地万物各得其所，健康地发育流行。张岱年说："兼赅众异而得其平衡，简曰兼和。"（《天人简论》）兼和即是中和，它能照顾各方面的利益，寻找行仁的最佳方式，用现在的话说，就是通过统筹兼顾，达到全面协调持续的发展，以造福于人民。但在现实中，人们为了自身和小集团的利益，有时受到认识和情感的局限，往往在理念与行动上走偏，行中道是很难的。所以孔子说："中庸之为德也，其至矣乎，民鲜久矣。"目前在国际范围内，人类仍然在经受各种偏激主义（包括单边主义、民族宗教极端主义、恐怖主义等）的折磨。人类只有摆脱偏激主义，走上中和之道，才能生活在和平之中。

四、广纳人类文明，创新仁和之道

儒家传统的仁和之道也有其不足之处，须借鉴西方现代文明以弥补之，方能与时俱新，永葆其生命活力。

（一）公平竞争，你追我赶——竞和

传统农业社会竞争意识不强。儒家讲争，如同射箭比赛，要以礼为之。孔子说："君子矜而不争""血气方刚，戒之在斗"。老子也讲不争之德。然而社会要快速发展，必须有激烈的竞争，有选拔和淘汰机制。中国在近代的落后与竞争意识不强有关，不改变就会在世界性竞争中被淘汰出局。因此达尔文的进化论讲优胜劣汰有其合理性，只是他没有讲出人类社会与生物界在竞争上的不同。我以为文明社会的竞争，一不要暴力战争，二要遵守公平规则。如政治上的联合国宪章，经济上的共同市场规则，体育上的共同竞赛规则。这样的竞争可以激发国家、民族和个人的强烈上进心，努力去争优比胜，开拓创新，而社会进步的结果使大家共同受益。这就是竞和，是动态中的发展中的和谐。

（二）健全法制，调解纷争——法和

中国历史上有法制，但在管理层面缺少法治，依赖人治。现代社会讲民主与法制，要依法治国，在这方面要多吸收西方国家的经验。社会矛盾总是普遍存在和不断发生的，现代社会的矛盾和纠纷更多。中国人以往在矛盾面前或者求助权力，或者疏通关系，或者打点财礼，就是不习惯于诉诸法律。由于法制不健全和法制意识不强，潜规则流行，矛盾反而不易化解，成本却成倍增加，而社会处在半无序状态。法律法规体现社会公共生活准则，大家都来遵守才能有秩序地生活，遇到纷争求诸法律法规，就可以及时解决矛盾而不使之扩大加剧，看起来官司不断，依法执法的结果实际上更有利于社会的稳定。当然法律要与道德并举。法不制众，没有良好的道德风气，法律将疲于奔命。

（三）搁置分歧，利益求同————利和

中国与西方国家之间，还有与阿拉伯国家之间，在意识形态和价值观上有同有异，相异之处比较明显。只有和而不同和求同存异才能避免冲突、和平共处。和而不同是尊重差异，求同存异是致力合作。由于"地球村"的形成和它面临的共同性的生态危机与社会危机，人类内部的分歧已经降到次要地位，必须通力合作才能应对挑战，实现可持续发展。具体地说，最敌对的民族和国家之间也有共同利益可以寻求。以邻为壑、幸灾乐祸的时代已经过去，一荣俱荣、一损俱损的时代已经到来。世界金融风暴影响到所有国家，各国团结应战才有出路。当意识形态还无法互相理解的时候，共同利益便可以成为国与国之间化解对立、实现和解乃至合作的底线。

（四）文明对话，沟通理解——通和

中国古代哲学就讲通变、通达。《周易》的"元、亨、利、贞"中的"亨"，就是"通"，亨通也。《庄子》讲"道

通为一"。近代谭嗣同的《仁学》提出"仁以通为第一义"，要求男女通，上下通，内外通，人我通。当代德国哲学家哈贝马斯提出"沟通理性"，认为人的理性不仅表现为把握事物的本质和规律，还在于不同文化之间的沟通。文化的沟通是实现世界和解的基础。孔汉思提倡宗教之间的对话，认为没有宗教之间的和平就不会有世界和平。人类各种大的文化，其主流都是追求真善美的，但由于各自的形态不同和自我膨胀，再加上特殊集团的曲解利用，遂出现对抗。其实如能互相理解和学习，可以殊途同归，共同为人类造福。问题是人们容易患上"塞而不通"的病，表现为自以为是，妄自尊大，排斥异己，于是天下纷扰，争斗不已。眼前最重要的莫过于放下身段，互相沟通，加深理解，取长补短，以求共生共荣。按照儒家的思想，仁而求通，通而后和，所以通是实现和的关键。

费孝通先生关于多样性文化如何相处，提出十六字方针："各美其美，美人之美，美美与共，天下大同。"能如此者即是达到了文化自觉，它需要在学习沟通和综合创新中实现。

中国古代的天文与人文

冯 时

中国社会科学院学部委员，考古研究所一级研究员，中国社会科学院古文字学学科带头人。兼任中国历史研究院学术咨询委员会委员，中华文明与世界古文明比较研究中心副理事长，中国郭沫若研究会副会长等职。

主要研究领域为古文字学与天文考古学，旁治商周考古学、先秦史、天文年代学、历史文献学等。主要代表作有《中国天文考古学》《文明以止：上古的天文、思想与制度》《尚朴堂文存》等，主编《金文文献集成》。

　　我们学习中国传统文化，首先一个关键问题就是要正本清源，所以我们要从源头来探讨中国传统文化，那就是天文和人文的关系。那么，为什么说天文学是中国传统文化的源头？我们可以这样来理解：人类历史上最早形成的古典科学一共有三种，就是天文学、数学和力学。为什么这三种学科形成得最早？原因就在于它们都直接服务于人们的生产和生活。

一、天文学、数学和力学的产生

　　就天文学的起源而言，它服务于人类的生产，就是原始的农业。人们为什么要发明原始的农业，发明人工栽培这样一种农业生产方式？目的就是为了提供保障人们生活的食物来源。换句话说，在没有农业产生之前，人们靠狩猎和采集来维持生活，在四季变化分明的纬度地区，是受到非常强烈的时间限制的。比如，在冬天就没有果实可以采集，甚至也没有猎物可以猎取，因为很多动物都冬眠了，人们的口粮就会成问题。在热带地区也存在这样的问题，也同样有时间季节的要求和规律。

　　如果人们想要解决这个问题，他们就要发明一种新的生产方式，来提供有保障的食物来源，这种方式就是原始的人工栽培的农业。原始农业产生必须有一个知识体系作为它的前提，这个知识体系就是人们对时间的掌握。准确地说，这就是农时。如果错过了农时，这一年可能就会绝收，今天我们有一年绝收，可能危害还不大，因为我们有储备。但是在上古时代，一年的绝收可能就危及生存。所以，农业起源的前提条件实际就是人们对时间的掌握。换句话说，我们不可能想象一个对时间茫然无知的民族，可以创造出发达的农业文明，这种可能性是不存在的。

　　在数千年以前甚至更早的时候，人们怎么去了解时间呢？只有一种可能，就是观测天象。于是，天文学就发展起来了。古人怎么看天象？大而化之地去看天，对决定时间是没有意义的，他们要把这种观测精确化，就要求必须引入一种新的知识体系，这就是数学，所以数学又发展起来。还有力学，人们发明原始农业以后就不会到处迁徙了，开始定居，他们要从山洞里面走出来，建造自己足以定居的房屋，他们就要研究力学的结构，于是力学又发展起来。因此，我们今天看到人类起源最早的这三类古典科学，实际都是为了一个核心目的，就是农业文明，这里起关键作用的就是天文学。

二、观象授时、君权神授的思想来源于天文学

谁来看天象？是广大的氏族成员吗？不是的。在上古时代，当广大的氏族成员对天下茫然无知的时候，就有极少数的所谓圣人，通过自己的辛勤观测了解到某颗星走到哪个位置的时候，就可以播种了。于是他就把这种时间规律告诉人们，人们按照这样的时间系统来进行生产活动，就叫做观象授时。

观象授时从表面上看似乎只是一种天文学活动，其实不然，它从一开始就具有强烈的政治意义，这一点其实并不难理解。因为在生产力相当低下的远古社会，假如说有人通过自己的智慧和辛勤实践，发现了天象和时间的某种联系，掌握了天象运行的规律，这本身就是一项了不起的成就。因为在古人看来，在绝大多数人看来，天象运动是神秘莫测的，因此，天文学的知识在那个时期就是最先进的知识，它只能由极少数人掌握。而人们一旦掌握了天文学的知识，他就可以通过观象授时这样一种形式来实现对整个氏族的统治。为什么这样说？因为观象授时直接的作用就是决定农业的生产，其准确与否会影响到一年的收成，这在我们今天看来好像不是什么大事，因为我们的农业生产很丰富，有储备；但是在远古社会，这是一个非常严重的问题，假如观象授时错了，那么这一年可能就会颗粒无收，你的氏族就没有饭吃。

所以，观象授时实际上是决定整个氏族命运的一项活动。因此，对于农业经济来说，作为历法准则的天文学知识具有首要的意义，谁能把历法授予人民，他就有可能成为人民的领袖，这个观念在当时是一种共识。因此，在远古社会了解天象的人也就被认为是了解天意的人，或者被认为是可以与天沟通的人，当然这种沟通并不是某一个人他可以和天去对话，而是他可以把天象运动的规律告诉给人民，把时间告诉给人民，这是他和天沟通的一种形式。

因此，如果他把时间准确地告诉人民，那么他必然会赢得整个氏族对他的尊敬，对他的敬仰，这就是最早的王权的基础。孔子在编订《尚书》的时候，其中有一篇叫《尧典》，开篇就叙述帝尧命令羲和"钦若昊天，历象日月星辰，敬授民时"，要敬授民时，所以古代的帝王对于观象授时的工作是非常重视的，他们要兢兢业业地去做，这是一项非常严肃的工作，因为这是关系到他们自己的统治地位的问题。所以在古人看来，谁掌握了天文学，谁就获得了统治的资格。所以《论语》中说，帝尧禅位给舜的时候说："天之历数在尔躬，允执其中。"就是天时和历法必须由你亲自来掌握，你要好好地把握住你手中的这个圭表，"允执其中"就是你把握住，中就是圭表，古人决定时间，是靠立表测影来实现的，圭表是最早的一种天文学仪器。

这里还有一个核心的思想，就是居中而至掌握天文历算的人。他住在哪里？一定要住在天地之中，这里的"执中"，实际就是居中。后来儒家把它发展出来，用"中道"来解释，那是另一层意思，他的本意就是居于四方之中，来掌握天文历算，你才能够获得权力。那么这个中相对于谁来讲？相对于四海。所以他说"四海困穷，天禄永终"，他说得非常明确，这个中实际上讲的是四方之中，是天下之中，是中央，在这里来掌握天文。尧舜禹禅让的时候说了很多话，他一定把最重要的话记下来，就是这句话。舜把位置禅让给禹的时候说了同样的话，"舜亦以命禹"。

所以，可以看到，天文学观象授时在中国古代的王权体系中占有何等重要的地位！从这一点上看，我们说天文学是中国传统文化的基础。不仅如此，氏族统治者观象授时年年准确，在这些氏族成员看来，这位观象授时的人就是了解天意的人，他可以与天沟通。那么他的权力是谁给的呢？当然就是天给的，于是就发展出了中国古代的君权神授、君权天授的思想，发展出了天命的思想。

这些在后来的儒家思想体系中作为核心的内涵，都源于天文，源于天人关系。所以，如果我们不了解古代的天文学，不了解上古的天文观，不了解古人的天人关系，就不可能从根本上把握中国文化。

三、文明的内涵与来源

天文学不仅是中国传统文化的源，也是中华文明的源。我们从这个源头上，可以理解什么是文化，什么是文明。今天我们也谈论文明，谈论文化，大家谈论得很多，但是这个文化现象、这些中国概念到底是什么，也就是我们己身文明的这个概念到底是什么，这是值得探讨的。从中国的典籍中来探讨一下我们自己的文化和文明概念，这是非常重要的。

"文明"这两个字在中国的典籍中早就出现了，它的具体含义是什么，今天我们的国人已经把它遗忘了。比如，在《尚书》的《舜典》里面，我们看到这样的话："浚哲文明，温恭允塞。"文明这个概念已经出现了。我们在《周易·乾卦》的《文言传》中，也看到文明的一些表述："见龙在田，天下文明。"

大家看得很清楚，在先秦的这些文献里面，文明的概念早就出现了。那在中国的典籍里面，"文明"这两个字到底讲的是什么呢？把这些概念弄清楚，才能知道中国概念的文明到底是什么。唐代孔颖达给《周易》做正义的时候，他对《文言传》"见龙在田，天下文明"做了一个解释，他说，什么叫文明啊？文明就是"天下有文章而光明"。什么叫"天下有文章而光明"？"文章"两个字是什么意思呢？这体现了中国传统的文明的概念，中国古人对文明的思考。

中国古人所定义的文明不是技术要素，不是形而下的，而是形而上的。中国古人所追求的文明，首先就是人的问题，不是技术的文明，是个体的文明，他们认为有了个体的文明，才能够形成群体的文明，最终形成社会的文明。如果我们想建立一个文明的社会，首先要有文明的个体。如果每个人都是野蛮的，怎么可能建立起一个文明的社会呢？那是不可想象的。所以中国人强调的文明，首先就是个人的自我修养。"天下有文章而光明"，光明实际就是"文"彰显出来的，这个"章"就是彰显的意思。那"文"是什么，这就值得讨论了。

四、"文"的内涵与来源

儒家对此做了一个非常好的归纳，"文"就是文德，"德"字西周才出现，但这并不意味着在西周之前没有道德，在那个时代人们用"文"来表述道德，后来儒家就叫文德，有道德的人叫"文人"，这里的"文章"讲的就是这个"文"，我们修养的"德"彰显出来了，这就叫文明。所以其中很关键的一个字，就是这个"文"字。我们看看在甲骨文和金文中，"文"字的写法。

金文中的文，像一个人对面站着，但是它特别强调了那颗心。这个图形告诉我们的并不是人做了个手术，

把心掏开了，看人长了颗心，不是这个意思。他要告诉我们的是人的"心斋"，就是人们修养这颗心，那么为什么要修养这颗心？不修养心行不行？对于文明来说是不行的。中国古人所认识的"文"，首先就是修养心，修养心也就是修养道德。那为什么要修养这颗心？为什么要修养道德？这体现了古人的一个基本思考，中国的先贤很早就在思考一个问题，人怎么样才能和动物、禽兽区分开。禽兽有的一切，我们人类都有，怎么样才能和禽兽区分开呢？所以我们就在中国古代的典籍中看到了这样的思想。在《礼记·曲礼上》中有这样的描述，古人说："鹦鹉能言，不离飞鸟；猩猩能言，不离禽兽。今人而无礼，虽能言，不亦禽兽之心乎？"

我们家里养的鹦鹉会说话，但它是飞鸟不是人；猩猩也有喜怒哀乐，但它是禽兽。如果我们今天的人，不懂得礼，没有道德，我们虽然能说话，但是仍然长着一颗禽兽之心。这是中国古人的想法，他们在思考这个问题，所以他就讲了，"是故圣人作，为礼以教人"，他们制定了礼来教导人，来教化人，使人有礼，然后才能怎么样？"知自别于禽兽"，他才能知道自己有别于禽兽，他不是禽兽了。所以古人就要心斋，要修养自己的心，他们认为只有先修了道德，人才能区别于禽兽。

所以，今天这个一撇一捺的字，为什么要读成"人"呢，怎么不读成马、牛、羊？这个音里边就传达了一个基本的思想、基本的思考，就是那个"仁义"的"仁"。在中国的典籍里面，我们可以看到很多"仁"和"人"通假的例子。《礼记》里面讲"仁者，人也"，有仁义的那个人就是人；在《吕氏春秋》里讲得更具体了，"人曰信"；在《周易·说卦》里讲"立人之道曰仁与义"，也就是有了"仁"的人，才能够称为人。这都是道德内涵的、道德范畴之内的事情。

所以中国古人所定义的人跟技术没有关系，跟内心的修养有关系，这是中国古人的思考。那修养什么？我们修养道德，我们人内心去修养，修养什么呢？这就是中国古人进一步地思考"德"的内涵。我们今天也让大家修养道德，但是很少去具体地解释道德是什么，这样就使得道德很空，变成一个空壳子，这是不利于教化的，也不利于人们修养。古人很早就已经给我们解释了德是什么，我们在西周的典籍里边已经非常明确看到当时的人们给"德"下了定义，有两个具体的内涵，第一个内涵也就是最重要的，就是信，诚信的信；第二个字是孝，孝是由生及死，在上古时代实际上就是信的延伸。所以，如果我们挑一个字作为"道德"核心的内涵，那就是信。换句话说，我们修养德修养什么？修养的就是信，诚信，非常具体。今天我们的信体现在哪里？就是不要欺骗。你不要欺骗人，这就是你修养道德了。所以在《吕氏春秋》里有这样的表述："人曰信"，有了"信"这样的一种道德的人，他才能称为人。

五、中国古代的认识论——格物致知

中国古代文化有一个特别突出的特点，这就是《大学》里面总结的"格物致知"，如果我们只从字的本意上去考虑，其实非常简单，格者至也，物就是万物，就是说"格物"就是至物，也就是人对于自然万物的观察和分析，通过这样的一种方式，最后"致知"，获得知识。

这里体现出中国传统文化中非常优秀的一种认识论，也就是中国古人获得的知识，不是头脑里面凭空想象出来的，而是通过对自然万物的观察和分析得来的，所以我们用一句话来总结中国古代的文化，它是一种追求真理的文化，不是停留在人们脑子里的一种违心的模式。这与西方的认识特点完全不一样，西方从古希腊传下来的文化是，先要设想出来一个模式，然后用这个模式去套这个事情，把这个模式作为一个假说，然后再进一步产生一些思考。他们是这样的一种认识形式，而中国古人不是，古人没有任何的模式，世界是什么样，我就客观地把它描述下来，这种认识论就叫格物致知。

六、"信"的内涵与来源

道德的核心内涵是信，信的观念是怎么产生的呢？人们怎么会形成信、诚信的观念呢？也就是《吕氏春秋》讲到的"人曰信"。有了信，有诚信，才能成为人。那这个诚信的观念是怎么产生的呢？中国文化的认识论是格物致知，这样的一种观念仍然来自于对自然万物的观察和分析。追溯这种观念的起源，仍然要回到天文学，回到观象授时这个层面，我们才能了解。所以，我说天文学是中国传统文化的源，处处体现的都是这样一种特点。

人们怎么从天文学里了解到信呢？《周易·乾卦》的《文言》传里面有这样一句话，叫"见龙在田，天下文明"，它讲述了一个因果关系。因是"见龙在田"，果就是"天下文明"。先有了"见龙在田"，然后就达到了"天下文明"，所以我们必须要了解什么叫"见龙在田"。孔颖达解释说"阳气在田，始生万物"，没说到观象这个根本层面上，根本体现的就是这个"龙"到底是什么。《周易·乾卦》讲的就是龙，初九爻词是"潜龙勿用"；九二就是"见龙在田"；九四，"或跃在渊"；九五，"飞龙在天"；上九是"亢龙有悔"；用九是"见群龙无首"。六个爻辞里面都在讲龙，象辞里边讲了"时乘六龙而御天"，龙星用不同的六个位置指定了六个不同的时间，所以仍然是讲中国古人观象授时的制度。《周易》是一部史书，不仅记载了历史事件，还记载了历史制度，其中最重要的制度就是观象授时，这个制度就记录在《乾卦》里。乾不是像天吗？怎么去表现他像天了？那就是讲观象。龙星是天上的象，是非常重要的象，是指导农业生产的一个形象。所以人们就把对龙星的观测这样的一些活动，记在了《乾卦》里面。那龙星到底是什么？我们来看一个星图。

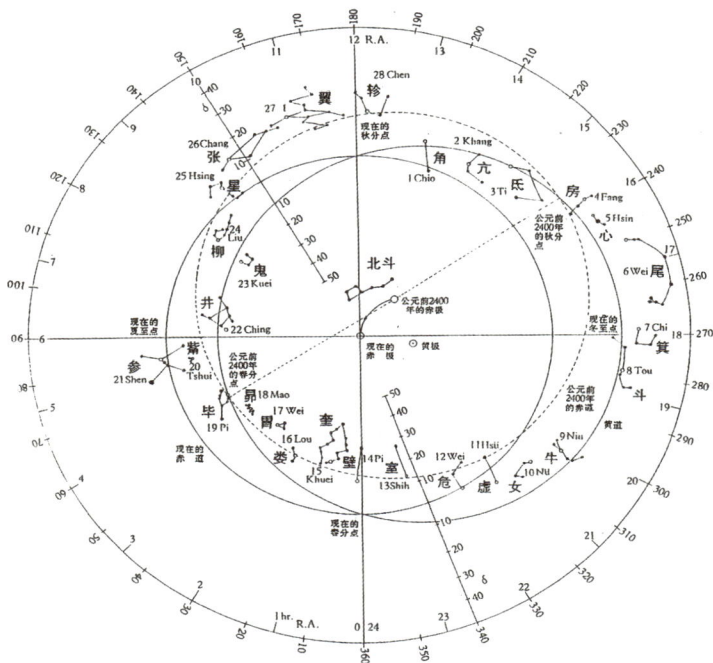

　　上图是中国古代的二十八宿和北斗的星图。二十八宿里面的第一个宿就是角宿，然后是亢、氐、房、心、尾，这六个星宿组成了一个巨大的天象，几乎占了半个天空。古人把这个天象叫作龙，龙的原型不在地上，就在天上，讲的就是龙星，也就是《乾卦》里面讲的这个六龙。既然龙是星象，那么它在天上就不会是固定不动的。星象要回天运行，有时候从东方升起来，有时候从西方落下去，有时候横在南中天，有时候又潜藏在地平线以下，看不到了。它是回天运行的，过了一段时间，等太阳从西方的地平线上落下去之后，可以看到龙的角宿从东方的地平线上升起来，古人把这个天象叫作"见龙在田"。民间有一个谚语形容这个天象叫"龙抬头"，今天我们的民谚还把这个天象和一个时间对应起来，叫"二月二，龙抬头"。就是说，你看到这个天象龙抬头了，时间就是二月二；反过来也一样，到了二月二，你再去看天象，一定是龙抬头。天象和时间形成了非常好的对应关系，古人观象看到这种对应关系之后，他们慢慢就会发现，这种对应关系在相当长的一段时间内是不会改变的。今年二月二，龙抬头了，明年还是这样；十年以后，仍然是这样；一百年以后，还是二月二龙抬头；五百年以后仍然没有变。

古人为了决定时间，使时间的规划精确化，就发明了一种天文仪器——表。把一根杆子垂直地立在水平的地面上，然后观察表的影子的变化，用它来规划时间。我们都有这样的一种生活经历，一年中正午时刻，表影最短的那天，就是夏至；正午时刻，表影最长的一天是冬至。我们今天观察到了正午影子最短的这一天，测到了夏至，你会发现，过了 365 天，我们又测到了夏至，又是影子最短的这一天。这个周期就是 365 天，于是人们长期地观测就认识到了回归年，也就是一年的长度。从今年的夏至到明年的夏至，这个时间周期就是回归年，1 年、2 年……100 年、200 年……1000 年、2000 年……都是这个样子，没有变化。这样一种常年的观象授时，诱发了古人的某些思考：怎么我们跟时间从来没有约定，但是它如期而至？

人们就从这种观象活动萌生出对诚信的思考，他们觉得时间是最讲信用的，因为从来没有跟时间约定，但是它如期而至。一年四季的变化也是这样，该冷时它一定冷，冷到极致它又暖了，暖到极致，又开始冷。这个循环多少年来都是这样，从来没有变化。

人们从上千年的观象活动中体会到诚信，古人讲"至信如时"，最大的信就是时间，引发了人们对诚信的思考，后来用诚信作为德的核心内涵去修养自己，于是就有了"天下文明"。所以说《易经》总结了天文和人文的关系，就是《文言》传里讲的这八个字"见龙在田，天下文明"。"天下文明"是讲人的，有了"见龙在田"才有可能形成。所以我们说中国文明的核心就在这个"文"字，"文"字就是心斋，就是修养德性，人修养了德性，就可以和动物相区别了。对个人来说，"文明"就是你的道；对社会来说，就是知识体系、典章制度。有了知识体系、典章制度，人类社会就可以区别于动物世界。这就是中国先贤的思考，形成这样的总结。我们看中国己身的文明观，讲的是知识体系和道德体系，而不是技术的高低。中国人讲的文明首先是人的文明，每个人都是野蛮的，不可能建立起文明的社会。这就是中国人的思想，直到今天还根深蒂固地存在于国人的观念中。我们看到一些不文明的人，给他的定义就是"不是人"，这不就把人和动物分开了吗？就把他从人类的范围内剔除出去了。

那道德修养要到什么程度？古人讲要修养醇厚，这个"文"才能彰显出来。中国古代的很多文献里面都在讲这些关系，《说文解字》里面讲"文"是玉言；玉是什么？有文章也，就是特别醇厚的"文"，彰显出来了。一个人修养了德性之后，内心的德性就会自然而然地从容貌中彰显出来。没有修养德性的时候，那人有一张野蛮的脸；他修养了德性以后就变得文雅了，修养醇厚以后就有威仪了。这种文雅与威仪，就是对自然形貌的一种装饰，也就是德容。这种德容是由内而外发生出来的，不是靠化妆品画出来的。我们经常说一个人"腹有诗书气自华"，并不是说他脑门上写着看过什么书，而是从内心散发出来的一种气质。德行也是这样，一个德行高尚的人，从形貌中一眼就能看出来，他是有威仪的。这就是儒家强调的德容，所以我们说人是带相的。因此，这个"文"字就有了装饰、纹样、图案、错画的意思。

今天我们把这个字写成了"纹"，它的本字就是文明的"文"。那么天文的"文"是什么意思呢？天文就是天上的那些图案，就是天相。天上的图案非常多，不同的星星组成不同的图案，前面讲到的龙，是由六个星宿组成一个大的图案。大家熟悉的北斗星，是由七颗星组成了一个图案，叫斗，古人把这些天上的图案用两个文字命名，叫作"天文"。文字中的"文"也是图案的意思，今天我们讲文字是一个词，但古代文和字有不同的含义。"文"是指象形的图案，比如日月山川，不同的文组合成一个复体的，就是字，这些图案的意思都来源于文德。个心内心的自我修养使得我们的容貌发生了改变，古人用"貌"字来表示。

今天我们讲容貌的貌，好像只是指一个人的长相美丑，或者穿戴好坏，这就失去了它的本意。从《说文解字》来看，"貌"的本意是指"颂仪也"，"颂"是指修养德行以后呈现出来的礼容、德容。这个"颂"字在这里要读作"容"，"颂仪"的本意就是指人的德容。所以后面解释了"颂"的意思，是"貌也"。有大德的人去世以后才会被人称颂，被人歌颂，被人祭祀，所以才有"德容"这个意思。《诗经》里的"风雅颂"的"颂"是什么意思呢？就是有大德以后所形成的那种威仪。《论语》里也有相关的描述，在《八佾》中孔子说"周监于二代，郁郁乎文哉"，周监于二代，它的这些典章制度、德性思想是从夏商那里学来的，是对夏商制度的继承，但比它们更好了，这叫"郁郁乎文哉"。

七、天文与人文的关系

我们去理解中国传统文化的这些核心思想，都必须导源于天文，用八个字概括就是"见龙在田，天下文明"。通过观象授时产生了诚信的思想，用诚信的思想去修养自己，就能形成文明的个体，有了文明的个体才能够有文明的群体，进而形成文明的社会。这就是中国古人的基本思考，这就是中国式的文明的概念，和文明相关的就是文化。《周易·贲卦》中写道："刚柔交错，天文也。

文明以止，人文也。观乎天文，以察时变。观乎人文，以化成天下。"

这里讲到了天文和人文的关系，也讲到了天文和文明的关系。刚柔交错是天文，阴阳的另外一种表述形式就是刚柔，刚就是阳，柔就是阴，那天文怎么体现出阴阳呢？天文就是天相，这些星象在天上不是固定不动的，它在周天运行，周天运行也只是时间。古人思辨出阴阳以后，接下来就要思考用什么样的形式来表现意义。那么，最理想的表现形式就是时间和空间。比如，从空间的角度讲，东方是太阳升起来的地方，在阴阳的系统中它就属阳；而西方是太阳落下去的地方，就属阴。如果把东西方配上时间，那东方就是春分，属阳；那西方就是秋分，属阴。所以人们就很自然地用空间和时间这样一个知识体系，来表现星象在天上回天运行，它运行到不同的位置，表现不同的时间，也就具有了相应的特点，这就是刚柔交错。这就是天文，实际就是天相，天相的特点是变化，每时每刻都在变，与之相对应的就是人文。

那什么是人文呢？《易传》告诉我们叫"文明以止"，文明的含义前面讲过，对于人来讲，就是他的道德体系，道德思想，进而扩大到知识体系、典章制度，是形而上的。那这些知识体系、典章制度，人们是求它的变还是不变呢？当然是不变，人们怕它变。人们更强调的是一种继承，一种传承。文明的传承，知识体系的传承。这种传承就使得它不变，只有不变的传承，才能够形成传统。传统就是一种不变的传承，如果前人一直变来变去，我们有什么传统呢？古人用一个字来表述，就是"止"，强调它的不变。所以，文明所体现出来的是对古代的思想体系、知识体系的一种不变的传承，这种不变的传承所形成的传统，就叫人文。

我们看天文的目的是什么？"观乎天文，以察时变。"看天的目的是看时间的变化，因为天文体现出来的就是刚柔交错，它总在变。那观乎人文呢？我们学习古人的思想体系、道德体系、知识体系做什么呢？要"化成天下"。这就是文化，以文而化之、以文化成。什么叫化成天下？《说文解字》讲，化，教行也。以教化的推行、德教的推行、知识的推行来教行你，教行之后怎么能够达到"化"呢？

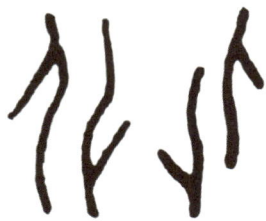

古人造字很有智慧，甲骨文中的"化"字，左边的人正着站着，右边的人倒着站着；后面这个字正好反过来，右边的人正着站，左边的人倒着站，一正一反。那这个字形怎么体现出"化成天下"的意思呢？中国圣贤习惯用人的正反来表现是非问题。

　　比如，上面这三个字，左边的字像一个人正面站着，这是大，大人，是好的君子。大人相对于小人，所以正面站的这个顶天立地，这是大字，赋予了很好的意义，是君子，正人君子。把大字翻过来，让它头朝下，就是右边这两个字，就是逆，叛逆的逆字，赋予了不好的意义。比如一个小孩不学好，人们叫他逆子；为官的贪污，叫逆臣、逆贼。所以，中国古人有这样的一种思考，用人的正和倒来形容是非问题，明白这个知识背景以后，我们就可以了解化字要体现的也是这样的意思。通过对知识道德、思想体系的推行教化，使得那个反着的人正过来，这就是"化"，反着的这个人，那是个逆子，把他正过来了，就读人了，他就成为一个有道德的人。这就是中国古代的"化"字所体现出来的思想。

　　所以，通过分析中国古代的天文和人文的关系，揭示出一个事实，就是天文是作为中国传统文化的源而存在的，人们首先观乎天文，要刚柔交错，观乎天文，以察时变，然后形成这样一种道德思想，再用道德思想去修养人，形成所谓的人。

八、《太一生水》中的天文与哲学

我们通过对中国传统文献的一些分析，了解了天文和人文的基本关系，了解了中国概念中的文明实际上是一种道德体系、典章制度，是一种形而上的知识体系和思想体系的建立，这是中国传统文明的特点。下面我们举一个考古学的例证来做分析。

这是在湖北荆门郭店战国的楚墓里出土的竹简，学术界把这个竹书称为《太一生水》，这篇文章实际上直接关系到对老子哲学的解释。我们知道老子哲学的核心思想是道，那么，道是怎么来的？老子为什么会产生这样的观念。这篇文章对此有非常精辟的论述。《太一生水》的开篇就在讲宇宙的生成，说太一生了水，然后水反哺太一又生了天，天又反哺太一生了地，然后接着再往下生，生成，讲的是一个宇宙的生成过程，那么这和古典哲学和道家哲学有什么关系呢？我们先来解释一下"太一"是什么？太一在古文献里又可以写成"天一"，天地的天，天一实际就是天数"一"，我们讲过数字有阴阳的观念，有天地的观念，凡是奇数都是阳数，也都是天数，所以它所强调的只是"一"而不是天，天只是对"一"的属性的一个解释，它是天数的一，所以太一生水的本质实际就是一生水。当然，太一在古代的内涵有很多，它可以指极星，古人叫它"太一"或"天一"。因为古人认为极星是天神上帝居住的地方，它就和地上的王居住在宇宙的中心是一样的。商代的甲骨文里说，商王自称叫"余一人"，就是我一个人，就是一，天神上帝叫太一也是这个意思，天下唯我独尊，只有他一个，所以这是"一"，那么"一"的本质是个数字，就是指的数字"一"。

进一步分析，水是一种物质，在老子哲学的系统中，水是作为它的物质生成的基础，这与古代哲学五行相生的理论是相同的，水是一种物质的一个要素，同时也是五行之一。在五行理论中，水是作为生成其他物质的基础，但是，如果有人问："水是怎么生成的？"这个理论是没有办法回答的，如果只是把宇宙的源头追溯到水的话，那么它没有办法回答自己的来源。也就是说，水可以作为物质生成的基础，但是它没有办法作为它自己出现的基础。显然，如果古人想描述物质从无到有的过程，或者是追溯"有"出现之前的那种"无"的状态，那么他们就必须要找出一个比物质的水更抽象的概念来表示那个"无"的状态。这种情况是水没有办法做到的，于是他们就想到了数字，我们知道数字比物质的水要抽象，而且数字"一"是万数的基础，数字再多，它的基础只有"一"，数字再大，都是"一"积累而成。所以"一"是万数的基础。同时，我们用天地数、生成数的理论都可以看到"一"还有其他属性，在阴阳数和天地数的系统中，"一"是一个阳数，因此它可以解释阴阳的概念；而在天地数的系统中，"一"作为一个天数，有解释天地的概念，而在生成数的理论中，它是生数，又具有解释生成的概念。因此，"一"具有确切地解释天地、阴阳、万物的生成乃至一切物质生成的最起码的条件，于是，古人就把这个抽象的数字"一"作为水的基础，作为物质生成的基础，这是非常合适的。据此我们可以看到古人追溯物质起源的思辨过程，老子的哲学是在不断地追求物质起源的那种原始状态，这就提示我们，古典哲学的一个根本问题，就是在对于物质起源的这种原始状态的追溯和解释，这种原始状态实际就是物质生成的基础，宇宙的起源实际上是人们借以探索物质起源的唯一途径。

所以，我们通过天文与人文的关系、天文学与古典哲学的关系可以看到，中国古代的天文学对中国的传统文化有着非常深的影响。我们探索古代的文明，对于科学史的研究、古代文明起源的研究都有着非常深远的意义，也为我们今天的精神文明建设提供了借鉴和参考。历史是传承的，今天我们熟悉的一切，何尝不是数千年文化的积淀。我们只有清晰地了解我们的过去，我们的历史，才能正确地看待我们的今天，认识我们的今天，也才能更客观地预见我们的未来。我们不应该忘记这样一句名言：了解过去的五千年，是为了掌握今后的一百年，这大概就是我们探索古代文明的真正价值。

《南屏晚钟》（局部）清·董邦达

陈鼓应

享誉国际的道家文化学者。师从著名哲学家方东美、殷海光。两度辗转执教于台湾大学和北京大学，曾任北京大学人文讲席教授，现为《道家文化研究》学刊主编。

他撰写的《老子注译及评介》《庄子今注今译》已行销四十余年，成为人们研习老庄的经典读本。他提出了《易传》哲学思想属于道家的观点，一反两千年来《易传》思想属于儒家的旧说；他主张的「中国哲学道家主干说」影响日益广泛。著作有《悲剧哲学家尼采》《庄子思想散步》《老庄新论》《易传与道家思想》《道家易学建构》《道家人文精神》《庄子人性论》等十余部。

庄子论情

中国人性论主题为心、性、情三者。此前笔者曾发表《〈庄子〉内篇的心学》《庄子论人性的真与美》，就庄子人性论心性部分阐述己见。原以为对庄子人性论的讨论就此可以告一段落，然而纵览中国人性论史的发展，越觉庄子思想中"情"的论题之重要性。因此本文拟从庄子学派的性情一体观，以及无情说、任情说与安情说等方面，申说庄子的情论。

一、"性情不离"观在人性论史上的重大意义

（一）汉宋儒家扬性抑情致情性割裂

人性论由两个重要的部分构成：其一为心性论，其二为情性论。若仅有心性论而欠缺情性论，则人性论未能完足，如同生命中欠缺血气活力而衰变成为干枯的生命。就个体生命而言，情是源头活水，是生命创造的潜能与动力。若人性论只局限于心性而不及情，就成了残缺的人性论。

以朱熹理学为代表的宋明儒学，自南宋末起，下历元、明、清数代，被官方认可为正统哲学。朱熹继承韩愈的道统说，使之主导学人思想观念达六七百年之久。长期以来，中国哲学中人性论的主要观点，亦不知不觉中局限于宋儒儒学伦理中心之单一化思维。而此一儒学伦理中心的人性论，最大的偏失在于"以性禁情"以及其心性说之流于禅学化。

心、性、情、欲是人性论的主要议题。原始儒家主张"仁者爱人"，在强调伦理道德的同时，并未寂灭情的作用。在原始儒家礼外乐内的伦理架构下，若欠缺人性中"情"的质素，"乐"就无由产生，人与人之间的情感也无由交通成和。原始儒家"由情说仁"与"缘情制礼"这一情礼兼顾的整体人性思维，在后来儒学的发展中出现了严重的偏颇。董仲舒倡导独尊儒术，在阳尊阴卑的架构中提出"阳性阴情"说，主张"损其欲而辍其情"，贬抑"情"的地位和作用。到了宋明理学时期，承接董仲舒抑情扬性的思路，在佛禅尊性黜情的基础上提出"存天理，灭人欲"的极端主张，更加导致情性割裂的趋势。宋明儒学之所以只谈心性而减损情、欲，主要缘于佛禅的影响。禅宗认为本心清净，主张断灭情感，使心性"空寂化"。这不但与原始道家心性论有很大的不同，也不符合原始儒家的一贯思想。

钱穆曾多次隐约指出宋儒玩索心性是受到了禅宗的影响，张广保则明确指出："正是由于禅宗的影响，宋明理学家才特别提出存天理、灭人欲的主张。"佛禅对理学心性论的影响可谓深入骨髓，这种流弊一直延续到当代新儒家中的心学一系。他们将"情"孤立在人性论之外来空谈心性，坠入了佛禅寂静孤绝的心体与性体之说而不自知，以致塞绝人情，将人性塑造成一寂静孤绝的绝对实体，以致将原始儒家关怀人群的德性伦理，转化为干枯闭塞的"概念木乃伊"。

孔孟虽未对"情"的议题有所论述，但先秦儒学还有一条彰显"情"的线索，那就是近年湖北荆州出土的《性自命出》（上博简称为《情性篇》）提出"道始于情""情生于性"的精辟主张。但这一珍贵的竹简佚失了两千多年，已无补于儒家传世文献中"以性禁情"的主流思想。

（二）庄子的主性情不离

遍观先秦传世文献，最早将"情"的议题凸显出来的是《庄子》。或者说，在中国哲学史上，"情"的概念及其论题之被显题化始于《庄子》。我们现在常说的"人情"一词，首见于《庄子·逍遥游》（本文下引该书只注篇名），《骈拇》等篇还一再发出"仁义其非人情乎"的呼声。此外，《庄子》书中还提出了许多与"情"相关而富有深刻哲学意涵的思想观念，如"道情""天情""恒物之大情""达生之情""达命之情"等。在人性论的议题上，庄子学派使用了"性情"连词，值得留意。它在文学、艺术、美学上的影响尤为深远。《庄子》一书情性并举多达15处。

在"性情""情性"等复合词的使用中，不断地发出"反其性情""反汝情性"（《缮性》《庚桑楚》《盗跖》）的呼声。真情的流露，即是本性的回归，这正是《庄子》人性论中最感人之处。在庄子学派中，"情"与"性""命"构成的语词也频频出现，从而构成中国人性论史上无比重要的命题。其中的"任其性命之情"与"安其性命之情"尤为笔者所关注。

在性情关系问题上，庄子学派提出了"情性不离"命题，同时运用美妙的文学才思，形象地描绘"情性一体"的观点。如《徐无鬼》中借"越之流人"的故事生动地描述流放者远离故土的乡愁："见似人者而喜矣；不亦去人滋久，思人滋深乎？"这里流露出游子思乡之情，同时，又表明了此乡情实乃人之本性的呼唤。《则阳》篇中"旧国旧都，望之畅然"的感怀，也同样借着遥望祖国的喜悦之情，表达着对本性的回归。

本文要论析庄子的无情说、任情说与安情说。现从内篇论情的议题开始。

二、《庄子》内篇中"情"的多层次意涵

庄子常以多角度审视世界人生的种种事象，如《秋水》篇的"以道观之""以物观之""以俗观之"等，而其论情也不例外。庄子言情，全书多达 62 处，内篇出现 18 处。在不同的语境中，情的意涵也不相同。通体而言，主要

意指实情与感情。上古的著作(如《尚书》《诗经》)言"情"多作实情解，即指客观的情况。春秋时代的著作(如《左传》《国语》《管子》《论语》)，除了表达客观的事实之外，开始出现描述人的内心真情实感的解释。战国时代的著作(如《庄子》《性自命出》和《荀子》等)，以感情解释"情"成了普遍的现象。

庄子论情以内篇《德充符》最惹人注目，该篇从情的正面意义与负面意义两方面加以阐发。其他各篇，尤其是外、杂篇则多从正面进行讨论，甚至将情与性相联系。在《逍遥游》《养生主》和《大宗师》中，庄子主要提出三个论情的重要概念，即"人情""天情"和"道情"。这三者的内在联系值得我们关注。庄子常常从天人之际着眼，来探讨三者的关系。在他的思想观念里，人情本于天情而源于道情，而二者又以道情为最根源性的存在依据。庄子赋予道艺术创造的功能，道是"刻雕众形"的"生生者"(《大宗师》)，它创造的天地是大美的世界(《知北游》)。这里，我们首先从内篇的《逍遥游》开始，探讨其中情的多层次内涵。《德充符》之"无情"说则在下节进行讨论。

（一）《逍遥游》"人情"语词之语境意义

《逍遥游》写到肩吾认为接舆之言"不近人情"，"人情"一词是在对姑射山"神人"进行描述时出现的。就内容来看，姑射山神人的身体形貌、行为样态皆不类常人，因此，肩吾所谓的"人情"，当意指人自然而有的生命特质，是人的生命的本真情实。这里值得我们注意的是，此处的"人情"一语词，在中国古代哲学文献中为首次出现。

（二）《养生主》"天情"的语境意义

《养生主》在"老聃死,秦失悼之"的寓言中提出"遁天倍情"一词。"遁天倍情"的正面意涵即是顺应"天情"，也就是说，庄子认为死生变化不过是气的聚散，面对生死要能"安时而处顺,哀乐不能入"。《养生主》透过"遁天倍情"之说，提示了循天应情的观点，以"天情"的视角，强调了生命顺时而生，应时而去，也就是《大宗师》所说的"翛然而往，翛然而来"。

（三）《大宗师》"道情"的意涵

《大宗师》提出"恒物之大情"观念之后，接着就论述道的"有情有信，无为无形；可传而不可受，可得而不可见"。所谓道"有情",意指道之情实,我们用"道情"来指称。老子之道"玄之又玄",庄子之道虽然无为无形,不可口授不可目见，却是可传可得的。在《庄子》内篇中，道开始与人心有了联系，人可以体道、悟道、修道，通过心的修养而上升到"道情"的境界。《庄子》中已经出现了修道的境界和功夫，如《人间世》中的"心斋"，《大宗师》中的"坐忘""见独"等。而"唯道集虚""同于大通""见独"均是得道、体道的不同表达方式。

综观内七篇，在庄子的思想观念中，人情、天情、道情三者之间是有紧密内在联系的，那就是人情本于天情而源于道情。这样，我们就能够理解《德充符》所说的"道与之貌、天与之形，恶得不谓之人"。《德充符》这句最核心的话语，表达的正是我们反复强调的人情本于天情而源于道情。

三、无情说——道似无情却有情

庄子表达人生哲理时，经常交错使用论述和对话两种不同方式来进行。《德充符》篇末，惠、庄有关情与无情的对话，正与前面的一段论述紧密联系。下面从其论述和对话之间的内在联系进行解析。

（一）天人关系语境下提出"情"议题

庄子论情，其中一个重要意涵在于引出了"无情"之说。"无情"说主要见于《德充符》"有人之形，无人之情"一段，以及庄子与惠子的一则对话中：

> 天鬻者，天食也。既受食于天，又恶用人！有人之形，无人之情。有人之形，故群于人；无人之情，故是非不得于身。眇乎小哉，所以属于人也！警乎大哉，独成其天！

这段话是后文惠、庄无情之论辩的引言，主旨是在天人关系的语境下讨论"情"，从天人之境中将个体生命提升到"天地精神"的境界。

所谓"有人之形，无人之情"，其深层意涵为生命由来于天、禀赋于道。而"有人之形，故群于人；无人之情，故是非不得于身"意指人在社会群体关系中由于各自的"成心"形成偏执的心态和狭隘的视野，以至于相互否定、彼此排斥（"是其所是而非其所非"），从而引起"喜怒哀乐，虑叹变执，姚佚启态"的情绪波动，这正与《齐物论》的相关论述相互呼应。《德充符》这段"无人之情，故是非术得于身"的"情"，乃是指世间人群纠葛于主观的是非判断而产生的"负累"之情。这乃是庄子逆向思维的表述。

（二）惠、庄有关"情"与"无情"的对话

上文"有人之形，无人之情"的论述引发了惠施与庄子关于有情与无情的论辩：

> 惠子谓庄子曰："人故无情乎？"庄子曰："然。"惠子曰："人而无情，何以谓之人？"庄子曰："道与之貌，天与之形，恶得不谓之人？"惠子曰："既谓之人，恶得无情？"庄子曰："是非吾所谓情也。吾所谓无情者，言人之不以好恶内伤其身，常因自然而不益生也。"惠子曰："不益生，何以有其身？"庄子曰："道与之貌，天与之形，无以好恶内伤其身。今子外乎子之神，劳乎子之精，

倚树而吟，据槁梧而瞑，天选子之形，子以坚白鸣！"

在"吾所谓无情者，言人之不以好恶内伤其身"的陈述中，庄子所说的"无情"的语境意义是很清楚的，即"不以好恶内伤其身"。而其蕴含的深层意涵则是要将人情提升到道情、天情之境。庄子一再宣称"道与之貌，天与之形"，它的意思正是强调人情禀赋于道情、天情。

统观全文，在庄子和惠施关于"有情"与"无情"的论辩中，二人虽然同样讨论"情"，但是彼此的视角各异，"情"的语境意义也不一致。

道家探讨问题，既有正面思考，也有逆向思维，因而，问题的表层结构和深层结构都能关照到。借用《秋水》"以道观之""以物观之""以俗观之"的多重视角论点，庄子对人情的论述也具有多个层次。从以俗观之的角度来看，他指出了"成心"所带来的相互否定、彼此排斥的后果。从以物观之的角度来看，他一方面指出人情会走向"负累"之情；另一方面又说明，人情从根源上禀赋于天情、道情，从这点上庄子对人情持肯定态度。这体现了庄子将天、地、人联系起来思考的整体性思维。老、庄都秉持着这种多面向的思维，这足以证明道家的人性论是建立在其形而上学理论基础之上的。

四、任情与安情说

如上所述，《庄子》讲"无情"，要人摆脱好恶之情对平和之心灵的伤害，倡导人超脱于俗情而提升至道情、天情，从而回归《齐物论》所说的真君、真宰"有情而无形"的人的本根之处，体会天地之大美，培养宇宙之视野与心胸。如此，则个体生命能够通向宇宙生命，个体小我能够通向天地之大我。同时，庄子指出，道情是胸怀博大的宇宙情，要以道情关注现实人生，将道情、天情落实到现实人间。笔者用"任情"和"安情"来概括庄子的这个观念。

《庄子》外篇自《骈拇》开始，便在肯定现实人生的立场上提出"任其性命之情"（下文简称"任情"）的重要命题，接着又在《在宥》篇中连续提出"安其性命之情"（下文简称"安情"）的呼声。任情说主要谈性命之情的发挥，安情说主要谈性命之情的安顿。以下分别论述。

（一）任情——个体生命力的激发

庄子以丰富的想象力、翻新出奇的手法，阐发其深邃的文理；以豁达诗意的心境，构成了壮阔幽深的艺术境界。《庄子》一书，开创了中国文学和哲学的抒情传统。自《逍遥游》开篇鲲鹏展翅的寓言，揭开一幕前所未有的抒情传统的序幕，到末篇《天下》篇论述庄子思想风格，无不体现出"任情"的文风与精神风貌。

《庄子》整本书对个体生命的自觉、自主性的高扬、创造精神的挥发及其所表达出的芒忽恣纵的思想感情，可以说均是极佳的任情之作。庄子"任情"的重要命题出现在《骈拇》篇：

> 吾所谓臧者，非仁义之谓也，臧于其德而已矣；吾所谓臧者，非所谓仁义之谓也，任其性命之情而已矣。

"任情"在全书中只出现一次，但为庄书中极其重要的一环。就《骈拇》的语境意义来说，比较侧重在儒家的规范伦理之脱离其原始的内涵，而成为束缚人心的枷锁上。但是，我们从内、外、杂篇的整体来看，"任情"指向了生命本真面向的显发，可包含多层次的意涵，分别是：第一，冲破世俗的网罗；第二，顺任人性之自然；第三，个体生命力量的激发；第四，追求放达开豁的意境。前两者学界多有申论，故从略，此处就后两者尤其是个体生命力的激发方面阐发。这里就列举《逍遥游》开篇的鲲鹏展翅、《外物》篇的任公子钓大鱼和《天下》篇论述庄子思想风格的文字来阐发其"任情"的意涵。

1. 天人之境与天地视野

《逍遥游》开篇，庄子以浪漫主义的文风描绘鲲鹏的巨大。他借鲲鹏之高举，晓喻世人需培养博大的心胸、开阔的视野以及高远的境界。他阐论逍遥之义，特别突出

的即是饱含力量性的字眼。例如鲲之"化而为鸟",鹏之"怒
而飞""水击三千里"以及"抟扶摇而上"等。其中的
"化""怒""击""抟"等,无论是描摹鲲突破自身形态
的力求转化,还是大鹏奋力的展翅、于水面上强力的拍击,
或者环绕旋风向上飞翔,无不是力量的展现、情感的奔放。
庄子始终是将生命的超越与不息的力量紧密相连的。

2. 积厚之功与经世之志

《外物》篇讲"任公子钓大鱼",也如巨鲲大鹏之所
寄寓。任公子"为大钩巨缁,五十犗以为饵,蹲乎会稽,
投竿东海",如此宏伟的场面,体现出士人博大的心胸和
气魄。"旦旦而钓,期年不得鱼"体现出士人要实现现实
的抱负,要有极大的耐心和积厚之功。经年累月的坚持
不懈,使任公子终于钓得大鱼,大鱼"牵巨钩,錎(陷)
没而下,骛扬而奋鬐(鳍),白波若山,海水震荡,声
侔鬼神,惮赫千里"。大鱼从水中跃起的情景声势浩大、
惊心动魄。任公子以巨钩经年累月钓得大鱼,与守着小
河沟的钓鱼人形成大与小的鲜明对比,体现出士人"大
达""经世"的远大追求。

庄子和尼采均运用极富想象力的寓言来表达自己的
思想和感情,二人又都喜欢用动植物来表达自己的哲理。
美国学者格拉姆·帕克斯(Graham Parkes)认为尼采使
用动植物在历代哲学家中最多,用了 70 多种动物。庄子
使用的动物则多达 148 种。庄子笔下的鲲鹏雀鷃、龟蛇蚌
鳖、大椿雁鹅、海鸟蜗牛、鱼猴蜩羊、栎树马蹄、朝菌蟪蛄,

一草一木，一鱼一鸟，无不栩栩如生。正如汤显祖所说："奇物是拓人胸臆，起人精神。"（《续虞初志评语·月支使者传》）庄子运用这般奇思妙想以打破儒者常规的思想观念。司空图《二十四诗品·论豪放》形容鲲鹏展翅一飞冲天的这种壮阔的艺术精神时说："天风浪浪，海山苍苍。真力弥满，万象在旁。"鲲鹏展翅和任公子钓大鱼均描写出主体心灵的高扬，体现出开阔壮丽的宇宙视野。鲲鹏展翅是精神的高扬而达到一种天人之境，任公子钓大鱼则是俯瞰人生的一种超迈高远之志。这样的思想风格在《天下》篇中论述庄周学风时有着淋漓尽致的表现。

3. "独与天地精神往来""以与世俗处"

《天下》篇对庄周学说的评论（共 288 个字）的确已超过关尹老聃而"独占百家之巅"。有关庄周的论述，旨在彰显其恣纵放任的艺术风格，阐扬其遨游于天地精神的高远境界。论述的开端便以汪洋恣肆的语言风格描绘庄周从事物不断流转的观点看人生的变化与走向："死与生与，天地并与，神明往与！"——个体生命流向宇宙生命，以其至大的胸怀与崇高的理想开创一个达观的艺术人生。接着作者以浪漫主义的文风，表达其适性任情的人格特质："时恣纵而不傥""独与天地精神往来"，从高远处观照世界，将人的心灵之眼上升到无限的时空中。其中意蕴的境界可谓和调切适而上达于天人的最高境界（"可谓稠适而上遂矣"）。其思想视野虽广阔高远，然而其内心之情却饱满而无止境地流溢着（"彼其充实不可以已"）。

《天下》篇在评及庄子的人生观时言及："独与天地精神往来而不敖倪于万物，不谴是非，以与世俗处。""独与天地精神往来"是心灵与天地精神相遨游的艺术人生。"不敖倪于万物，以与世俗处"是以其如此高迈悠远的艺术人生俯瞰其现实人生，欣赏天地之大美，关注群体和和谐社会。他表达出艺术境界中隐含着的道德意蕴。他的艺术人生是一种"任情"，但"以与世俗处"就是要在关怀群己关系中以"安情"。"任情"意在激发人的创造动力，"安情"旨在群己关系中如何安身立命。

（二）安情——群己关系的和谐

庄子正视人"与世俗处"的群体性生活，期盼一种既能保有个体生命特质，同时又能兼容多元生命面貌的群己关系。而这种群己关系的面向，正是庄子安情说的关注视野。

"安情"说的提出首见于《在宥》篇，文中的直接语境是政治问题。庄子站在"安情"的立场上揭示出不当的"治"所产生的弊害。权力运用不当所导致的弊害在内篇中已有所阐述，如《逍遥游》最后一句"安所困苦哉"中的"困苦"透露出人间的不幸，人间的不幸首要归因于政治权力的不当使用。如何走出人生的困境，是庄子学说及先秦哲学共同承担的核心论题。道家提出无为而治的理念，亦是由"安情"的立场而发的。而综观《庄子》全书，其"安情"说可以从以下几个层面进行阐发：

1."恢诡谲怪，道通为一"——群己关系的汇通

庄子重视个体生命的价值，却又同时关注群体生命的关联性。《齐物论》和《秋水》篇对此均有精辟的论说。

《齐物论》开篇便以对比反差的手法交相描述开放心灵与封闭心境的两种认知形态的不同。该篇首章借地籁"众窍为虚"而发出万窍怒号，洋溢出天地人三籁的美妙音响，铺陈出之后的"莫若以明"。接着写人世间党派的对立冲突以及各种意识形态的纷争纠结，接着铺陈出"随其成心而师之"，展现出人间各"是其所非而非其所是"的景象。在开放心灵的观照下，《齐物论》提出"道枢"与"两行"的认知方法："两行"意指两端皆可行，即彼、此双方皆能有所观照；"道枢"的关键是在对立差异中寻求共同的焦点。《齐物论》的主旨如果用一个命题来表述，即是"相尊相蕴"，而《齐物论》中在论述群己关系时说："物固有所然，物固有所可。无物不然，无物不可。故为是举莛与楹，厉与西施，恢诡谲怪，道通为一。"这段话正是呈现了齐物精神的主题思想：这是说一切物都有它是的地方，一切物都有它所可之处。"然"是指事实的存在性；"可"是指价值的取向性；"物固有所然，物固有所可"即是肯定人、物存在有它的合理性，价值取向有它的可行性。接着，《齐物论》说，举凡小草和大木，丑女和西施，以及种种奇异独特的现象，从道的观点来看，都可相互汇通为一个丰富内涵的整体（"道通为一"）。庄子以包容万物来齐物之所不齐。这齐物精神便是一方面肯定个物

的殊异性，另一方面又从更高远更宽广的道的视角，打通万有存在的隔阂；又从同一性与共通性的面向，使殊异性的万物相互交汇，而统一成为一个众美汇聚的整体。

庄子在《秋水》篇中再度列举万物特质的多样性，如梁柱可以用来撞开城门，却无法用来堵塞洞穴；千里马日驰千里，若论捕鼠则不如黄鼠狼；猫头鹰夜晚能视毫末，白天却一无所见，进而论证万物特质的多样性、生命样态的丰富性乃"天地之理,万物之情"。而这也正是《齐物论》"恢诡谲怪,道通为一"的意义所在。《齐物论》和《秋水》着重于从认知的角度，力求破除自我中心的局限，而以开放的心灵尊重观点的多元性，同时欣赏万物的多样性。个人以自我为中心，从成心出发，就会出现意见、观点和主张的冲突。但如果拥有开放的心灵，认识到各种观点的相对性，不以自己的观点为绝对的真理而能够尊重他人观点的价值和合理性，就可以从主体的自我为中心臻至于互为主体——主体之相互含摄。

庄子的齐物精神正是在彼此尊重差异的宽容中，个体生命的独特性得以在群体生活中展现其各自的功能，"为是不用而寓诸庸"（《齐物论》）；同时也正是在高扬个体生命的独特性中，让群体生活中的多元开放性有了实现的基础。这相互关联的群己关系，正是庄子安情说的重要关注之处。

2. "仁义其非人情乎"——德行伦理之人情化

上述庄子以宇宙的视野关注现实社会，重视个体与群体之间的相互尊重、相互包容的和谐关系，以此提出"恢诡谲怪，道通为一"的论述。接着庄子后学复关注现实社会中人伦规范起着调节群己关系的作用，由是在《骈拇》篇中提出仁义人情化的议题："仁义其非人情乎！"这呼声具有划时代的意义。

仁义礼乐顺乎人情的心声始于原始儒家，道家亦然。中外不少学者认为老子是反人文及伦理思想者，实际上，孔、老在人文议题上都有许多相通之处。就历史根源而言，孔、老皆继承殷周的文化源头，从殷周即重视祖先崇拜，甲骨文中祭祖的频繁出现体现出血缘的凝聚力乃至民族的凝聚力。孔子由亲情出发倡导以仁孝为本的伦理学说；老子亦强调"与善仁"，认为人与人交往要"仁"，并视"慈"为三宝之一，而且一再宣扬"有孝慈""民复孝慈"。凡此可见，孔子和老子共同体现出人文精神的人伦观是有历史脉络可循的。

近年湖北荆州出土的早期儒家文献《性自命出》说："道始于情，情生于性""凡人情为可悦也""礼作于情，或兴之也，当事因方而制之。"可惜原始儒家的这种礼义之人情化的主张，在汉宋以后的儒家学者中都没有传承下来。而且，儒家伦理的异化而导致的"残生损性"的景象在历史上不断出现，魏晋时期所凸显出来的自然与名教的冲突，宋明时期"存天理而灭人欲"的主张激起戴震发出"以理杀人"的批评和"顺民之情，遂民之欲"的呼声，表明仁义人情化与异化的对立实际也是历代的大课题。

而在庄子看来，仁义该是人内心情感的自然流露。所以庄子说："端正而不知之为礼，相爱而不知之为仁。"（《天地》）同时，庄子发展了孔子"仁者，爱人"（《论语·里仁》）的思想，提出了"爱人利物之谓仁"，进一步将仁的内涵由"爱人"扩大到"利物"。

真正发自于人的性情的仁义礼乐，不但不会给人带来任何的束缚和限制，而且能够达到自得自在、安适之至的生命境界，如《大宗师》讲到"忘仁义""忘礼乐"。"忘仁义"意谓实行仁义达于自得、安适之至的境界；"忘礼乐"意谓行礼乐达于自得、安适之至的境界。庄子以适然忘境来赋予仁义礼乐以深刻的生命境界的内涵亦于外、杂篇有所表现。例如《天运》篇中商太宰问仁于庄子，庄子回答："至仁无亲。"问及"孝"，庄子回答："以敬孝易，以爱孝难；以爱孝易，而忘亲难；忘亲易，使亲忘我难；使亲忘我易，兼忘天下难；兼忘天下易，使天下兼忘我难。""孝"是儒家伦理的基础，庄子借用儒家的论题表达与儒家不同的观点，他对孝的解释，突出了一个"忘"字。作为庄子特殊用语的"忘"，是安适而不执滞的心境之写照。他的孝要自己安适，父母安适，天下人安适。相对于从尊敬、亲爱等角度来理解孝的意涵，庄子更肯定从安适、自得、无牵挂的亲情互动来体现仁和孝的精神。很显然庄子是在道的高度为仁义礼乐孝等儒家习谈的人伦规范，设立一个更深厚的义理背景。《庚桑楚》讲："至礼有不人，至义不物，至知不谋，至仁无亲，至信辟金。""至礼""至义""至知""至仁""至信"是对礼、知、仁、信等人伦规范向道的高度予以提升。

由上可见，庄子并不是完全否定世俗的伦理规范，而是反思异化后的、不符合人的情性的伦理教条。庄子在社会现实的一面重视"与世俗处"，重视人与人之间安适、和谐关系的建立，肯定出自人的情性的、使人与人之间自然和谐的仁义礼乐等伦理规范，这在"与世俗处"的一面与孔、老相通。而在"与天地精神往来"的一面，庄子实际上将老子和孔子的仁义礼乐观向生命境界加以转化与提升了。

3. 濠上观鱼之乐——审美心境观照下的物我之情汇通

我们再进一步将"安情"视野由群体关系转向个体生命。在个体生命如何安身立命的问题上，庄子着意于如何从现实人生转化为艺术人生。

庄子的艺术人生，以个体生命情趣之舒展及创发为基点，着眼于群己关系。然而其思想视野与精神领域不仅仅局限于人类社会，更要在广阔的大自然中，来安善人的"性命之情"。如《庄子》开篇《逍遥游》的主题是游于无穷——如《则阳》所说"游心于无穷"，《齐物论》则以"旁日月，挟宇宙"的恢宏气势，体现出庄学"万物与我为一"的宽敞心胸及高远情怀。在先秦诸子"此务为治"的大方向上，庄子再将现实人生转化为艺术人生，其理性思辨的深邃与感性思维的宽广，在诸子之中的确是最为独特的。要之，庄子的艺术人生以"天地有大美"为其存在背景，而大美之天地乃以道之"至美至乐"为其本源及根据。

庄子将现实人生点化为艺术人生。他运用丰富的想象力，将至美至乐的艺术精神及性命之情安放在大自然的优美情境中。以往士人都是在庙堂之上或学宫之内坐而论道，而庄子则将其表达人生哲理的场所转移到山林之间、溪涧之旁。《秋水》篇末，庄子与惠子濠上观鱼论辩的场景，在古籍中是罕见的。这则众所周知的故事，是如此记载的：

> 庄子与惠子游于濠梁之上。庄子曰："倏鱼出游从容，是鱼之乐也。"惠子曰："子非鱼，安知鱼之乐？"庄子曰："子非我，安知我不知鱼之乐？"惠子曰："我非子，固不知子矣；子固非鱼也，子之不知鱼之乐，全矣！"庄子曰："请循其本。子曰'汝安知鱼乐'云者，既已知吾知之而问我。我知之濠上也。"

庄周濠上观鱼之乐的故事，正是他那审美化的宇宙观与人生观的流露。老庄的自然哲学给人们打开了一个巨大的时空意识。庄子哲学持一种有机的自然观，认为人与人以及人与物之间并非各自独立隔绝的，而有着许多共同之点与相互感通之处。人接触外界景物，景物的形态引发人的情思。人们常因景物的触发而产生独特的感受，并将自己的感受及情趣转移到景物之上，即所谓"触景生情"。濠上观鱼之乐，揭示了情景交会时审美主体在美感经验中透过移情作用，将外物人性化，将宇宙人情化，以安善人的"性命之情"。

惠、庄观鱼之乐这则著名的故事，不少当代学者有着精辟的解说。笔者也在不同时期提出过不同的论点，现在针对与庄子情论有关的议题，依着故事情节的顺序，将对话中的关键语词作如下几点诠释：

（1）庄子与惠子"游于濠梁之上"——审美主体与审美客体之情景交会

这个故事的开端打开了这样一个特殊的场景，庄子与其挚友惠子游于山水之美的濠梁之上。在这里，"游"是主体的审美活动，"濠梁"是审美的客体，主体"游"于客体，便产生了情景交会。

我们可以这么说，《庄子》哲学的最大特点莫过于阐扬"游"与"游心"。在濠上的山水美景中，安然适意的庄周，由审美主体和审美客体的交接，而导致主体之情与客体之景的交会融合，进而表现出对山水的欢愉之情。就如《外物》所说："大林丘山之善于人也，亦神者不胜。"而大林丘山之所以能引人入胜，使人心情舒畅，并非仅仅由于山水之美，亦由于主体的审美情思能与之相映，从其外在形态的美中激发出其内在意蕴的美。这也就是宗炳《画山水序》中所说的"山水以形媚道""山水质有而趣灵"。濠梁之上的情景交融，引发了人的想象力与情思，庄周置身于如此清幽的林路溪水之间，物我交接，自然景物让人倍感亲和，审美主体与审美客体产生了精神上的交流与契合，故而庄子有感而发地说鱼是快乐的。这就是魏晋人所说的"濠濮间想"。

（2）"儵鱼出游从容,是鱼之乐也"——"两类相召"而产生移情作用

庄子由小白鱼"出游从容"的姿态而欣然地说"是鱼乐也"，这使我们想起《田子方》篇所谓"两类相召"——物与物相互招引。人与物之间、物与物之间是"一气相同通"的，主体之情与山水之景的交流不是单边的，而是相互作用的。这就是古人所谓的"情以物迁"（《文心雕龙·物色》）。在情景交融中，主体的"情"起着相当重要的作用。

在心物交融的活动中，一方面，遨游于濠上美景的庄子，游目骋怀，油然产生无可言喻的愉悦之情——这即是外在景物对审美主体的心境所产生的安情作用，体现出山水有情的一面；另一方面，外界景物呈现出的特有神态引发了观赏者的情思（"出游从容"），使其将自己的感情附着于外物之上——这即是审美主体的移情作用。庄子说"是鱼之乐也"，即是将自身的愉悦之情投射于小白鱼之上。这也就是《文心雕龙》所说的"神与物游"。

（3）"子非鱼，安知鱼之乐"——理性分析与感性同通的区别

同样是遨游于自由自适的环境中，庄子感受到"鱼之乐"，惠子却提出"子非鱼，安知鱼之乐"的问题，惠子对庄子的质疑彰显了理和情的对显。庄子具有艺术家

的心境，对于外界的认识，常带着观赏的态度，他往往在感受到外物情态的同时，将主体的情意投射到外物上，产生移情同感或融合交感的作用。惠子则带有逻辑家的性格，强调概念的清晰性与判断的有效性。庄子和惠子的辩，一个是在观赏事物的美、悦、情，一个是在进行理性的认知活动，各人站在不同的立场与境界上，故而一个有所断言，一个有所怀疑。

尽管如此，惠、庄依然有其共通处，二人都有万物一体的宇宙观，惠子曾说："泛爱万物，天地一体也。"可见二人都认同天地万物一体的观点。更重要的是，虽然惠、庄二人思维有着感性同通和理性分析之别，然而纵观《庄子》全书，庄子并没有将二者割裂，而是肯定了理和情的联系。《庄子》中将理和情关联起来讨论达到六七次之多，如《则阳》篇说："孰正于其情，孰偏于其理。"《秋水》篇说："盖师是而无非，师治而无乱乎？是未明天地之理，万物之情者也。"

（4）"请循其本"——情性一如而物类相通

关于"请循其本"，注释者一般都根据成玄英所说的"寻其源"，解为探寻话题的源头。不过，从《庄子》本文来看，它的意思更倾向于是指天地万物都源于道、本于气，"本"也就意味着道气相通、情性一如。

物我之情相通的理论根据即《庄子》所言"通天下一气耳"（《知北游》），天地万物都是由气构成的有机整体，气是构成万物的共同元素，也是物物之间能相感相通的中介。到汉代王充提出"同类通气，性相感动"（《论衡·偶会》），指出一切有形的天地万物皆由"元气"构成，是以物与物之间存在着相互作用的普遍现象。汉代的"元气"实即庄子的"一气"，在庄子气化宇宙观的基础上，殊别的万物有共同的根源，因而在情感上也能够相互交流感通。

濠上观鱼的故事隐含着许多重要的意涵。从文化发展史上看，它成为后代文学物感说、神与物游说、畅神说的重要素材。庄子以气说为基础的同类相召之论，正是钟嵘"气之动物，物之感人，故摇荡性情，形诸舞咏"之物感说的源头；将观赏濠上美景所得的安适心境推及鱼儿的从容之乐，这种主体之情与客体之景的交相汇流，可谓是刘勰"神与物游"（《文心雕龙·神思》）的思想渊源；将自身的性命之情安置于天地的大美之中，观鱼出游而生欢愉之感，这正是宗炳"澄怀味象"以达"畅神"（《画山水序》）的写照。就这则故事的现代意义来说，濠上观鱼的审美情怀，一方面教我们懂得欣赏万物之美，进而产生生态保护的意识；另一方面教我们亲近大自然，透过安放性命之情于天地大美中，将我们从人与人、人与物间的疏离感、孤立感中解放出来。

总的来说，在这一则濠上观鱼的故事里，庄子已由理性认知的领域转入感性同通的境地，打开了一个抒情的时代。

《梧竹书堂图》（局部）明·仇英

老子与孔子：中国哲学的精神

杨立华

北京大学哲学系教授、博士生导师，北京大学研究生院副院长。

主要研究领域是中国哲学史、儒学、道家与道教，近年来主要着力于宋明哲学及魏晋哲学的研究。出版专著《思诚与见独之间：中国哲学论集》《庄子哲学研究》《一本与生生》《中国哲学十五讲》《宋明理学十五讲》《气本神化：张载哲学述论》《匿名的拼接》，译著《宋代思想史论》《章学诚的生平与思想》等。

老子与孔子是中国哲学史上奠基性的哲学家，之所以将老子放在前面，并不意味着老子重要。抑扬孔老本也没有必要，但从真正中国文化奠基意义上来说，孔子影响最大。我的习惯是把重要的放在后面，所以这个顺序安排反而是符合我的习惯。

一、《老子》与老子的哲学

（一）《老子》的版本

《老子》这本书和老子这个人之间的关系是非常复杂的，目前学术界并没有统一的认识——认为老子这个人亲笔写了《老子》这本书。就这一问题，古史辨派以来大概争议了近百年。最极端的说法甚至认为老子这个人其实都不一定存在，钱穆先生的《庄老通辨》认为老子就是老莱子，且非常明确地认为《老子》这本书晚于《庄子》的内七篇。目前还有学者不认为《老子》是老子亲笔所写，当然，这个认识目前不是学术界的主流看法。所以，一般性地说老子其人的哲学，泛泛而讲是可以的。题目中的"老子"应当打书名号，才更为严谨，我们只能讲《老子》这本书的哲学，而不好讲老子这个人的哲学。《老子》中哪一部分是老子本人的事情，哪一部分是老子后学慢慢发展出来的思想，我们很难分辨。

关于老子其人有且仅有两件事确定无疑。一是他曾经做过周的守藏史，管理官方档案；二是和孔子会面并讨论过问题，且老子的年辈应该高于孔子，一般认为年长 20 到 30 岁。孔子的卒年是确定无疑的，公元前 479 年，出生年份稍有争议。主流说法是公元前 551 年，有争议的说法是公元前 552 年。2500 多年前一个人的出生年份如此确定是非常罕见的，这是先秦时期思想家的坐标，大家基本上都是根据与孔子的关系来确定前后的年份。老子比孔子年长 20 到 30 岁，说明老子出生的年代大概在公元前 580 年到公元前 570 年之间。由于秦以前的相关考证资料太少，没法做《老子》成书的细致考证，但是目前大概可以判定，《老子》成书不会早于公元前 350 年，而老子去世时间的下限是公元前 470 年，其间相差至少 120 年的时间，老子无论如何活不到《老子》成书的年代。因此，我们不能说老子这个人的哲学。

《老子》又名《道德经》，准确说来应是传世本《老子》又名《道德经》。传世本《道德经》之名源于其基本结构。《老子》五千言的字数不是特别确定，大概是 5300 多字，5300 个字分八十一章，八十一章又分上下，第一章到第三十七章是上经，上经第一个名词是"道"，所以上半部被称为《道经》；第三十八章到八十一章是下经，下经第一章，即第三十八章首句"上德不德，是以有德"，第一个名词是"德"，所以下半部被称为《德经》。因此传世本《老子》习惯称为《道德经》。

除传世本外，1973 年长沙马王堆汉墓出土的帛书中，有两本完整的《老子》，对今天研究《老子》有较大帮助。马王堆出土帛书《老子》甲乙本，年代非常早，可以确定是汉早期以前抄本。传世本中的"邦"因避汉高祖刘邦讳大部分都改为"国"字。但是马王堆甲本仍作"邦"，如"治大国若烹小鲜"，马王堆甲本就写作"治大邦若烹小鲜"。乙本不如甲本早，但其避汉高祖刘邦讳，而不避汉文帝刘恒讳，如马王堆甲乙本《老子》第一句话都写作"道可道也,非恒道也"（传世本作"道可道,非常道"），但乙本"邦"字已经改作了"国"字，据此可以判断乙本抄写时间是高祖以后文帝以前。马王堆甲乙本还有一个共同点就是《德经》在前,《道经》在后,即传统的《老子》第三十八章是马王堆甲乙本的第一章。在解读《老子》，尤其是解决几个重大争议时，马王堆甲乙本将是极为关键的依据。

（二）《老子》的哲学

接下来谈《老子》其书的哲学。哲学与思想不是一回事。有人质疑中国有没有哲学，但没有人会质疑中国有没有思想。哲学一词源于古希腊语，近代由日本传入，日语用它翻译"philosophy"一词。我们需要思考，中国的思想中有没有哲学，与西方"philosophy"能够相对应的部分又是哪些。对于这一问题没有争议的必要，《老子》是中国有哲学的明证，其中有对世界、人生最根本问题的思考。如果这不是哲学，那我们确实不需要哲学，因为它太浅了，达不到《老子》的高度。哲学不止一种形态，不必非要将哲学与"philosophy"等同。这些问题的产生，其实是民族文化自信心丧失或者动摇的表现。

无论《老子》以哪一章作为第一章，都有根本性的思考。我们要注意《老子》有几个特点：第一，《老子》的写作方式是此前没有的。我常说《老子》是写法没来历的书。《论语》《孟子》《庄子》大部分思想的论述都是以对话来展开，但《老子》通篇无对话，且总体来说是押韵的。因此，《老子》文体本身就是一个绝大的发明，写作方式与文体形态非常独特。第二，《老子》在语言上有绝大的突破和发明，创造了许多重要的哲学概念，而这些概念在此前并没有真正作为哲学概念出现。比如"无""玄"这些概念，"始"和"母""一""大"等，都是老子独创的哲学概念。第三是《老子》的文本高度结构化，几乎每一章都有清晰的内在结构。《老子》的高度结构化，其实也就意味着他的哲学与他的思想的高度体系化。当然，严格意义上来说，没有构成完整体系的人根本就不是哲学家。面对《老子》这样的高度结构化的文本，就要看到他的内在思想的高度体系性。

接下来，讲老子哲学体系中最核心最梗概的东西。传世本《老子》第一章"道可道，非常道；名可名，非常名"，是在强调哲学的语言困境。哲学必须用语言来表达，离开语言不叫哲学。语言是人获得公共性和普遍性的基本途径。个人经验是无法传达的，所有个体的经验都是如此的。凡不能进入语言公开表达和传递的东西都不具有公共性和普遍性。试图把不具公共性和普遍性的东西加以普遍化，这是非常危险的，这也是哲学所要面对、批判，并给以界限的。所以，离开了语言没有哲学，哲学只能用语言表达，但是哲学面对的是终极实在的问题，是人生、世界最根本的问题，而语言表达是有边界和局限性的，因此会陷入表达的困境中。"道可道，非常道；名可名，非常名"讲出了哲学语言困境，但这只是哲学要面对的问题，不是哲学摆脱语言的借口，哲学有语言困境，但语言困境并非不可超越，老子就是通过结构化的方式超越语言困境的。

《老子》的高度结构化与他看到了哲学的语言困境有关系。《老子》第一章就是一个高度结构化的文本。"道可道，非常道；名可名，非常名。无名天地之始，有名万物之母。""故常无欲，以观其妙；常有欲，以观其徼。此两者同出而异名，同谓之玄，玄之又玄，众妙之门。"有一个非常清晰的"无"的系列和"有"的系列，"无名"后面是"常无欲"，"有名"后面是"常有欲"。二分的结构无比重要，这是理解《老子》的关键，也是《老子》

试图用结构的方式超越哲学语言困境而走出的根本道路。

但是，文本应当如何标点存在争议。我们倾向于"无名/天地之始/有名/万物之母"，那能不能读成"无/名天地之始/有/名万物之母"呢？我负责任地说这是错的，用《老子》文本内容就可以证明这是错的。这两派读法其实有争议，"无，名天地之始"这个"名"字，作为一个动词不能这么用，因为老子里面"名"和"字"，是严格区分开的。而且，这两句话特别重要的是，"始"跟"母"有什么区别，好像看起来是同义反复，但一个是无的序列系，一个是有的序列系。

第二部分，"故常无欲，以观其妙；常有欲，以观其徼"，这句话的标点从王安石一直争议到20世纪80年代初。王安石说不能标点为"常无欲"、"常有欲"，应该是"故常无/欲以观其妙/常有/欲以观其徼"。读成"常无欲""常有欲"，和"常无，欲以观其妙；常有，欲以观其徼"。这两个"欲"意义不同，前者是名词，后者是副词。王安石认为老子是清静无为的哲学，怎么可能有"有欲"的观念，而且还要"常有欲"。这个质疑以后，司马光、苏辙都这么断句，以至于北宋以后，主流的读法居然是"常无，欲以观其妙；常有，欲以观其徼"。但马王堆帛书甲乙本这一章在"欲"后有一"也"字，写作"故恒无欲也以观其妙，恒有欲也以观其徼"。有了"也"字，"欲"无论如何不能往下连，只能作"恒无欲也""恒有欲也"。所以，马王堆甲乙本把这个事情解决了。

但争议仍然在，甚至是挺有影响的学者仍然坚持断成"常无，欲以观其妙；常有，欲以观其徼"。理由是"有欲"的观念，老子不可能"有欲"。但其实，真正不应该有的是"无欲"的概念，中国固有的文明——儒家和道家不应该强调"无欲"。因为我们这个文明最突出的品格就是此世性，我们不是围绕彼岸展开的文明，不认为此世只是达到彼岸的过程，此世是唯一的目的，唯一的过程。佛教中国化的过程可以概括为，"此世"性格越来越突出，彼岸色彩越来越淡化的过程。如禅宗认为不能在烦恼之外求解脱，这是此世性格的凸显。此世性格的文明是不讲"无欲"的，我们此世性格的文明，当然有欲求。所以《老子》"无欲"出现的不多，仅有三次，而且结合上下文来看，都是指节制欲望、减少欲望，基本可以理解为寡欲。何谓欲望？荷兰哲学家斯宾诺莎对欲望的定义是颠扑不破的，欲望就是人自我保存的冲动。我觉得读书的好的态度应该是努力往高处飞，但要带着天空的高度回归大地，要变得越来越真、越来越合道理、越来越朴素。无欲这个词严格意义上说不成立。两宋的时候说"存天理，灭人欲"，但实际上程朱的"人欲"是指过度的欲望。饿了要吃饭，渴了要喝水不是人欲，是人心；饿了非得吃好饭，渴了非得喝某种水，这叫人欲。人心与人欲是不同的，过度的人欲才叫欲望。

由此看来，似乎"无欲""有欲"都有问题，应该断作"常无，欲以观其妙；常有，欲以观其徼"。但是马王堆甲乙本的"也"字作何解释？我们可以说马王堆只是一个传本，那不是老子原来的意思，但是这个说法并不能被认可。马王堆版本那么早，宋以前的人都读"常无欲""常有欲"，难道都错了，直到北宋时才读对？

仅有文本证据还不够，关键是思想要讲得通。常无欲、常有欲，老子既不是提倡无欲也不是提倡有欲。无欲、有欲是"观"的两种状态，是限定指向"观"的，所以老子这句话其实是以无欲观物之妙，以有欲观物之徼。"妙"对应的是始生，"徼"是归终之意，所以可以解释为以无欲观物之妙，以有欲观器之成。"成"与"器"有何关联，为何要以有欲观器之成？因为器只有在用的过程中才能具体成就。任何一样东西，不经过具体的使用，无法知道其是否合用，所以任何东西设计出来之后，都要进行不断的试配以验证其各种性能，通过具体用的过程，才能知道它是否能成为合格的器，而"用"一定源于欲求，没有欲求就没有"用"。在"用"的关联整体中占据了一个位置，就成为了"器"，而"用"的关联整体是由欲求打开的，所以有欲才能观器之成。

老子"无"的哲学关键命题是"有生于无"和"无之以为用"，这两个命题，我认为是老子哲学的核心和关键命题。"有生于无"着眼于"生"字，"无之以为用"着眼"成"字，因为用、器、成这三个字是关联在一起的。

什么是"有"？一个东西叫做有，因为它有各种各样的属性，颜色、硬度、温度、形状、质量等。以颜色为例，说这个东西是黑色的，这是一个肯定句，这是一个有限的肯定。但是，当说这个有限肯定的时候，同时就说出了无限的否定。因为说它是黑色的，意味着同时说出了它的不是，这种"不是"是无限多的，它不是红的，不是蓝的，不是绿的，不是白的……因此，有限的肯定来源于无限的否定。一切具体的属性都来源于唯一的普遍的根源性的否定者，或者叫做否定性根源。而根源性否定者或者叫否定性根源就是"无"，这就是"有生于无"。"无"可以理解为雕刻万物的刀，只是这把刻刀是无形的。什么叫否定？我们想象要在一块石头上凿一个雕像，这个过程是用凿子一凿一凿地去凿这块石头，通过否定来塑造这块石头的形状。"无"就是雕刻万物的那把统一的刻刀或是凿子，所以有一个词叫"鬼斧神工"，是来形容它的。《庄子》里面讲"刻雕众形"，"无"就是这把无形的刻刀，"无"对万物的作用，通过否定来肯定，通过否定来赋予，通过否定来产生。学习哲学的人，特别是学习中国哲学的人，要有一双善于思考的耳朵。如果一种理论开始颠覆你的常识时，一定要保持警惕，一定要仔细掂量这道理对不对。人生不如意事十常八九，耳朵要去听大地的声音，要去听老百姓的智慧。我们的语言实在太丰富了。《庄子》的"刻雕众形"在我们语言里，可以说是鬼斧神工，强调了雕刻万物的作用。这是说"生"的这个层面。

如何理解"无之以为用"，《老子》第十一章，"三十辐共一毂，当其无，有车之用。埏埴以为器，当其无，有器之用。凿户牖以为室，当其无，有室之用。故有之以为利，无之以为用。"由此可以理解到，一切的"有"想要发挥作用，需要以"无"为条件，"无"是"有"发挥作用的条件。

中国哲学强调实践，老子的思想也有其实践指向。我们要探讨"无"的哲学具有怎样的实践意义，在人生当中怎么具体应用和实践。中国哲学有一个特点——我们这个民族居然不好奇。我们认识世界、明白人生道理是要指向社会生活具体实践的，并不是要知道这个世界是什么，而是想知道为什么这么做以及这么做的根基。"无"的哲学体现出两方面的实践智慧，即个体智慧当中"无"的哲学的运用，和治国理政层面"无"的哲学应用。

个体智慧"无"的哲学应用在《老子》里面说了很多。"柔弱胜刚强"，强调的是"企者不立，跨者不行"。"企者不立"，指踮着脚尖不可能永久地站立，"跨者不行"指迈起大步想要前进得快，反而不能远行。这句话是说事情不能满，要留余地，这又与《周易》思想相贯通，不追求完满。月盈则亏，水满则溢，要处处留有余地，不留余地则难以为继。魏晋时王弼发挥了这一思想，说"夫执一家之量者，不能全家；执一国之量者，不能成国"，你的能力刚够管理一家，这种情况下，你治理不好一家；能力刚好够管理一国，则治理不好一国。该如何留余地，需要我们自己思考。但有一点，身可以满，心必须空，如郭象所说"虽在庙堂之上，然其心无异于山林之中"。这是个体的"无"的哲学。

从治国理政的角度来讲，"无"的哲学体现为"无为而治"，"无为"不是道家专利，是普遍政治原则。儒家、道家、法家都强调"无为"，《中庸》《老子》《韩非子》中都有讲到，且目前能看到最早的"无为而治"出自《论语》，而《老子》无论如何不会早于《论语》。但儒家"无为而治"强调的运作机理与道家是不同的。《老子》里说的"无为而治"，如同"无"对"有"的关系，理想的统治者，让自己成为其他人发挥作用的条件，而不是自己去发挥作用。这个就是"无为而治"核心的理念。韩非子说："不自用其力而用人之力，不自用其智而用人之智，不自用其勇而用人之勇。"要让自己成为其他人发挥作用的条件。按照这个原则来衡量，一个事必躬亲的领导者不是好的领导者，好的领导者是别人闪光和耀眼的条件。《老子》里对理想统治者的描述是"俗人昭昭，我独昏昏；俗人察察，我独闷闷"，他们昏昏闷闷的，并不闪耀光彩，这就是老子"无"的哲学在治国理政方面的运用。

二、《论语》与孔子的哲学

与老子不同，孔子相关问题复杂的原因在于资料太多。秦以前的经典中有许多孔子的言论，如《礼记》，书虽是西汉中叶以前编成，但其基本资料多是秦以前的，又如《易传》《墨子》《孟子》《荀子》《韩非子》《庄子》等。《庄子》内七篇基本可以认定成于庄子生活的时代，其中有非常多孔子的言论，而老子只出现过三次，且第一次出现已经是最后一章"老聃死"了，这很耐人寻味。但《庄子》中大量孔子的言论不能信以为真，庄子是一个爱编故事的人，他通过编故事来表达自己的思想。所以，我们对于孔子的资料一定要加以辨析。目前学术界主流的看法都认为《论语》里面所记录的孔子的言行是可靠的，孔子的哲学，还是要围绕《论语》来谈。

（一）《论语》的特点

我认为《论语》是中国古代经典中最应该常伴左右的一本，它有三个方面的重要特点：丰富、朴素、具体。第一，丰富性。中国古代经典中，《论语》是最丰富的。首先，《论语》体量大，是《老子》的三倍。其次，几乎没有重复，孔子对曾子讲"忠恕"之道，回答颜渊问仁等，如此重要的对话，也都仅出现过一次。《论语》内容十分丰富，可以终身读之。北宋名相赵普半部《论语》治天下，我们以一部《论语》应对人生，大约也足够了。第二，朴素性。《论语》强调真实，读《论语》若能读出高明来已经有相当功力了。北宋大哲学家程颢说"百理具在，平铺放着"，儒家之可爱就在于从不矫情，孔子之可爱就在于不矫情。《论语》中平实朴素的道理让人震撼。今天大部分人的生活非伪即妄。我们应该向真而活，把《论语》

当成一面镜子，照出自己生活中不真实、不合道理的地方。第三，具体性。孔子从不故弄玄虚，几乎不抽象地谈论玄妙的道理，总是在人伦日用中作具体指点，《论语》读懂到什么程度，就按这个程度去做，必有受用。说深，多深的道理都在其中；说实在，每天人伦日用都可以用这些道理指导，这就是《论语》的具体。《论语》，丰富、朴素、具体，值得反复认真阅读。

今天，大部分关于孔子的思想，都以格言碎片的方式进入我们的生活，以至于在习焉不察的过程中忘掉了孔子所取得的伟大突破。孔子之前，中国文明经过了至少两千到三千年的丰厚积淀，孔子是文明积淀的总结者、提炼者和升华者。孔子的提炼和升华，随便连出的一个结构就是后世思考相关问题的基本结构。如孔子关于人性的思考就一句"性相近也，习相远也"，但这话在当时是很重要的突破，"性相近"解决的是人性普遍问题，"习相远"解决的是普遍的人性为什么在现实生活中产生巨大差别的问题。此后，所有人讨论人性问题都在孔子所揭示出来的性跟习的基本结构中。所以孔子说自己"述而不作"，但是我们今天普遍的理解是孔子"以述为作"，通过继承来发明。又如《论语·为政篇》第三章——"为政以德，譬如北辰，居其所而众星共之……道之以政，齐之以刑，民免而无耻；道之以德，齐之以礼，有耻且格。"这一章看似平常，但揭示了政治的两条基本道路，其一强调制度和权力，其二强调道德和风俗。读《论语》，看似寻常，但都是总结、提炼、升华的结果。所以说孔子之伟大在于他集此前中国文明之大成，并为此后中国文明的发展奠定了基础。同时，上古以来已经内在于我们文明当中的品格，在孔子的努力下塑造成型，成为我们这个文明的根本。

我们把哲学理解为对世界人生最根本问题的思考，而《论语》中讨论最多的似乎是生活中一些具体智慧和道德行为规范。很多人觉得《论语》就是一个道德格言集，这些道德箴言大部分都在讨论"应该"的问题，我们应该做什么，不应该做什么，应该选择什么样的道路，不应该选择什么样的道路。"应该"的问题归结起来就是价值观的问题。价值观解决的是"应该"的问题，但仅仅知道"应该"还不够，还要去证明这个"应该"。做事要符合中道，为什么要符合中道？为什么中庸是对的？我们要爱他人，为什么要爱他人？难道不能质疑吗？在孔子的哲学里，价值观解决"应该"，人生观、世界观回答为什么"应该"。为什么"应该"？因为人性如此，天道如此。符合人性、符合天道的就是对的；违背人性、违背天道的就是错的。而天人是一贯的，"天人合一"，不相违背的。这一点在《论语》中没有明确的论述，但可以通过分析获取。这是儒家伟大的证明，不要沉迷相对主义和虚无主义的道德观，有些事体现天道人性，同时也体现出价值观。儒家的价值论证极其简洁，这样的价值论证方式被北宋哲学家明确揭示出来，北宋哲学家对孔孟思想的发展是论证方式的发展，将隐含在孔孟思想中的论证明确讲出来了。若说孔子没有哲学，那是因为没有认真读书。

（二）孔子的哲学

孔子哲学最核心和最关键的概念和道理是"性"与"天道"。子贡说："夫子之文章，可得而闻也。夫子之言性与天道，不可得而闻也。"即便子贡也只能看到孔子一些外在的东西，即文章。"文章"应该理解为内在品质的有条理的外在表现。但是孔子讲"性与天道，不可得而闻也"，不是孔子不讲，而是这个道理只对颜回等极少的几个人讲，连子贡都没机会听，以至于《论语》中没有记录。人性解决的是人生观的问题，天道解决的是世界观的问题。

关于人性，上文说到孔子讲"性相近也，习相远也"，第一句话解决人性的普遍性问题，第二句话解决普遍的人性为什么在现实生活中产生巨大差别的问题。人与人本质倾向都一样，现实差别的出现是因为后天环境的改变，环境包括客观的物质环境和抽象的精神环境。人性是指人不得不如此的本质倾向。《中庸》第一章"道也者，不可须臾离也；可离，非道也"，这是理解孟子性善的根本。孟子所说的人性本善，是人的本质倾向是善的，与人现实中的善不同。比如水的倾向是向下的，而实际情况中，水可以在很高的地方，但不论水在多高的地方，其倾向仍然向下。所以孟子的性善论，讲人的本质倾向是善的，但是现实生活中人可以很恶毒，可不管多恶毒的人，其本质倾向仍然是善的。

孔子并没有直接告诉我们人普遍的本质倾向，需要从《论语》中寻找。

中国古代经典凡作为第一章的，都格外重要，一般都具有纲领性。如《庄子》首篇关注鹏如此之大是如何飞起来的，这是一个哲学家对于哲学问题的关注。又如《孟子》第一章义利之辩，而这贯穿《孟子》全书。《论语》也不例外，首章言："学而时习之，不亦说乎？有朋自远方来，不亦乐乎？人不知而不愠，不亦君子乎？"强调"说"和"乐"，"说"和"乐"有差别，但这里强调其统一性，它们可以被统一在幸福的概念下。这一章所揭示的人的普遍倾向是追求幸福。当然，苦行也是一种修炼的方式，以此来磨炼自己的心性，但终生苦行之人一定相信来世和彼岸，此生的苦行指向来世的幸福，追求幸福的本质倾向是不变的。

关于实现幸福的条件，需要防止两种错误的思想倾向，一是将幸福的条件等同为外在物质生活条件的总和，这种抽空了精神的空洞的物质显然不能带给人们幸福；二是与前者相反的另一个极端，剥离了物质的空洞的精神也无法使人幸福。

《论语》记载孔子在陈绝粮事，"在陈绝粮，从者病，莫能兴。子路愠见曰：'君子亦有穷乎？'子曰：'君子固穷，小人穷斯滥矣。'"面对弟子的质问，孔子的回答朴素而又极崇高，君子在绝境之时也能有其不变的持守，小人则事都可干，君子和小人之别也就在于持守。当然，这里谈不上幸福。孔子谈到幸福的条件时讲"饭疏食饮水，曲肱而枕之，乐亦在其中矣"，后面还有"不义而富且贵，于我如浮云"。不合道义的富贵像浮云一样短暂虚幻不真实。对孔子而言，"富与贵"是人所欲也，"贫与贱"是人之所恶也，但是要追求的富贵是合道义的富贵。饿了吃最粗的饭，渴了喝水，困了枕着胳膊睡觉，这是生存的底线条件，在如此简单朴素的生活里也有最饱满的幸福。所以幸福的第一个条件应当概括为"自我保存"。一切生物都有自我保存的冲动，就是所谓的欲望；甚至非生命体也有维持其自身现有状态的倾向。

那人的独特性何在？人与其他动物最根本的差别在于人的复杂性，对于人而言仅仅自我保存是不够的，还需要自我实现。自我保存和自我实现在通常情况下是一致的，但是极端情况下二者会产生矛盾和冲突。选择自我保存将意味着放弃自我实现，选择自我实现就意味着要放弃自我保存。在这种情况下，孔子认为应该选择自我实现，他说"无求生以害仁，有杀身以成仁"。孟子说取义、孔子说成仁，都是这个道理。

人与人之间的自我实现是矛盾的还是一致的呢？表面上看起来是相互冲突的。比如下棋，我赢了你就输了，我赢了我的自我实现了，你输了你的自我实现就被我否定掉了。但这只是表面，我们要体认一个道理——他人不在我之外。《论语》中凡是关于"仁"字的论述，一定跟自我有关；《孟子》论"仁"时，也总与"自""己""我"有关系。今天的问题不在于人有自我，而在于太自我，大部分人都沉溺在自我的洞穴里，其结果是越自私自利，就越不幸福。"他人不在我之外"，也就是程子说的"仁者浑然与物同体"。人不是简单地追求自我实现，人的自我实现中包含着他人的自我实现。这就是孔子说的"己所不欲，勿施于人"，"己欲立而立人，己欲达而达人"，每个人都是通过成就他人来实现自我的。

将自我保存、自我实现结合到一起，又在自我实现中发现了己与人的关联，有了自我，有了他人，也就有了"仁"。"仁"从"人"从"二"，人的本性的内涵就体现在"仁"这个字当中。《论语》中"仁"这个字出现了 109 次，"仁"是人性的内涵。"仁"朝向他人的方向，人的一生就是在面向他人、朝向他人、走向他人的过程。人都不喜欢孤独，虽然适度的独处对人是有益的，但是刻骨的孤独人是受不了的。通信工具不断地变化，就是不断地创造出更方便的走向他人的渠道，虽然这些渠道变得越来越抽象了。

《论语》当中"仁"字出现次数极多，其真正内涵还是在颜渊问仁。子曰："克己复礼为仁。一日克己复礼，天下归仁焉。为仁由己，而由人乎哉？""仁"就是人不可剥夺的主动性的实现。人的主动性不是向这个方向发就是向那个方向发，但是人总脱不了主动性。

首先，主动的人是清醒的。麻木就是不仁。清醒的人既能够感知他人又能感知自我。仁者能爱人，能够清楚地感受到自己的生活，所以仁者能幸福。第二，主动的人是自由的。奴隶状态是被动的，想做什么不可以做，不想做什么必须得做。儒家说自由，强调的是自主，一个人做得自己的主，叫自由。第三，主动代表着生机。北宋程颢说"心譬如谷种，生之性便是仁也"，植物种子核心的部分恰恰是植物生机之所在。所以"仁"字有生机之意，人的主动性就是在内固有的生机。

将人性的内涵揭示为"仁"，又将"仁"更具体地理解为主动性，并进一步把主动性理解为清醒、自主、充满生机，其根基处在于充满生机。这样充满生机的人性不是选择而来的，而是不得不如此。

我有一个说法——孔子是人的边界，高于孔子就超过了人的边界，低于孔子我们就继续努力。人不是神，不要站在神的立场上说话，作为人就尊重作为人的命运。

儒家所谓的"天"，是一个生生变化、永不停息、不断创造的过程，孔子说："天何言哉？四时行焉，百物生焉，天何言哉？"在天面前，是人主动还是天主动，这个问题比较复杂。从赋予的角度而言，人不得不主动；而被赋予的东西真正实现出来，又体现了人的主动性。所以人的主动性，来源于天的主动性；但人的主动性，不完全等同于天的主动性。两者是一贯的。

人的主动性，根源于天道的主动性，相互贯通，称为天人一贯，又称天人合一。天道、人性是一致的，故而"天行健，君子以自强不息"，天道是积极主动、永不停息的，所以君子要自强不息。人之所以要过积极主动的生活，是因为只有这样才符合人性、符合天道。这是儒家论证自己价值观的根本方式，这一方式对后世产生了极为深远的影响。

对老子、孔子的哲学做一个总结。老子的哲学，由于"无"没有明确的倾向，没有具体的内涵，所以"无"不能为道德价值提供确定的根据，"无"并不引导成一种价值。用宋代流行的体用观念来说，我把老子哲学理解为以用证体的哲学，是通过"用"的有效性，证明"体"的合理性。而孔子的哲学，是明体达用的哲学，其价值观能够被植根到人性并贯通到天道上，价值是与人性、天道相一致的。

这是两种不同的哲学道路。以用证体的道路，在道德生活的建立上有它的问题，道德生活的建立，必须要建立起明确的价值观，不能树立起确定的有说服力的价值观，就无法建立道德的生活。而这恰不是老子能够解决的问题，当然也恰恰不是老子要关心的问题。

《史记》的文化魅力

王子今

中国人民大学国学院教授、博士生导师，国务院学位委员会第七届学科评议组中国史组成员，国家社会科学基金学科评审组专家，国家出版基金评审专家，中国文物保护基金会第四届专家委员会委员。出版《史记的文化发掘》《秦汉交通史稿》《古史性别研究丛稿》《中国女子从军史》《中国盗墓史》等学术专著40余种，发表学术论文800余篇。

《史记》是中国古代最重要的经典之一，它被史学和文学研究者共同看作伟大的文化坐标。

一、千秋太史公

（一）司马迁的生平

这里借用《中国大百科全书·中国历史》中吴树平先生撰写的"司马迁"词条来简略介绍司马迁的生平。他是西汉的史学家、文学家，出生在今天的陕西韩城附近，他的生年有不同的说法（一说前145年，又说前135年），卒年已无法详考。十岁开始学习古文经传。汉武帝元光、元朔期间，曾经就学于儒学思想领袖董仲舒。二十岁，从长安开始了他的文化旅行。他多次跟随汉武帝向东方行进，到过江淮流域还有中原的很多地方。元封三年（前108），司马迁继承父亲司马谈的职务做太史令，在石渠阁工作。天汉二年（前99），李陵奉命出击匈奴，兵败投降。司马迁为李陵辩护，激怒了汉武帝，于是下狱受腐刑。出狱以后，任中书令，随后他发奋写作，写成《史记》。

《史记》是中国第一部纪传体通史，也是一部传记文学巨著，这是吴树平先生的评价。

司马迁据说还写了八篇赋，都已经散佚了，只有《艺文类聚》里边征引了他的《悲士不遇赋》的片段。文中说到一个知识分子能不能得到任用，这是所谓"遇"。"士不遇"是很不理想的人生前景。"悲士不遇"，表达了对这种人生的一种哀伤。

我们再来读一下鲁迅《汉文学史纲要》里对司马迁的简要介绍：

> 司马迁字子长，河内人，生于龙门，年十岁诵古文，二十而南游吴会，北涉汶泗，游邹鲁，过梁楚以归。仕为郎中。父谈，为太史令，元封初卒。迁继其业，天汉中李陵降匈奴，迁明陵无罪，遂下吏，指为诬上，家贫不能自赎，交游莫救，卒坐宫刑。被刑后为中书令，因益发愤，据《左氏》《国语》，采《世本》《战国策》，述《楚汉春秋》，终成《史记》一百三十篇，始于黄帝，中述陶唐，而至武帝获白麟止，盖自谓其书所以继《春秋》也。

司马迁出生在今天的陕西韩城南面的夏阳，今天这里还保留了后世纪念司马迁的一些建筑遗存。

（二）司马迁生活的时代

要了解司马迁的文化成就和学术贡献，必须要注意他生活的时代。鲁迅的《汉文学史纲要》第九篇"武帝时文术之盛"介绍了汉武帝时期的文化形势。主要观点是"武帝有雄才大略，而颇尚儒术"，而且"文学之士，在武帝左右亦甚众"，武帝周围集中了很多有才学的读书人。《汉文学史纲要》第十篇写汉武帝时代比较活跃的两个文士——司马相如和司马迁。他说"武帝时文人，赋莫若司马相如，文莫若司马迁"。但是这两个人，"一则寥寂，一则被刑"。鲁迅认为，"盖雄于文者，常桀骜不欲迎雄主之意，故遇合常不及凡文人"，他们的人生境遇，可能常常不如平庸的文人。

司马迁生活的时代是汉武帝进行了充分的历史表现的时代。汉武帝在历史上被称作"百王之王"，执政五十多年。《汉书》里边有一篇公孙弘、卜式、兒宽三个人的合传。班固赞说："远迹羊豕之间，非遇其时，焉能致此位乎？"这三个人物都是平民出身，他们如果没有合适的机遇，怎么能成为朝廷重臣？汉武帝时代需要人才，"求之如弗及"，汉武帝又以比较恭敬的态度任用人才，所以当时"群士慕向，异人并出"。"汉之得人，于兹为盛"。在汉武帝执政的时代，涌现出了最杰出的人才群体。公孙弘、董仲舒、兒宽是儒学思想领袖；"笃行则石建、石庆"；"质直则汲黯、卜式"；推荐人才做得很好的则是韩安国、郑当时；确定法律制度的有赵禹、张汤；写文章则是司马迁、司马相如。这里列举了几十个重要的历史人物，都是在汉武帝时代被发现、任用，班固认为"是以兴造功业，制度遗文，后世莫及"。青年毛泽东读《伦理学原理》，在书中做了一些批注，其中涉及他的历史观。他写道：

> 吾人揽〔览〕史时，恒赞叹战国之时，刘、项相争之时，汉武与匈奴竞争之时，三国竞争之时，事态百变，人才辈出，令人喜读。至若承平之代，则殊厌弃之。非好乱也，安逸宁静之境，不能长处，非人生之所堪，而变化倏忽，乃人性之所喜也。

这里说我们读史，历史进步比较缓慢、历史的表演比较平常的时代，大家觉得没劲。而对于战国时代、楚汉战争的时代、汉武帝与匈奴竞争的时代、三国时代，大家都兴趣盎然，因为这几个时代"事态百变，人才辈出，令人喜读"。汉武帝的时代，开放胸怀、进取意识、英雄主义都表现得非常突出。

李长之的《司马迁之人格与风格》说："司马迁使中国散文永远不朽了！司马迁使以没有史诗为遗憾的中国古代文坛依然令人觉得灿烂而可以自傲了！司马迁使到了他的笔下的人类的活动永远常新，使到了他的笔下的人类的情感，特别是寂寞和不平，永远带有生命，司马迁使可以和亚历山大相比的雄才大略的汉武帝也显得平凡和黯然无光了！"在世界史上，有人说汉武帝是可以和亚历山大相比的，但是与司马迁相比，他也显得平凡而黯然无光。

李长之又说："这样一个伟大的诗人（真的，我们只可能称司马迁是诗人，而且是抒情诗人！），让我们首先想到的，乃是他那伟大的时代。我们说司马迁的时代伟大，我们的意思是说他那一个时代处处是新鲜丰富而且强有力！奇花异草的种子固然重要，而培养的土壤也太重要了！产生或培养司马迁的土壤也毕竟不是寻常的。"

台湾政治大学教授逯耀东先生写了《抑郁与超越》，副标题是"司马迁与汉武帝时代"，司马迁的贡献离不开时代背景。逯耀东先生说："司马迁所谓'通古今之变'的'今'，即其所撰《今上本纪》的'今'，也就是司马迁个人所生存的汉武帝时代。""汉武帝时代不仅是汉代，也是中国历史很重要的转折时代。""汉武帝选择儒家思想作为政治指导的最高原则，并以此塑造以后中国君主的专制统治体系。""这种统治制度，司马迁释之为'一人有庆，万民赖之'。换言之，就是君主绝对权威的树立。"

（三）司马谈·司马迁

《太史公自序》里面介绍了司马迁家族的历史渊源和他的学术背景，记载了他和司马谈的一段重要对话。汉武帝元封元年（前110）准备封禅泰山了，但是司马谈"留滞周南""发愤且卒"。司马迁当时到巴蜀出使，回来以后向皇帝"报命"，在途中和司马谈在河洛之间相见。司马谈对他说，周文化曾经繁荣，但是后来走向衰弱了，而孔子写了《春秋》，学者至今把它奉为学术经典。但是又有几百年过去了，还没有合适的史书来进行历史总结。"汉兴，海内一统，明主、贤君、忠臣、死义之士"，我是做史官的，没有把他们都记录下来，我非常地不安，"汝其念哉"。交代让司马迁一定要完成他的这个志愿，把这个时代的历史光辉存留下来。司马迁俯首流涕说，我一定要完成这个使命，"请悉论先人所次旧闻，弗敢阙"。

俞正燮认为，《史记》的内容一大半都是司马谈写的，但是其中的"驰骋议论"，应当不是出于司马谈。顾颉刚有一篇文章叫《司马谈作史》，认为《史记》里楚汉之际和武帝之世两部分价值最高。汉武帝时代是司马迁所亲身经历的，史料也是他所收集的，但是楚汉之际的历史，顾颉刚认为是司马谈收集的材料。司马谈出生在汉文帝初年，当时一些战国时代的老人、汉初的一些名将还活着，可以记录他们的口述，这个时期历史事实的保存，司马谈为其首功。比如他听到董生给他转述，夏无且是秦始皇身边的一个御医，在荆轲刺秦王的时候，他非常敏捷地把一个药囊打过去，使荆轲迟疑了一下。夏无且把这个情节讲给朋友们听，董生听到以后就转述给了司马谈。这个情节"生龙活虎，绘声绘色"。而且顾颉刚认为，司马谈留下的文字已经"有传文，有赞语"，《史记》的基本文体已经形成了，后来被司马迁以及后世史家共同继承。所以《史记》的成功，"迁不得专美"。

王国维的《太史公行年考》说，《史记》里面说到太史公的交游，包括《刺客列传》里的董生。这些人的生存年代有的离司马迁很远，比如董生和秦的夏无且交朋友，而荆轲刺秦王的年代在司马迁的生年80多年以前，两个人不可能见到。王国维推定，这些内容"史公或追记父谈语也"。而顾颉刚说，"此非或然，乃必然也"。"太史公曰"里面说"余"如何如何，董生跟他说荆轲刺秦夏无且的表现，"为余道之如是"，就说到自己。那么这些篇章，顾颉刚认为一定是"成于谈手"。而且司马谈撰写史书，有传有赞，而司马迁"因仍其文"。这和后来班固写《汉书》很相似，是继承了他父亲班彪的写作意志和写作方式。所以我们说《史记》的作者是"太史公"，是司马谈、司马迁两代大史学家。

（四）司马迁不遇的悲剧

《文选》里保存了司马迁的《报任安书》。他因为为李陵辩护，于是受到处罚。在这封信里，有他表扬李陵的话语，"为人自守奇士""有国士之风""虽古名将不过也""仆诚私心痛之"。这封书信里面也有这句名言，"人固有一死，或重于泰山，或轻于鸿毛，用之所趋异也"。死作为人生的终点，其价值各有不同。这个话原本在《燕丹子》里面出现过，是荆轲的话。

司马迁又感叹，"遭李陵之祸""是余之罪也夫，是余之罪也夫，身毁不用矣！"又有一段名言说，很多文化史上的杰作，像《周易》《春秋》《离骚》《国语》《吕览》《韩非子》《诗》三百篇，"大抵贤圣发愤之所为作也"，这些最精彩的文化遗存，往往都是"发愤之所为作"。司马迁自己正是以这种精神为支撑完成了《史记》这部名著。

（五）司马迁的游踪

司马迁是一个真正读万卷书、行万里路的文化人。郑鹤声说，他有"游历全国的壮志"，有"几度的大游历"。司马迁在《五帝本纪》的"太史公曰"里说，他考察过黄帝传说流行的地方；在《封禅书》里介绍他跟随汉武帝，祭祀各地的天地诸神、名山大川；在《河渠书》里，他讲到自己对古来传说水利史的遗存进行了考察；写齐国历史，他说我到过齐；写《魏世家》，他说我到过魏国的都城大梁；写《孔子世家》，他说我到鲁地参观过孔子家族遗存的庙堂、车服、礼器；写《孟尝君列传》，他说"吾尝过薛"；《春申君列传》的最后说，我到楚地去考察了春申君故城；而写《屈原贾生列传》，他说他到长沙亲临屈原投江的地方；写《淮阴侯列传》，他说"吾如淮阴"，到过韩信生活的地方。像萧何、曹参、樊哙、夏侯婴这些人物，司马迁都到他们的家乡去访问过。

史念海先生的《河山集 四集》一书里绘制了《太史公游踪图》，先从中原，到江淮地方，然后到西南，随汉武帝出去，多次到过中原、山东，沿着北边长城防线顺着直道回到长安，游踪甚广。

王国维说："史公足迹殆遍宇内。"是不是还有没到过的地方？也有。朝鲜、河西地方、岭南地方都没去过。但是这些地方都是"初郡"，都是汉武帝时代刚刚征服和开发的地方，司马迁没有来得及去。

司马迁的旅行对于《史记》的著作有什么特别的意义呢？苏辙说："文者，气之所形，然文不可以学而能，气可以养而致。""太史公行天下，周览四海名山大川"，和各地的杰出人物进行交流，所以"其文疏荡，颇有奇气"。环境和个人经历的影响，使得司马迁的文气非常特别。按照郑鹤声先生的分析，实地采访也使司马迁获得了一些真切的资料，这对于《史记》的完成也有非常重要的作用。郑先生把采访史料分"所见"和"所闻"两大类，这些材料可以补充书面史料的不足，纠正一些传闻的错误，而且可以加深对真实历史了解的程度。卢南乔先生也说："真正躬行有得，我以为司马迁是过去二千年间，唯一堪许提名入选的。"就是进行实地的历史采访调查，司马迁有所收获，他是第一位成功的历史学者。

二、史家之绝唱，无韵之《离骚》

（一）《史记》的文化内涵

司马迁在《报任安书》中记录了他的心灵史。他受到宫刑以后，"幽于粪土之中而不辞者"，就是浑身都是污秽，但是仍然要活下来，是因为"恨私心有所不尽，鄙陋没世而文采不表于后也"，我的著作没有完成，我的文化贡献没有实现，这将是永远的遗恨。司马迁的生存的意念在于这里。最后他确实以顽强的毅力完成了最伟大的史学研究。

来看历代人们对《史记》的评价。"贯穿经传，驰骋古今"（《汉书·司马迁传》）；"其文疏荡，颇有奇气"（苏辙《上枢密韩太尉书》）。章学诚说它是"深于诗者也""千古之至文"。崔适说它是"五经之橐籥，群史之领袖"，称颂这部书可以为理解文化经典提供启示，也是史学著作中间最杰出的论著。鲁迅先生所谓"史家之绝唱，无韵之《离骚》"，尤为人们所熟知。

《史记》在文学论著中间也有崇高的地位。

李长之说，其实"汉武帝在许多点上，似乎是司马迁的敌人，抑且是司马迁所瞧不起，而玩弄于狡猾的笔墨上的人；然而在另一方面，他们有许多相似处，而且太相似了！汉武帝之征服天下的雄心，司马迁表现在学术上。'天人之际''古今之变''一家之言'，这同样是囊括一切的，征服一切的力量。武帝是亚历山大，司马迁就是亚里士多德。这同是一种时代精神的表现而已"。这个判断是合理的，当时的时代精神就是英雄主义至上。"汉武帝之求才若渴，欣赏奇才，司马迁便发挥在文字上。汉武帝之有时而幼稚，可笑，天真，不实际，好奇，好玩，好幻想，司马迁也以同样的内心生活而组织成了他的书。""汉武帝的人格是相当复杂的，而司马迁的内心宝藏也是无穷无尽！"李长之说，这个时代"驰骋，冲决，豪气，追求无限，苦闷，深情，这是那一个时代的共同情调。而作为其焦点，又留了一个永远不朽的记录的，那就是司马迁的著作"。

（二）《史记》的历史文化影响

有学者称赞《史记》是"群史之领袖"，朱熹评价"司马迁才高，识亦高"，风格"粗率""疏爽"，这是在和《汉书》进行比较。欧阳修说，司马迁是"博物好奇之士，务多闻以为胜者"。此外还有雄视千古，高视千载，卓识远见，立意深长，志大而好奇，等等，都是学者给《史记》的肯定的评价。

《史记》成为了一个丰饶的文化宝藏。李长之说，《史记》里面有很多有意思的故事，成了后来"戏曲家的宝库"。我们今天可以看到132种元剧，里面有16种都是从《史记》里边发掘的素材。楚昭王、赵氏孤儿、蒯通的故事、伍子胥的故事、苏秦的故事、英布的故事、周公摄政、萧何韩信的故事、张良的故事、卓文君司马相如的故事，等等，这些都是传诵至今、大家非常熟悉的历史情节，最初记录下来的就是司马迁。李长之说："正如唐人的传奇之作为元明剧作家的材料来源一样，也正如中世纪的传说之为莎士比亚所取资一样。司马迁的《史记》是成了宋明清的剧作家的探宝之地了。"

《史记》的文化风格研究。中国台湾曾经组织了一个《史记》国际研讨会，会议论文集就叫《纪实与浪漫》。《史记》的文化魅力所在，还表现在它不仅是"史家之绝唱"，而且它是"无韵之《离骚》"。王初庆《从〈史记〉志韩非谈太史公之纪实与浪漫》这篇文章里面讲到，《史记》有很多部分是实录，但是太史公逞其才，往往将其情感融入史传之中。他的"不遇之情怀，投射到所写传主之上"，比如说关于《飞将军列传》里面李广的故事，就折射出司马迁的"不遇之情怀"；又比如《项羽本纪》，关于一个失败的英雄，字里行间是表达了同情心的。

另外，从传播学的角度来看《史记》的流传。司马迁自己说"藏之名山，副在京师，俟后世圣人君子"，希望以后的圣人君子能够读到它。如果《史记》能够得到流传，能够得到承认，那么"仆偿前辱之责，虽万被戮，岂有悔哉"。《史记》起初叫《太史公书》，陈直先生写了《太史公书名考》，考证这个书原先就叫作《太史公书》，后来才称作《史记》。西汉的扬雄评价："其多知与？曷其杂也。"两汉之际的桓谭《新论》评价："通才著书以百数，惟太史公为广大，余皆丛残小论。"东汉学者王充说："汉作书者多，司马子长河汉也，其余泾渭也。"

《史记》这部书，扬雄评价"圣人将有取焉"，里面有非常有价值的内涵；又说"多爱不忍，子长也""子长多爱，爱奇也"，说司马迁收集了很多有意思的历史材料。《史记》有些记录相互之间是有矛盾的，但是他非常大度地保留了不同的历史记述，这也是一种比较科学的态度。司马迁说，他的追求就是"究天人之际，通古今之变，成一家之言"。"通古今之变，究天人之际"并不是司马迁个人的追求，汉武帝也说过"善言天者必有征于人，善言古者必有验于今"；董仲舒也说过"天人之征，古今之道"；公孙弘也说过"明天人分际，通古今之义"。其实"究天人之际，通古今之变"是一个带有强烈时代特征的历史文化意识，当时有思想有学问的人，都在思考这个问题，而司马迁作出了他自己的贡献，显现出非常鲜明的文化个性。这正是"成一家之言"。

三、《史记》的平民精神

《二十四史》中的其他史书，很多学者认为是帝王将相的家谱，而《史记》中大量内容是面向社会下层的。梁启超说，这部书"常有国民思想"，他把项羽写到本纪里面，孔子、陈涉也"列诸世家"，儒林、游侠、刺客、货殖这些都写了列传，"皆有深意存焉"。他说，"太史公诚史界之造物主也"，也就是说司马迁创造了新的史学流派和新的史学精神。

1949 年以后，马克思主义史学家肯定《史记》的表述方式往往是"人民性"。比如写到陈涉起义，农民暴动，侯外庐先生认为和汤武圣王开创商、周两代的王朝是一样的，和孔子素王完成《春秋》的贡献是一样的。汉高祖虽然被列在本纪里面，但是司马迁对这个皇帝的讽刺是入骨的，甚至说他是无赖。刘邦大宴群臣，为他老父亲祝寿。他说了一句话："始大人常以臣无赖，不能治产业，不如仲力。今某之业所就，孰与仲多？"这里的"无赖"和今天的语义有一定差别。《史记》揭露了刘邦的一些不好的作为，如《史记》里刘邦屠城的记录是超过项羽的，显示出刘邦残暴的一面。

侯外庐说，《史记》里大量地记录了普通人民的生活，把人民的生活看作历史主体和研究对象，这是一个史无前例的贡献。翦伯赞评价《史记》与一般"以个人为中心的历史"不同，《史记》"是一部以社会为中心的历史"。"司马迁不仅替皇帝写本纪，也替失败的英雄项羽写本纪；不仅替贵族写世家，也替叛乱的首领陈涉写世家；不仅替官僚写列传，也替秦汉时代的哲学家、文学家、商人、地主以及社会的游浪之群如日者、游侠、滑稽写列传。""他几乎注意到历史上的社会之每一个阶层，每一个角落，每一个方面的动态，而皆予以具体而生动的描写。"翦伯赞说《史记》是中国第一部大规模的社会史。

此外，朱希祖在 1944 年出版的《中国史学通论》中说，《史记》避免了一般史书"不载民事""未睹社会之全体"的痼病，能够"大抵详察社会，精言民事"，对社会的生产和生活非常细微的部分，司马迁进行了考察。另外还有一个特点，前面介绍《史记》的学者都没有注意到，徐浩在《廿五史论纲》中认为，《史记》"纵贯上下数千年，横及各国各阶层，举凡人类全体之活动，靡不备载"，又"叙述社会中各种现象"，并且"反春秋时代内其国而外诸夏、内诸夏而外夷狄之狭小眼光，为匈奴等民族作列传"。这是《史记》一个很重要的创举。

我们在对汉代的儿童劳动与劳动儿童进行考察时注意到，司马迁在《史记·太史公自序》中追述自己早年经历，曾经回顾在"年十岁则诵古文"之前，有"耕牧河山之阳"的劳动实践。司马迁童年体验过"耕牧"劳动生活，使得他与社会下层劳动群众能够情感接近，心灵相通。

《史记》里面还记录了一些历史名人早年的贫困生活。比如刘邦的夫人吕后，她早年虽然家里富有，但是嫁给刘邦之后参与过田间劳动。《史记》记载，刘邦当亭长的时候，"常告归之田，吕后与两子居田中耨"，刘邦自己不干活，但是他的夫人带着两个孩子来田间劳动。两个孩子，就是后来的汉惠帝刘盈和鲁元公主。这个事情在《汉书》里也有记录，它的材料来自于《史记》，但《汉书》只说"吕后及二子居田"，没有写"耨"这个除草的劳动细节，可能《汉书》认为这个不重要。但司马迁就多这一个字，告诉了我们一个非常细致的很有意义的历史现象。

另外还有社会下层生活的故事。汉文帝的窦皇后富贵之前，她的弟弟窦少君，四五岁时就被人拐卖了，转卖了十来家，曾经入山作炭，后来还遭遇到山体滑坡，几百个人都死了，但是他偶然活下来了。后来他和窦皇后相认，成为了贵族。司马迁把这个记录了下来，我们可以知道当时的平民儿童比较悲惨的经历。卫青是私生子出身，父亲让他放羊，这段生活经历《史记》也记录下来。公孙弘曾经在海边放猪，卜式是放羊的。司马迁记录这些故事是有他史家的深意的。整个社会上下，各有各的生产生活方式和生存条件，如果只记录富贵阶层的生活，那这个历史的表现是不完整的、不真实的。司马迁早年从事耕牧生活，而且他后来也说他自己从事史书撰述，"近乎卜祝之间，固主上所戏弄"，其实皇帝并不尊重他。他就是身处卑贱屈辱的社会下层环境中完成了《史记》的撰写的。这当然可以使得他很容易亲近平民的生活，理解平民的心思。

《史记》以平民精神表现出来的文化优势，是很多史学家没有的。《史记》凭借着这个优势超越千古群史，成为中国史学公认的经典。《老子》说"强大处下"，"高以下为基""大者宜为下"，司马迁就是立足"为下""处下"的立场，最终占据了史学学术的制高点。他的平民精神体现出对历史判断的真正公正，表现出一个大史学家的开明和智慧。

还有一位史学家尚钺注意到，司马迁"在少年时代""就接触了广大人民群众"，"他注意到社会的发展和下层人物的动态"，"体会到了人民群众的痛苦及其对历史的巨大作用。"这是我看到的，研究司马迁和《史记》的论作里很少见的，关注到"耕牧于河山之阳"这几个字的议论。

《史记》是信史还是谤书？长期以来，《史记》学研究者对这个问题也有不同意见。班固说，司马迁"以身陷刑之故，反微文刺讥，贬损当世"，他受到汉武帝非常严厉的处罚，于是在写作中，"狡猾地玩弄于笔墨之间"（李长之语）。王允决意杀蔡邕时说，当年汉武帝就是没有杀掉司马迁，"使作谤书流于后世"。王允认为这是个教训。应当说，司马迁作为一个大史学家，还是基本上遵守撰写信史的学术原则的。但是《史记》确实非常重视当代史的叙写。施丁先生分析，《史记》130篇中，完全和重点写当代史的有66篇，其他篇章里也涉及当代史。也就是说52万字的论著，写三千年的历史，竟然用半数以上的篇幅写近百年的当代史，他难免会对汉武帝和他的政策有所批评。

尽管班固和司马迁的史学思想多有不同，但班固在《汉书·司马迁传》里对司马迁的总体评价还是肯定的，他评价《史记》"其文直，其事核，不虚美，不隐恶，故谓之实录"。这个基本判断是正确的。

四、司马迁的经济思想

《史记》里面有两篇专门写经济生活，一是《平准书》，一是《货殖列传》。《货殖列传》介绍了很多工商业者和农牧业经营的成功者。

《货殖列传》里说到，因为财富拥有的不均，必然会产生社会等级的差异，会出现阶级奴役现象，这和自然的规律一样不可动摇。他说："凡编户之民，富相什则卑下之，伯则畏惮之，千则役，万则仆，物之理也。"一个人的财富和另一个人相比差十倍，那么这个穷人对富人会比较恭敬。如果差距是一百倍，那么穷人对富人就有恐惧、敬畏心理。相差一千倍，那富有者就会役使贫贱者。财产相差一万倍，那么富有者就可以奴役贫穷者，二者之间形成主仆关系。司马迁可以说是中国历史上第一位发现了社会生活中等级形成的财富因素的历史学者。

他对于社会的观察、分析、总结以及说明，都非常精辟。他说："故待农而食之，虞而出之，工而成之，商而通之。此宁有政教发征期会哉？人各任其能，竭其力，以得所欲。故物贱之征贵，贵之征贱，各劝其业，乐其事，若水之趋下，日夜无休时，不召而自来，不求而民出之。岂非道之所符，而自然之验邪？"社会经济生活中，大家各任其能。做买卖的人到物价高的地方去卖东西，买东西的人找便宜的地方去买东西，价值原因造成了这种规律性的现象，就像水往下流一样，日夜不休，形成了活跃的社会生活，这是一个规律。这也是非常高明的判断。接下来他就引了《周书》的话，农工商虞此四者，"民所衣食之原也"，少了哪样都不行。经济生活的各个部分，就看你巧还是拙，这是"贫富之道，莫之夺予"，这是自然形成的规律。

他又说："故太公望封于营丘，地潟卤，人民寡，于是太公劝其女功，极技巧，通鱼盐，则人物归之，繦至而辐凑。故齐冠带衣履天下，海岱之间敛袂而往朝焉。其后齐中衰，管子修之，设轻重九府，则桓公以霸，九合诸侯，一匡天下；而管氏亦有三归，位在陪臣，富于列国之君。是以齐富强至于威、宣也。"姜太公封到齐国，最初开发海洋资源，使得齐国富起来。管子又在这里进一步调整经济，使得齐桓公成为霸主。齐国的富强持续到战国的中晚期，"仓廪实而知礼节，衣食足而知荣辱"，因为经济的优势，同时道德文化也有所进步。

司马迁的《货殖列传》还第一次进行了全国主要经济区的划分。他划分了四个基本经济区。《禹贡》号称是夏禹时代的著作，里面已经有了经济地理学的概念。李学勤先生的《东周与秦代文明》和《禹贡》九州不同，他把全国划分为七个文化圈。但是在汉代，司马迁划分了四个经济区，分别是山西、山东、江南、龙门碣石以北。

山东和山西以崤山、华山为界，在陕西省东部、河南省西部的位置。山西出产林业资源、农业资源，还有一些矿产资源。江南当时的经济相对比较落后，出产一些林产资源和矿产。龙门碣石以北以牧业为主，或者是农牧结合。这样的分析大抵符合当时的历史实际，也是司马迁在经济地理学方面的一个重要贡献。

五、《史记》的富贵观

《史记》的富贵观，实际上肯定了当时社会的富贵追求。同时对于富贵现象，进行了历史说明。陈涉少时曾与人庸耕，"怅恨久之"，跟同伴们说"苟富贵，无相忘"，他的伙伴说，你是庸耕者，谈何富贵。他感叹说："燕雀安知鸿鹄之志哉！"《项羽本纪》里面记录了这样一个故事，有人建议项羽把都城定在关中，关中很富有，人口比较集中，经过了秦人千百年的经营，从地理形势上看可以控制东方。但是项羽当时没有赞同这个建议，《史记》记载，项羽"心怀思欲东归"，答复说："富贵不归故乡，如衣绣夜行，谁知之者？"这个提建议的人有人说是韩生，就嘲笑项羽："楚人沐猴而冠。"项羽听说以后把他杀掉。这个故事，人们认为体现了项羽的英雄短见。后来汉并天下，娄敬提出定都关中的建议。当时刘邦的部下都是楚人，都希望定都在洛阳，但是娄敬提出建议，强调了关中的优势地位，张良对娄敬意见表示支持，于是刘邦定都长安。

史念海先生曾经指出，其实项羽的选择没有什么不对，他定都彭城，而彭城是一个很富足的地方，也容易发展。但是人们认为"富贵不归故乡，如衣绣夜行"这句话，体现出项羽缺乏控制天下的全面的战略思考。

其实"富贵不归故乡，如衣绣夜行"，是汉代人习用语，直接体现了人们对富贵的想法。《后汉书》说："君子耻贫贱而乐富贵。"《三国志》说："人之所乐者，富贵显荣也。""富贵声名，人情所乐。"都认为对富贵的追求是正当的。当然随着儒学地位的上升，儒学理念的普及，人们讲义利观的时候，就变得更含蓄了一些，也表现出一种虚伪，对追求富贵不大好意思正面公开地表达了。但在秦汉时期，这种表达还很直接。

《史记》讲道，苏秦富贵了以后，他的兄弟嫂子"侧目不敢仰视"。苏秦就说："何前倨而后恭也？"过去老是羞辱他、奚落他，看着他富贵了，又显得毕恭毕敬。这就代表当时的社会意识的主流。还有一个读书人朱买臣，家里很穷，以打柴为生。负重而行，一边走一边诵书。他的妻子多次制止他，但是他"愈益疾歌"，他的妻子深以为羞耻，要求跟他离婚。后来朱买臣的同乡严助得到汉武帝的信任，向汉武帝推荐了他，汉武帝接见他，一起讨论《春秋》和《楚辞》。汉武帝很高兴，拜他为中大夫，后来又让他回家乡去做会稽太守。汉武帝对他说："富贵不归故乡，如衣绣夜行。"朱买臣表示感谢。回去以后，他的前妻和丈夫正在打扫道路迎接他，朱买臣让他们坐在自己车队的车上，到太守府邸，给他们安排住处，给他们吃喝。但是他的妻子后来羞愧自杀。

在汉代的印章里，可以看到"富贵""长生大富""长富贵""日贵"，明白体现了社会意识里对富贵的重视。人名用"富""贵"的，在汉代也非常普遍。汉代的瓦当也有很多实例，如"富贵""宜富当贵""富贵万岁""田氏富贵""大富贵"等。从这些文物资料可以看到，富贵是当时人们非常直接和普遍的追求。

汉代画像里面有这样的一种主题，一棵树上有鸟和猴子，下边人拉着弓在射。台北"中央研究院"的院士邢义田先生认为，这是"射爵射侯图"，鸟就是"雀"，"雀"就是"爵"，爵是高贵的地位；侯也是贵族身份，就是猴子的谐音。当时人的理念里面，拿着弓箭射树上的爵和侯，体现出一种追求富贵的人生追求。

当时开明的政论家、国家战略的设计者认为，要让老百姓都富起来。贾谊主张"可以为富安天下"。贾谊是洛阳的才子，很受汉文帝赏识。后来受到一些老臣的排挤，文帝就让他去做长沙王的太傅。贾谊在长沙，联想到屈原的悲剧，心情很不好，33岁就去世了，但是他的《新书》留了下来。《新书》中鼓励大家务农，"可以为富安天下"，老百姓富了，国家也就安定了。

在汉代，追求富贵是合理的。但是我们在《史记》里面还看到，司马迁对富贵的分析，有非常高明的识见。比如说"暴得富贵不祥"，这是在陈胜发起农民暴动的时候，各地群起响应，有一个人被推举为王，但是他母亲告诉他这句话。第二种看法，"亡德而富贵，谓之不幸"，你没有道德根基，你不是通过合法手段，这不是好事情。第三句话，"富贵极，物极则衰"，已经达到最高等级的富贵了，要小心可能会走上衰落。第四句话，"富贵无常"，富贵是有偶然性的。还有这样的话，"一日之富贵，凶人且自悔"。这个也有暴富不是好事的意思。还有"久乘富贵，祸积为祟"，长久的富贵很可能就埋藏了祸根。"富贵骄傲，富贵生不仁"，富贵了之后很常态的表现就是很骄狂，滋生了不仁之心。"乐亡乎富贵"，也是同样的意思，富贵会走向反面。还应当提示这样的理念，《报任安书》里面写道："古者富贵而名摩灭，不可胜记，唯俶傥非常之人称焉。"一个人当时取得了富贵，但在历史进程中，没有痕迹留下来，这样的人太多了，不可胜记。要做一个有非常志向的人，要做一个有突出贡献的人，这样的人生才有意义，富贵不一定等同于真正的成功。这也是非常高明的富贵观。

六、司马迁笔下的工商业者

司马迁在《史记》里面记录了一些成功博得富贵的工商业者。比如《货殖列传》里面说到了范蠡，另外还有范蠡个人的传，他是帮助越王勾践成功复国的军事家，也是一个成功的执政者。"既雪会稽之耻"，他感叹说，既然给越王勾践提供了七个建议，越王勾践只用了五个就成功了。他说，这些建议用在国家复兴上面成功了，现在我愿意把他这些建议用在我自己的家业上。于是"乘扁舟浮于江湖，变名易姓"，到齐国去了。后来又到陶这个地方。"陶为天下之中"，陶是今天山东定陶附近，当时有运河通过，交通条件好。他在十九年之中，三致千金，成名于天下。他的人生经历也被称为"陶朱事业"，不仅在行政和军事上有所成就，而且他在成功之后脱离了政治权力争夺旋涡，到民间去了，显示出高度的人生智慧。唐诗有这样的名句："已立平吴霸越功，片帆高扬五湖风。不知战国官荣者，谁似陶朱得始终。"范蠡后来治产致富，又体现出他的经营才华。

在司马迁的笔下还有一个人物，他的人生路径和范蠡相反，先成为富商然后从政，这个人就是吕不韦。很多人认为商鞅变法以后，商人地位受到压抑。但同时还有一种意见认为，秦是重商的，或者说只是限商的。抑商虽然是重农的一种辅助策略，但战国时的秦国和秦代，抑商力度远远不如汉初强有力；而秦代的市其实相当繁荣。我们通过吕不韦也可以得知，秦的政治传统不排斥商人参政。

李商隐有这样的诗句："嬴氏并六合，所来因不韦。"吕不韦对秦的统一有非常重要的贡献，他是中国历史上第一个以个人财富影响政治进程和政治走向的人。另外，吕不韦还组织文人编了《吕氏春秋》，这是在战国时代百家争鸣走向终结时的最后一部名著，它里边包容了一些他和秦人比较重视实用的原则，很多人把它称作杂家。《吕氏春秋》里保留了四篇农学的专著，这是我们所能看到最早的农学著作。又比如说"水利"这个词，最早使用就是在《吕氏春秋》中。《吕氏春秋》进行了一个全方位的政治设计，它预见到一个新的统一政权就要出现，它为之描绘了一幅蓝图。其中关于执政的基本原则是顺民心，这是儒学的理念。《吕氏春秋》认为"先王先顺民心，故功名成"，这是非常开明的认识。《吕氏春秋》的文化倾向对秦政权产生了一些影响。朱熹评价，"其中甚有好处"，"里面煞有道理"，"他措置得事好"。

瞿兑之认为，秦代商业非常繁荣，商人势力越来越强，甚至参与了执政。他先说到吕不韦，后来又引了司马迁记录的乌氏倮和巴寡妇清。秦人在西北方崛起，"僻在雍州"，中原人看不起他们，认为他们和戎翟很相近。但是秦和西北少数民族的交往，也吸取了一些积极的文化元素。我们看到在甘肃张家川回族自治县马家塬墓区发掘的一座墓葬，里面有非常精美的陪葬车辆，在内地都没有看到。但墓主又以牛头来殉葬，这带有少数民族文化的风格。所以有人判断这是戎王的墓葬。

《史记·货殖列传》记载，乌氏倮是一个主要经营畜牧的产业主，同时也进行其他贸易，"求奇缯物，间献遗戎王"。于是戎王给他很多的马牛，甚至"用谷量马牛"。于是"秦始皇帝令倮比封君，以时与列臣朝请"，参加朝廷议政。另外一个典型人物是巴寡妇清，她的祖先发现了"丹穴"，就是朱砂矿，几代人因此富贵。秦皇帝给她很高的地位，"为筑女怀清台"。司马迁于是说，"倮鄙人牧长，清穷乡寡妇"，竟然能够"礼抗万乘，名显天下"，就是因为他们的富有。乌氏倮和巴寡妇清在当时是比较典型的成功的产业经营者，但都不是中原的商人。

《史记·货殖列传》里边记录了这些成功的工商业者的活动，以及他们的经济实力、社会影响、政治地位，后代学者对这种史书的记述方式也是有所批评的。像明代学者王立道说，"予每读《史记·货殖传》至巴寡妇清，未尝不叹子长之多爱，而讥其谬也。"司马迁把各种信息都保留下来，但是他认为司马迁荒谬。一个女人最后托名不朽，让天下人见利而忘义，"耻一妇人之不如，使天下见利而不闻义"。这个明代学者，他在儒学已经深入人心的时代，认为这是《史记》的败笔。我们不同意这样的意见。

《史记》之所以不朽，就在于其中有很多杰出的超越平俗之见的历史卓识。《史记》保留了重要的历史信息，也提出了可贵的文化理念。

《步溪图》（局部）明·唐寅

知道
大行道

08

文质之辩与中国历史观的构造

杨念群

中国人民大学清史研究所教授。

主要学术兴趣是中国政治史、社会史研究，并长期致力于从跨学科、跨领域的角度探究中国史研究的新途径。著作有：《儒学地域化的近代形态——三大知识群体互动的比较研究》《杨念群自选集》《中层理论：东西方思想会通下的中国史研究》《雪域求法记——一个汉人喇嘛的口述史》《新史学——多学科对话的图景》《昨日之我与今日之我——当代史学的反思与阐释》等。

当我们习以为常地使用西方概念观察中国历史时，就会很不适应地发现，仿佛中国历史中到处充斥着"退化论"的思维痕迹，中国人始终充满了对远古黄金时代不容置疑的美好想象。这种"朝代循环"的思路不是螺旋上升式的，而是以不断追慕模仿前代的程度作为衡量是否优秀的标准，如此的思维不但与西方近代的"进化史观"背道而驰，而且也应为近代中国落后于西方负起文化的责任。

本文以为，把中国历史观单纯地用"循环退化论"加以解读，并把它和"进化史观"进行二元对立的比较思路是有缺陷的，是过度地以西方社会科学概念观察中国历史造成的后果。要合理地理解中国历史观的内在演进脉络，就必须从古人使用的许多概念入手进行精细的解读，方能比较贴近历史文本呈现出的发展轨迹。本文即挑选出"文"和"质"这两个概念（或合而观之为"文质"）予以分析，由此观察中国历史观自身形成的真实构造及其内在纹理。

一、"文质"之辩与"三代"黄金期的建构

当代人似乎有一个根深蒂固的成见，即认为中国历史观有一个一成不变的特点，那就是史家总是会夸耀"三代"成绩的不可逾越，历史记录不是为记载后代的境况好于前代，而是在不断抱怨后代历史劣于前代的窘境中次第展开的。这种记叙历史的模式与现代历史叙事技术恰好相反。西方的现代历史总是记录后来时代如何超越过去达致辉煌之境的过程，往昔历史自然成为验证现时代之优越感的一种佐证。

在当代史家的眼里，中国古代史家总是预先悬设了一个更加远古的模本，这个模本具有无可争议的不变的权威性，以为裁量后代历史演进的参照物，由此可对比出后代与之保持的差距。这与欧洲的近代历史观非常不同，欧洲现代史学预设了一种历史的普遍意义，依据这种"意义"去建构特殊的符合进化原则的历史事实。但这个普遍意义并不是先天的、不可讨论的，故它重视后来已成"结果"的"历史事实"对重建过去之真相的支配作用，成为"后代优于前代"的标准。这就是我们后来常说的"后世之师"式的观察历史的方式，"后世之师"的眼光永远支配着对过去历史的塑造和评价。

在上述历史观的参照下，人们又会产生一个误解，即总以为中国古代史家早已预先把一套完满实现了宇

宙道德秩序的"三代"社会孤悬在那里供后人瞻仰。"三代"的完美是无条件的，完全没有商量的余地。史学家的任务就是要指出这个秩序在历史上实现完满的程度及其表现出的各种样态，并以此为准衡量各个朝代价值的高低，或借此帮助那些背离"三代"理想秩序的王者适时进行调整，以恢复符合"三代"理想的正常状态。传统史学不是从时代变动的世界观中寻究对历史的解释，而是捍卫以往史家早已构造出的永恒不变的价值，并以此作为评价人们对当下时代认知状态的标尺。①

真实的情况是，后人总谈"三代"是因为"三代"重要到只要把握了其更替嬗变的历史脉络，就似乎得到了一把解决全部未来历史的钥匙。"三代"蕴藏了中国历史演替的全部秘密和程序，以后的历史学家只要把它们重新编码，即可拼贴出新的符合现实的历史图像。而重新从事编码的最重要工具就是"文质"损益之论。还有一种编码程序叫"三教"，它的基本表述是："夏尚忠、商尚敬、周尚文。"历史的演进程序应该是"由文返忠"，这也是一种返回古典的说法。② 但这套说法后来虽偶被提及，却远未像"文质论"那样拥有强大的影响力。

　　① 参见［德］施耐德著，关山、李貌华译：《真理与历史：傅斯年、陈寅恪的史学思想与民族认同》，社会科学文献出版社 2008 年版，第 7 页。
　　②（东汉）荀悦撰，张烈点校：《两汉纪》卷 11《前汉孝皇帝记二》，中华书局 2002 年版，第 175 页。

　　然而，令人有些意想不到的是，当我们仔细考察"文质论"中对"三代"的描写时，就会发现，"三代"在"文质论"的叙述框架里并非是完美无缺的典范时代。比如在《论语》中，孔子是比较尚"文"的，在"郁郁乎文哉，吾从周！"这句话里已经表明了他的态度。但在那个时代的观念里，"文"与"质"并非有绝然的高下之分，而是"一文一质"相互损益，呈现出的是交替演化的态势，两者可以相互弥补。在《论语》中，孔子唯一把"文质"并列而论的例子是这段话："质胜文则野，文胜质则史。文质彬彬，然后君子。"[1]可见"质"的内涵并非弱于"文"，谁占优势完全看它面对的历史对象如何。比如有一段时间，孔子所提倡的周代之"文"似乎并没有得到多少人支持，关键在于东周乱世之后紧接着就是秦朝，史家认为正是因为东周礼仪的烦琐，使人们的生活方式过于"文饰"而发生变异，间接导致了秦朝的灭亡，所以汉初才奉行"黄老之学"，推崇简约的生活方式，实际上是想走回到"质"的老路上去。

　　从历史观的构造角度而言，"质"和"文"有相当大的差异，但并非截然对立的两极概念，"文质"的交替出现往往与中国历史上"一损一益"的现实状态密切配合，其中充满了变数。"质"往往与"损"相应，"文"

---

　　[1] 杨伯峻译注：《论语译注》，中华书局1980年版，第61页。或张燕婴译注：《论语》，中华书局2006年版，第78页。

往往与"益"相当。比如朝代礼仪若过于繁缛，需要适当删减时，文人往往会频发"质"的议论，反之若社会发展过于质朴简陋，缺乏一种华贵气象时，又多益之以"文"。

有意思的是，新朝皇帝登台，一般都会崇"质"而抑"文"，如秦朝之亡的原因之一就被总结为"文敝"，甚至到了唐代，白居易还在用"文质损益说"警告王者。[1] 可是在个别朝代也出现了一些奇怪的变化，比如魏晋时期文士放诞之风被认为是不够"质朴"的行为方式导致蔑弃礼法所致，但"礼法"在秦汉甚至在早期先师如孔子的言辞框架里却是和"文"相联系的，故放诞之风本应是弃"文"的表示，在魏晋却被改变了意思，可见"文质"的含义也会随着时代的需求而变。

有些奇怪的是，孔子崇周，但秦政的苛酷却至少从表面上看是延续周代的礼仪而来，以至最终走向崩溃，"周代"即因秦亡而被视为"文敝"的来源，那么我们如何解释汉初经历了短暂的黄老之治却转而又尊崇儒学这个演变过程呢？"由质救文"在儒家文献里频频出现，似乎与道家的"返朴"思想完全趋于一致。其实差别甚大，道家要求复归最为原始的生活状态，不但弃绝礼法，而且拒绝基本的文明样态所带来的变

---

① （唐）白居易撰，谢思炜校注：《白居易文集校注》卷25《策林一·忠敬质文损益》，中华书局2011年版，第1390—1392页。

化。而儒家的"由质救文"却严格限定了范围，并非要求回到生活的原始状态，而是要从"尊尊"的单面强调，回到"亲亲""贤贤"的日常状态之中，在他们看来，秦朝动用"礼法"过了头，只强调自上而下实施官僚科层的严刑峻法实施统治，而没有考虑不同地区和上下层次情况的差别。也没有关注民众内心的道德要求，一味强压胁迫，导致民怨沸腾，统治难以维系。儒家"由质救文"的思路则考虑到了礼法之下的道德和心态因素，即"亲亲"的原则。董仲舒在《春秋繁露·三代改制质文》中就说："王者以制，一商一夏，一质一文。……主天法商而王，其道佚阳，亲亲而多仁朴。……主地法夏而王，其道进阴，尊尊而多义节。"[1]在董氏看来，"尊尊"和"亲亲"是"文""质"交替而动的表现。董氏理解《春秋》的大义是"先质而后文"[2]或者说"救文以质"[3]如果按今文经学的路子讲，《春秋》乃孔子所作，孔子的话里却没有如上的意思，反而是对周代的"文盛"大加赞词。如此说来，是否孔子的形象和话语前后发生了矛盾？其实不然，孔子谈"文"是讲周代礼乐趋于繁盛，董仲舒等汉儒并没有完全否认和摒弃孔子的解释，而只是攻其过度繁缛，以求简化之意，特

①（西汉）董仲舒撰：《春秋繁露》卷7《三代改制质文第二十三》，上海古籍出版社1989年版，第43页。

②（西汉）董仲舒撰：《春秋繁露》卷1《玉杯第二》，上海古籍出版社1989年版，第12页。

③（西汉）董仲舒撰：《春秋繁露》卷4《王道第六》，上海古籍出版社1989年版，第28页。

别是揭示了"亲亲"一层以补"尊尊"的不足，延伸一点说，是要提倡在政治统治中节省成本。这点孔子也有预感，在《论语·为政》一节中说过："殷因于夏礼，所损益可知也；周因于殷礼，所损益可知也。其或继周者，虽百世可知也。"对后世周代的继承状况似有预感，故损益非弃绝之意。

从以上的描述观察，"文质论"框架里的夏商周"三代"在后来的文献表述里，并非是绝对不可动摇的黄金时期。他们在描述民众和社会运作的关系时各显出利弊的特征，只不过其表述高明的地方在于指出"三代"的特征可以相互弥补，在相互"损益"之间达到一种平衡，也许这才是孔子所向往的"文质彬彬"的效果吧。

我们且来看一段《礼记》中对夏商周三代社会状况的评价，这段话依然是借了孔子的口气在发言。文中说：

子曰："夏道尊命，事鬼敬神而远之，近人而忠焉，先禄而后威，先赏而后罚，亲而不尊，其民之敝，惷而愚，乔而野，朴而不文。殷人尊神，率民以事神，先鬼而后礼，先罚而后赏，尊而不亲。其民之敝，荡而不静，胜而无耻。周人尊礼尚施，事鬼敬神而远之，近人而忠焉，其赏罚用爵列，亲而不尊。其民之敝，利而巧，文而不惭，贼而蔽。"①

　　这段话借用的是孔子的语气，但显然已不是孔子的本意，所以后来也有人说，未敢信以为孔子之言。因为这段话把夏商周的情形并列起来分析，认为他们各有利弊，这显然与孔子坚持"吾从周"的态度大相径庭。我们再看下面一段谈"文质"的话："子曰：虞夏之质，殷周之文至矣，虞夏之文不胜其质，殷周之质不胜其文。"②这段貌似孔子的话同时批评了虞夏与殷周，显然不符孔子在《论语》中的本意。我们再回到上引《礼记》这段话，这段话分别描述的是夏商周三代的社会状况，特别处理了人际关系网络以及"人"与"鬼""国主"之间应该采取什么样的关系等大问题。

　　在《礼记》的历史解释框架里，夏代的情形是远离鬼神祭祀，比较亲近人事，注意先赐予民众好处，再施予威严，人际关系较为密切，互相释放着善意，人情显得质朴无文。殷人重视祭神拜神，主张先侍奉好鬼神，惩罚优先于赏赐，以树立威严，以尊崇权威为时尚，人情就相对显得淡漠，社会容易陷于无序。周人有一套崇尚礼仪的规范，虽尊奉鬼神却又要保持距离，按照等级

　　① 吕友仁、吕咏梅译注：《礼记全译·孝经全译》卷9《表记第三十二》，贵州人民出版社1998年版，第983—984页。
　　② 吕友仁、吕咏梅译注：《礼记全译·孝经全译》卷9《表记第三十二》，贵州人民出版社1998年版，第985页。

定赏罚标准，恢复了人情的亲近关系。但由于礼仪制度过于烦琐，过度讲究精致，所以使民众学会了取巧的本领，民风于是趋于油滑。

《礼记》注释中有一段话解释说："礼文委曲而徇人，礼繁文胜，利巧而贼，其敝又有甚者焉，凡此非特见风气既开，而浇漓之日异，抑亦至德之不复见而已欤。"[①] 完全持的是一派悲观的论调。这可能就是后来说周代为"文敝"的先声，秦朝把烦琐礼仪和从中延伸出的法制推到极致，自然是"文敝"的极端表现。在《礼记》的历史观框架里，比较好的理想社会是恢复夏代"亲而不尊"的淳朴风气，按照这个标准，殷商尊而不亲，周代礼仪繁复导致民性浮华，似乎都不是理想的状态。

我们不妨对"三代"概念作为历史观构造的一些特点略做小结。首先，"三代"这个历史符号实际蕴藏了后来的学者、君主和历史学家对"什么是完美的社会"这个问题的一些期待和想象。当然，最终结论是这些社会并非完美，却呈现出了"非质即文"的特点。因此需要对各自社会的过度"文"和"质"的内容加以损益才能达到一种平衡。因此，用现代的进化史观去看待它是无效的。

其次，在"三代"内部而言，并非越往后就越美

---

① （明）胡广撰：《礼记大全》卷26《表记第三十二》，《景印文渊阁四库全书》经部第122册，台湾商务印书馆影印本1986年版，第683页。

好。后代与前代相比不是一种递进关系，比如周代就不一定比夏商社会更加美好，但也并非是完全的"退化论"，即好像从周代退回到夏代就万事大吉了。这种历史观讲究的是用不同时代的历史优势去弥补当下社会呈现出的不足。比如在"三代"框架中，夏代远鬼神，注重人际关系的紧密联系，属"尊而不亲"的态势；商代强调敬鬼神，由此树立的是国主的威权，是"尊而不亲"；周代则是用严格的礼仪确认了人际关系的准则，却导致社会运作过度复杂，落下了"文敝"之讥。

我们看到的情形是，"三代"之中的任何一代都无法完全垄断所谓完美社会的全部要素，但却各自拥有一些引以为傲的特点，构成了时代的标志，只不过这些特点由于和其他要素的搭配不时会出现问题，故常常被后代历史学家所指摘诟病，并不断提出修正方案，批评和修正的主要工具就是"文质论"。

第三，"文质论"作为一种相当独特的中国历史观的分析框架，它提供了一种不同于后来西方历史观那样非此即彼式的极端解释，或者是一种直线般的毋庸置疑的递进演化图像，同时也不是人们所常常误解的是一种"退化论"的循环历史观，或者是对远古"黄金时代"的盲目向往。我宁可把"文质论"看作是一种平衡理论，即通过透视"三代"历史中不同时期的社会构成的长短优劣之处，施之以具体的变革方案。这种纠错方式当然不是固定不变的，尽管其最初发挥作用是面对周秦的时代变故。汉初倡导的是"以质救文"，但"质"并未被僵化地理解为具有绝对优势的正面范畴，而是在一损一益的过程中构成与"文"的互补关系。这种历史观具有巨大的灵活性，绝非现在的社会科学术语所能精确地加以描述。

二、是"反智"还是"反知"

"文质论"在中国历史中的早期运用显示出了极具灵活性的特征，故很难用现代社会科学的尺度和眼光加以衡量，我们必须更加贴近历史的现场语境去仔细分梳其中的蕴意。"文质"观念尽管在相当长的一段时间内保存了其古意，如"一文一质"相互损益的论说结构，以及因为现实社会渐趋奢靡，而应折返古代淳朴世界的理想。但不同时代对"文质"的理解仍因历史境况的变化而出现微妙的差异，折射出的是时代变革中士林群体的精神状态。其中明清之际的思想转型与明清两代所显示出的不同思想差异均可以透过"文质"的讨论彰显出来，本节拟以王阳明的思想为例对此作些分析。

王阳明的思想在明代居于核心位置的原因即是其区别于两宋理学对"心"与"物"关系的认知，而依恃心灵中良知的呈现，这套心理主义的教诲涉及复杂的"知识"

与"经验"的关系问题,即所谓"闻见之知"与"德性之知"的差别,以往学界对此讨论甚多,如果我们换一个说法,从"文质"之别的角度对此加以解读,则又会得到另一番感受。

就"文质"关系的古意而言,时代的发展渐渐"由文趋质"是以后士林阶层达成的共识,大致没有什么疑问,但是对"文"与"质"交替演变到底是何内容的理解却差异极大,甚至南辕北辙。明代的王阳明同样认为"质"优于"文",基本的认知前提似与前代一致,但在王阳明的语境里,"文"劣于"质"更多的是指"文"中所包括的"学"的内蕴在形式上过于烦琐,妨害了"证道"的实施,遮蔽了心灵对真实世界的认识。认为"质"所包含的认知事物的方式显得简朴直接,通过这个途径,可以使更多的人领悟"道",这是光凭对"知识"的积累和学习所难以做到的。

余英时先生认为这种取向是一种"反智主义"。①我倒是觉得王阳明并非"反智",而仅是"反学"而已,他并没有想让人变成傻瓜,相反,他是想通过更直截了当的方式使人变得更加智慧,只不过这种智慧不完全是通过"知识"的习学和渐进式的积累获得的,把"智"与"知识"直接勾连可能是近代以来西方的看法,

---

① 余英时在《从宋明儒学的发展论清代思想史——宋明儒学中智识主义的传统》一文中就说:"白沙、阳明所代表的反智识主义,在明代儒学史上诚占有主导的地位。"(余英时:《历史与思想》,台湾联经出版公司1976年版,第98页。)

认为"知识"的累积程度往往决定了智慧的程度，但这却不是中国士人的思维方式。王阳明曾有一段话说到圣人与"知识"的关系，他质疑说："天下事物如名物度数、草木鸟兽之类，不胜其烦。圣人虽是本体明了，亦何缘能尽知得？"他的结论是："圣人于礼乐名物不必尽知。然他知得一个天理，便自有许多节文度数出来。"[①] 故我认为用"反智主义"概括王阳明思想值得商榷。

如果再深入一步讨论，从"文质论"的角度说整体的中国历史和社会由"质"趋"文"，变得不够质朴而奢华毕现，慢慢呈现衰颓之势，大致已成士林共识，但作为时代转折枢纽的重要人物，孔子在"文质"历史观中所起的作用却大有争议。比如对孔子传述《六经》删削经典作品的评价在明清两朝就变得大相径庭。

王阳明承认："天下大乱，由虚文胜实行衰也。使道明于天下，则六经不必述，删述六经，孔子不得已也。"[②] 在王阳明的眼里，践"道"的实际行动更加重要，孔子删述六经的行为实属不必，表达的是对孔子保存前世典籍的有限尊重。王阳明认为，孔子做的是减法，其对古代典章制度进行删削，走的是简易

---

① 陈荣捷：《王阳明传习录详注集评》卷下《黄直录》，台湾学生书局 1983 年版，第 303—304 页。
② 陈荣捷：《王阳明传习录详注集评》卷上《徐爱录》，台湾学生书局 1983 年版，第 44 页。

便行的路径，是一种废弃其说的用意。王阳明认为，《礼》《乐》之名物度数，至是亦不可胜穷。孔子皆删削而述正之，淫哇逸荡之词才随之消灭。对这种"减法"的另一种表述是："孔子述六经，惧繁文之乱天下，惟简之而不得。使天下务去其文以求其实，非以文教之也。"① 所谓"由文趋质"的"质"被理解为简洁、直截了当地舍弃以往的"知识"，直接逼视自己的内心世界。

可是这里面出现了一个问题，以往孔子的典型形象恰是为周代保留礼仪文献，删削复述经典在"文质"的标准框架里都是属于"文"的行为，而周代礼仪的保存因过于烦琐导致"文敝"，后人直接批评为是秦代暴政的根源。如果按此逻辑推断，孔子岂不成了罪人？于是才出现了王阳明为孔子辩护的如下说法，那意思是说，把孔子理解为"以文教之"的教师爷形象完全错了，孔子是怕天下士人过度陷溺在繁文的泥沼之中，所以才提倡简捷的实行方法以悟"道"，这恰是一种舍弃"繁文"的表现。王阳明有一段对乱世原因的总结，特意提到天下不治的原因是"只因文盛实衰。人出己见，新奇相高，以眩俗取誉，徒以乱天下之聪明，涂天下之耳目，使天下靡然争务修饰文词，以求知于世，而不复知有敦本尚实、反朴还淳之行，是皆著述者有以

---

① 陈荣捷：《王阳明传习录详注集评》卷上《徐爱录》，台湾学生书局 1983 年版，第 45 页。

启之"①。

王阳明在这里显然是伪托孔子的声音为自己的良知之教辩护。明代论学讲道时"语录体"流行，文本对话简捷直白，其背后的意思是，人人皆可以不依赖于经典的指引直达内心深处的悟证之途，也是一种"由文返质"的途径。下面这段话可以看出王阳明更注重经典文本中透露出的圣人形神，而不是纯粹的"知识"传承。他面对弟子"后世著述之多，恐亦有乱正学"的疑问，回答说："人心天理浑然，圣贤笔之书，如写真传神，不过示人以形状大略，使之因此而讨求其真耳。其精神意气，言笑动止，固有所不能传也。后世著述，是又将圣人所画摹仿誊写，而妄自分析加增以逞其技，其失真愈远矣。"②

著述示人以形状大略，才是"质朴"纯真的表现，稍有冗繁，即犯了"文敝"之病。在王阳明的眼中，训诂之学、记诵之学与辞章之学均是奢谈渊博，雕饰华丽的学问，很容易造成"世之学者，如入百戏之场，欢谑跳踉，骋奋斗巧，献笑争妍者，四面而竞出，前瞻后盼，应接不遑而耳目眩瞀，精神恍惑，日夜遨游淹息其间，如病狂丧心之人，莫自知其家业之所归"。王阳明讥之为

① 陈荣捷：《王阳明传习录详注集评》卷上《徐爱录》，台湾学生书局1983年版，第45页。
② 陈荣捷：《王阳明传习录详注集评》卷上《陆澄录》，台湾学生书局1983年版，第59页。

"无用之虚文,莫自知其所谓"①。也就是说越是具有繁复的知识结构的学问就离"质"的境界越远。简化"知识"使之变得直接易行是王阳明的核心思想,他说:"但圣人教人,只怕人不简易,他说的皆是简易之规。以今人好博之心观之,却似圣人教人差了。"②

三、"文质"辨析与明清易代

对"文质"关系辨析最激烈的时期往往发生在易代之际。比如周秦交替的时期,文人总结秦代迅速灭亡的一个重要原因,就往往归结为"文敝",故才有汉初的"返质"之论。明清易代之际同样是一个非常重要的鼎革转换年代,在这期间,充满了各种激愤的声音,不少言论的目的似乎是再现了衰世源于"文敝"的古旧议题,如有以下之论:"天下文敝极矣,唯敦本尚实可以救之。夫子所以有从先之志也。"又如:"文敝而作伪生,诈伪生而争夺起,自古及今,无不然也。"③类似的议论弥漫在清初学界。

至于对"文敝"含义的认识,清初学者确有自己独特的解读方式。直接针对的是明末士人的狂狷之气横行

① 陈荣捷:《王阳明传习录详注集评》卷中《答顾东桥书》,台湾学生书局1983年版,第197—198页。
② 陈荣捷:《王阳明传习录详注集评》卷下《黄省曾录》,台湾学生书局1983年版,第322页。
③(清)张履祥著,陈祖武点校:《杨园先生全集》卷39《备忘一》,中华书局2002年版,第1067页。

所造成的礼崩乐坏的局面，"文敝""不学"与丧失"礼"的威仪举动有关。张履祥（杨园）曾有一段话是这样概括的："其愤时嫉俗一种偏激之论，不得不距而绝之也。……若此之人适以明其不学而已。"① 在杨园的这段议论中，"文敝"的表现表面是蔑视礼教，其实更核心的问题是"荡夷简率"的言行，根源却在"不学"。由于废弃礼仪导致言行的粗鄙不文。针对的都是明末文坛的颓风，也涉及对"文质"关系的相逆理解。其实，在明末士人看来，行事风格简约直接，思维直达心灵秘境而规避知识的烦琐，恰是质朴的表现。杨园的思路分明是要"以文救质"，这与周秦之际对"文敝"的理解大有不同，周秦之际由于对礼仪的强调过于烦琐，导致秦朝苛法抑人，因民变而迅速败亡。"文敝"乃是因礼仪过繁，导致社会秩序失衡。清初的情况则恰恰相反，因满人作为"蛮族"入侵而继承大统，导致山河异色的后果，使士林含有强烈的种族冲突的意识，在他们看来，明末学风中由于对"知识"积累和习学的忽视，尽管使每个人都有成为圣贤的可能性，却因为缺乏礼仪的约束而显得粗鄙质陋，正好让"夷狄"钻了空子，甚至成为变相的"夷狄"之道。张杨园就明确说："良知之教，使人直情而径行，其敝至于废灭礼教，播弃先典，《记》所谓

---

① （清）张履祥著，陈祖武点校：《杨园先生全集》卷41《备忘三》，中华书局2002年版，第1135页。

'戎狄之道'也。"① 姚江之学近于"戎狄之道"的原因即在于其"不学"之症。因为"不学，则即有美处，终是直情径行，言乎'文之礼乐'，即节节为病"②，只有通过"学"才能培植良好的"心术"。因为"学术坏而心术因之，心术坏而世道因之，古今不易之理也"，故"欲正人心，先正学术"③。

那么何谓"学术"呢？就是要使自己的内心感悟契合于经典的解释，而不可随意恣肆驰骋，且看下面这段对何谓"学术"的解释：

> 读圣贤之书，而不能有得于中，深信不疑，甚或所见有同有异，是吾心之义理不能与圣贤同也。非为物蔽，必为气拘。可惧滋甚，能不汲汲焉以求其合乎？若任己之偏见而轻著为论说，以肆其欺罔，则诐淫邪遁之病，终不得免而为小人之无忌惮矣。哀哉！④

甚至那些染有明末风气的清初学人也遭到了批评：

① （清）张履祥著，陈祖武点校：《杨园先生全集》卷41《备忘三》，中华书局2002年版，第1135页。
② （清）张履祥著，陈祖武点校：《杨园先生全集》卷40《备忘二》，中华书局2002年版，第1107页。
③ （清）张履祥著，陈祖武点校：《杨园先生全集》卷27《愿学记二》，中华书局2002年版，第759页。
④ （清）张履祥著，陈祖武点校：《杨园先生全集》卷28《愿学记三》，中华书局2002年版，第772页。

"不信古先贤而信此心，蔽陷离穷，何所不有？"①

　　对经典的态度在清初士林中也起了很大的变化，如果说明末士人对"经典"做的是"减法"，那么清初士人对经典则做的是"加法"。鼎革期士人认为正是因为对经典的疏忽才导致了"夷狄"得势的后果，反过来重视经义则有驱除"夷狄"之功效，甚至是一条自古形成的定律，如张履祥所言："经义晦蚀，其效为夷狄之祸，自古以然。杨、墨充塞仁义，而秦以西戎荼毒天下，楚汉之际死者无算，晋室清谈，以老乱易，而五胡云扰，中原沦没，王安石立新义，黜《春秋》，而靖康之祸作。"②

　　杨园显然是在暗示经义研读的废弛间接引来了满人的入侵，满人属于"质而不文"的另类，故需要汉人文化中的"文"的一面加以规训，同时他又认为，正是因为明末空疏厌学的风气败坏了汉人的淳朴气质，因此，在面对江南地区的士林时，他的心理实际上处于相当矛盾不安的状态。如下面一段对南方士林学问风格的看法就透露出了这种紧张的情绪："南方之学，终是文胜其质，亦风气使然，虽有贤者，亦不能免。先之以笃行，乃无流失之患。"③语气里面带有一些惋惜，

　　①（清）张履祥著，陈祖武点校：《杨园先生全集》卷28《愿学记三》，中华书局2002年版，第772页。
　　②（清）张履祥著，陈祖武点校：《杨园先生全集》卷27《愿学记二》，中华书局2002年版，第747页。
　　③（清）张履祥著，陈祖武点校：《杨园先生全集》卷27《愿学记二》，中华书局2002年版，第747页。

也有些许无奈。

江南士林"文胜质"的风气如果放在明清交替的学风中评价，自然被认为是过于浮薄，但如果要摆在南—北夷夏格局中衡量，特别是从种族文化保存延续之角度考虑，当然应该肯定其"文胜于质"的传承风格。"文质"区别的分寸感甚至涉及一种交友状态的调整，故云："人能忠信为质，而亲贤取友以文之，则庶几矣。此'绘事后素'之义。"[①]《论语》中孔子所云"绘事后素"的意思是以画工为喻，说的是在白底上施彩作画。"文"犹如绘画的文彩，是画在"礼"的白底之上的。可见遵守基本的行为礼仪应该属于"质"的规范之一面，是人类行为最基本的底色。周围亲友的作用不过是给这种"质朴"施以一种外表的炫饰，使其变得更加精致而已。可见，"质""文"从原意上并无好坏之分，而是要看在具体历史情境中如何表现。再看一段对王阳明的评价："姚江之言，质厚者闻之，犹可以薄，薄者闻之，则不难无父无君矣。为其长敖也，饰诈也，充此无所不至。"[②]所谓"质厚者"当指对礼仪举止有度的那些拥有道德克制力的人而言。批评的是姚江之学因为尚"文"过度而削弱了人性素朴的一面。

在明清鼎革之际，"文质"的区分还表现为对治学

---

① （清）张履祥著，陈祖武点校：《杨园先生全集》卷39《备忘一》，中华书局2002年版，第1076页。

② （清）张履祥著，陈祖武点校：《杨园先生全集》卷41《备忘三》，中华书局2002年版，第1157页。

风格评价方式的转变，特别是以"文—质"区分士人身份彰显出清代学术风气的特征。如魏禧就以"文—质"的框架划分"文人"与"学者"，说："文人之文文胜其质，学者之文质胜其文，然得其一皆足以自名。"在这个评价系统中，"文人"（文）与"学者"（质）是相互对立的。魏禧在给吴门学者张无择文集作叙时说："张子无择，吴门之学者也，博极群书，好考据，所著书数百卷，他杂文亦百数十，而皆以质胜。玉必璞而珪璋出，木必朴而钟虞成。"下面他又描述了张无择的行事风格云："夫张子之人，亦以质胜者也。张子性忠信，好儒先之书，弃诸生三十年，无日不学问。处乎城市，若不知有人，必无所慕乎名，名亦不至。"其结论是："张子之书具在，读其书，盖亦以知吾言之质也。"① 这段话明显把治考据学者的地位和价值给提高了，那些明末以来的士人则有可能被纳入"文而不质"之列。

这种看法恐怕在清初的士林言论中相当普遍，我们可以再看一段李二曲的议论，他在《立品说别荔城张生》中讲了一段话："昔人谓大丈夫一号为文人，便无足观。若以诗文而博名谋利，仆仆于公府，尤不足观矣。……余尝概习俗文盛质寡，沈溺于章句，葛藤于口耳，芒昧一生，而究无当乎实际，以故深以为惩，生平未尝从事

---

① （清）魏禧著，胡守仁等校点：《魏叔子文集》《外篇》卷8《张无择文集叙》，中华书局2003年版，第403页。

语言文字，亦绝不以语言文字待人……"因请"立品"之实，曰："无他，惟在不以文人竟其生平。凡文人之所营逐，时藉以为鉴戒，他人如是，而己独不如是，品斯立矣。品立而后学可得而言也。"[①]李二曲也因厌恶"文人"，故特别以尚"质"的姿态警示后人，与魏叔子的观点不谋而合，甚至提升到了"立品"的高度加以认识。对"文人"的理解似乎在清初遗民中较为一致，但对"学"的理解差异却很大。比如从"文质论"的角度说，对"质"的理解就有差异，魏叔子把"质"理解为朴学考据；因此"学"亦与之相关，而在李二曲的眼里，"质"往往和善于践履的风格有关，而"学"也是指日用伦常的践行。这个"质"恰恰是与"朴学"的质朴相对立的一种解读。

尽管"文质"的讨论起源于民间自发的言论，可是到了清代中叶，学者对"文质"关系的看法往往与清帝"大一统"的意识形态建构过程有密切的关联，很少能在独立的学术氛围里单纯进行探讨。以章学诚的言论为例，章学诚也赞成清代应是"由文返质"的年代，说："事屡变而复初，文饰穷而反质，天下自然之理也。"[②]不过在对"三代"以来"文质"变化，特别是对孔子作用的评价上却有一套自己独特的看法。他认为，"三代"的文

① （清）李颙撰：《二曲集》，中华书局1996年版，第233页。
② （清）章学诚著，仓修良编注：《文史通义·内篇一·诗教下》，浙江古籍出版社2005年版，第38页。

献全部聚于"官守"之门，这是一种典型的"文质合一"状态，可是后来文献流失，官失其守，许多文人各逞私意，思想就不那么单纯统一了。这就是所谓"周衰文敝之效"①。

正因为战国时代"著述"不能不衍为文辞，而文辞不能不生其好尚。后人无前人之不得已，而惟以好尚逐于文辞焉，然犹自命为著述，是以战国为文章之盛，而衰端亦已兆于战国也。②

章学诚的核心思路是，"三代"文质合一，周公是个枢纽人物，使典章礼仪文献聚合为一体。孔子被认为是三代衰落之后，治教已分局面下的救世人物，是存周公之典章、衍治化之迹的无奈之举，所谓"失官守"而"存师教"是也。"存师教"是一种"私家之言"，和官守意义上的典章政教是有区别的，"私家之言"不能作为"治世"的依据，所以孔子的地位比周公要低很多，原因就是，周公是"文质合一"状态的守护者，孔子只能以"文饰"的姿态出场。另外两人折射出的是"官守之言"与"私家之言"的对立，背后透出的逻辑是，私家之言泛滥乃是"文敝"的表现，只有恢复"官守"的局面，才能

---

① 原文为："九流之学，承官曲于六典，虽或原于《书》《易》《春秋》，其质多本于《礼教》，为其体之有所该也。及其出而用世，必兼纵横，所以文其质也。古之文质合于一，至战国而各具其质，当其用也，必兼纵横之辞以文之，周衰文敝之效也。故曰，战国者，纵横之世也"。［（清）章学诚著，仓修良编注：《文史通义·内篇一·诗教上》，浙江古籍出版社2005年版，第46页。］

② （清）章学诚著，仓修良编注：《文史通义·内篇一·诗教上》，浙江古籍出版社2005年版，第47—48页。

返归"文质合一"的境况。章学诚以下这段文字把这层意思表达得十分清楚：

> 后世竹帛之功胜于口耳，而古人声音之传胜于文字，则古今时异而理势亦殊也。自古圣王以礼乐治天下，三代文质出于一也。世之盛也，典章存于官守，礼之质也；情志和于声诗，乐之文也。迨其衰也，典章散而诸子以术鸣，故专门治术，皆为官礼之变也，情志荡而处士以横议，故百家驰说，皆为声诗之变也。①

章学诚强调摒除"私家之言"而重归"三代"一统的"文质观"，大致与乾隆皇帝"大一统"意识形态思维中对文化的要求是相当契合的，反映出的是清朝"文质论"与政治意识形态之间开始达成了默契的协调关系，也使得明末以来由"私家之言"构成的活跃的言论场最终宣告消失殆尽。②

四、结论

"文质"概念在中国古代常识范围内已经关涉到了

---

① （清）章学诚著，仓修良编注：《文史通义·内篇一·诗教下》，浙江古籍出版社2005年版，第59页。
② 参见杨念群：《章学诚的经世观与清初"大一统"意识形态的建构》，《社会学研究》2008年第4期。

许多不同层面的历史现象，被赋予了复杂的内涵。在较为一般的意义上，谈"文质"可能是在说一种"文体"的变化轨迹，或者是谈一种做人的风格与行为举止的方式，甚至可以讲是一种微妙难喻的生活细节。人们用"文质"概念作为工具来描述这些现象所呈现出的对立、差异乃至互补的状态。如以现代社会科学的角度加以观察，"文质"所表现出来的种种描摹状态可能相当模糊泛化，往往在解读时不易掌握其精髓，而这恰恰可能是中国古代许多概念在表达自身意思时所彰显的特征。关于"文质"在不同时代的表现形式，已有相当成熟的研究作为范例。① 本文在以往研究的基础上拟从"历史观的构造"这个角度进一步深化对"文质"概念的解读。

本文认为，要想较为深入地理解中国古代的历史演进及其观念，似乎应从历史本身形成的一些核心概念入手选择进行分析，而不宜过多依赖近代以来形成的西方支配下的概念框架和论证手段。当然，这样的选择也是有条件的，并非随意为之。而是挑选那些真正在历史构造上有巨大影响力的概念，结合当时的使用语境加以辨析才能奏效。我以为，"文质"概念就具备这样的认知

---

① 关于明清之际有关"文质论"的议论，参见赵园：《制度·言论·心态：明清士大夫研究续编》第七章《文质》，北京大学出版社 2006 年版。关于汉代有关"文质"讨论的情况，请参见阎步克：《士大夫政治演生史稿》第八章《独尊儒术下的汉政变迁》第 1、2 节《文敝的救治："反质"》和《文质彬彬》，北京大学出版社 1998 年版。关于魏晋时期"文质"讨论的状态，参见阎步克：《魏晋南北朝的质文论》，载《乐师与史官：传统政治文化与政治论集》，生活·读书·新知三联书店 2001 年版。

资格，当然，历史上堪可与之比肩的概念仍有不少，还有待于我们去进一步地认识和发掘。

本文业已指出，不是从日常生活形态，而是从"历史观的构造"角度理解"文质"之辩，可以展现出一些新的分析视野。从历史观的构造而言，对"文质"关系的理解可谓贯穿于中国古代历史观演变的始终。不同时期都有对"文质"关系的丰富议论。

早在先秦时期，"文质"的议论就与"三代"黄金期的构造密不可分。"文质"的交替演进成为如何描述那个时代特征的重要表述手段。孔子在《论语》中表示要捍卫周代的声誉时，就用崇"文"的方式加以描述。周秦易代之际，士人亦以"文敝"概括历史现状。杨联陞先生曾指出过一个很有意思的现象，即"朝代间的比赛"，中国古代王朝新的君主登基，总是把自己的功绩与前代做比较，一些文人士子也会随声应和，提出若干本朝超越前代的要素作为论证依据。其中有一条经常使用的标准就是本朝与"三代"黄金期比较到底优越在哪里。他们使用的最重要概念之一就是"文质"，当然还有"五德""三统"等概念。在运用这些概念时，"三代"似乎是个决定性的标尺，故西方人总误解说，中国人是一种单纯的好古复古，是完全意义上的"退化论者"，或者是简单的"朝代循环论者"，缺少西方的进步观念。

其实，历代对黄金期的向往只是树立一个实现的目标而已，在具体的"朝代间比赛"的论述框架里，对历史的认识程度要远为复杂。如余英时先生指出，宋代文人曾形容汉唐宋为"后三代"，可是却认为宋代文化远超汉唐，自成一系。这就很难用单纯的"退化论"加以解释。如果放在"文质论"的叙述框架里就比较容易得到说明。因为"文质观"讲究的是一损一益，汉初承秦朝"文敝"的遗绪，自然要讲"质朴"，崇尚返回自然，故黄老之学大兴。唐代士林风气中又出现了过度文饰的痕迹，故一些士人开始主张"以质救文"，但在宋人看来，唐朝人仍不过是由"文"趋"质"的过渡期，只有到了宋代才达到"文质合一"的均衡状态。

不同朝代对"文质"的表述曾经深刻影响到了当时对历史变化与知识积累之关系的认识，进而可以由此估测一代学风骤变的根源。如明代王阳明对"知识"的态度就可在"文质"的框架里予以分析。王阳明把多读书理解为知识过剩的表现，即所谓"文敝"现象的再现，故提倡简明直白，直逼人类心灵深处的悟证方法，认为这才是"质"的表达。明清易代之际的学者对"文质"的解释则恰好相反，认为王阳明学简捷问学的方式，恰是导致"文敝"衰相的祸根，而学者对知识积累的尊重才是质朴无华的表征，甚至指责其过度尊崇良知自觉而导致士人"不学"的草率形同"蛮夷"的习气，应该为满人入关的历史悲剧负责。"文质"关系的讨论又一次出现逆转。

　　清朝学人借助"文质"概念理解上古历史的方式比较特别，却与清初帝王构造"大一统"意识形态的过程难脱干系，而绝非是一种单纯的由"尊德性"转向"道问学"的内在理路的自然发生过程。这里的关键之处在于，清人把孔子废弃为一个传承周公旨意的文献裁剪者，其"私家之言"的有效性也遭到了质疑。与此同时，"三代"重新被描绘成"文质合一"的黄金时代，但"文质合一"的代价即是周公式的"官守之学"的全面复兴，"文质说"在这里变成了维护"大一统"意识形态的工具，借助一位学者的说法，这也是无法回避的一个真实的"思想史事件"。①

①参见陈少明：《什么是思想史事件？》，载《经典世界中的人、事、物》，上海三联书店2008年版，第45—58页。

儒家的修身与为人

方尔加

中国政法大学人文学院教授。

著有《王阳明心学研究》《荀子新论》《将帅型企业家松下幸之助》等具有深刻社会影响的专著八本，学术论文80余篇。2002年开始在北京大学、清华大学、中国人民大学等高校及众多大中型企业、政府各部委开设中国文化讲座。2005年在中央电视台《百家讲坛》开设国学讲座八讲。

何谓"儒"？后世一般说"儒"就是读书人。什么时候把"儒"和读书人相等同？这缘于中国封建社会中期以后科举制的形成。官方规定，做官得考试，而考题和答案标准均出自儒家经典。于是读书人纷纷诵读儒家经典。久而久之，"儒"成了读书人的代称。

但是，如果往前追溯到孔子时代，"儒"能不能说是读书人呢？孔子时代的"儒"是什么？其实在孔子所处的春秋时代，"儒"还不能简单地说是读书人，而是一种从事礼仪方面的职业。如果再往前追溯，还可以追溯到原始社会，当时"儒"指的是巫师。

从孔子所处的时代起，"儒"成为了一种职业，从事礼仪方面的工作。老百姓平常有各种各样的礼仪需求，婚丧嫁娶、祭拜祖先、祭拜神明，有各种各样的礼仪，礼的背后隐藏着很多信息，包括人的情感、人的价值、人的人格以及人的尊严，这些我们通俗地称之为"人的面子"。每次有"礼"的时候，什么人该请，什么人不该请，什么情况你应该参加，什么情况你不应该参加，都有讲究。另外，什么场合穿什么样的衣服，手里拿什么东西，到达后坐在什么位置，做什么动作，什么该说，什么不该说，都有讲究，千万不能出现差错，出现差错就会伤害人的面子，伤害人的情感、价值、尊严，会导致人与人之间不和谐，家庭内部不和谐，家族之间不和谐，整个社会不和谐，也许还会引起大规模的冲突。那么为了避免这种情况的发生，"儒"就出现了。

"儒"对礼掌握得非常熟悉，比如，举办一个活动，你要跟"儒"沟通，他会告诉你应该怎么办，有什么样的程序。然后举行礼那天，很多"儒"来到现场，他们帮助人们遵守礼，使其行为举止中规中矩，他们保证让人们有面子，让人们有尊严，这样人们心情舒畅，人与人之间和谐，家族之间和谐，整个社会都和谐。

"儒"特别注重人的尊严，特别注重人们的精神、面貌、价值、人格、尊严。儒这个特点非常重要。我们平常在日常工作中有很多问题涉及情感、价值和尊严，作为企业管理人员、领导干部，也要扮演"儒"的角色，管理的时候要注意员工的情感、价值、人格、尊严，维护员工的面子很重要。

一、关于儒家

关于"儒家"，这要从"儒"说起。儒和儒也有区别，孔子将"儒"划分为"君子儒"和"小人儒"。《论语》里有这么一段话，孔子对其弟子子夏说，"女为君子儒，无为小人儒"。希望你当君子儒，不要做小人儒。君子儒和小人儒不同，君子儒注重的是礼仪的内在情感，而小人儒注重的是礼仪的外在形式。君子儒比较真诚，小人儒比较虚荣。君子儒代表人民利益，敢于和黑暗说话，敢于为人民利益跟统治者抗争。所以很多君子儒前赴后继，不屈不挠，跟黑暗统治者斗争。而小人儒是溜须拍马，帮助统治者压迫老百姓。君子儒凑在一起形成特定的文化圈，在这个文化圈里大家相互交流与切磋，相互支持，于是我们把君子儒形成的文化圈叫儒家，而小人儒把儒家的礼仪加以绝对化，加以僵化，变成了统治人民、压迫老百姓的工具，变成了封建礼教。

所以，很多人说儒家是封建礼教，这是错误的说法，儒家不是封建礼教，封建礼教是小人儒做的。真正的儒家反对封建礼教，对此要加以区分。例如，有人说封建礼教讲"君要臣死，臣不得不死；父要子亡，子不得不亡"。而儒家反对这种说法，儒家思想家荀子说"从道不从君，从义不从父"，服从真理不服从君子，服从正义；不盲目服从父亲，只有符合正义才服从，这是人的基本守则。与之相反，封建礼教则是"从君不从道，从父不从义"。

另外，封建礼教要求父母去世时要大办丧事，而儒家则反对大办丧事。荀子说"量食而食之"，根据胃口的大小决定吃多少。"量要而带之"，根据腰围大小决定腰带长短。同样，办丧事也是如此，根据自己的财力和家庭情况来决定丧事规模。而封建礼教是搞形式主义，大家互相攀比，没钱也要办，甚至不惜毁坏身体。荀子说这是奸人之道，并不符合儒家的礼，并不是孝子所为，这属于封建礼教，而儒家不是封建礼教。

二、儒家的律己与为人

儒家特别注重修身，注重道德修养。

儒家经典《大学》曰：

> 自天子以至于庶人，壹是皆以修身为本。其本乱而末治者否矣……其所厚者薄，而其所薄者厚，未之有也……此谓知本，此谓知之至也。

从最高领导开始，一直到普通老百姓，都是以修身为本，修身是最根本的。修身这个根本问题没解决，末节反倒能调理好，这是不可能的，"末"就是你的工作，修身没做好，却想把工作做好，这是不可能的。想把工作做好，要先修身。修身是"厚"，应该摆在主要地位，工作是"薄"，要摆在次要地位，该摆在次要地位的却摆在主要地位，该摆在主要地位的却摆在次要地位，这是主次颠倒。知道了修身是根本，懂得了这一点，治国安邦的水平也会达到最高。

有人说，治国安邦由制度决定，同样，企业管理中制度也很重要。我们国家有各种法律，有《宪法》《刑法》《民法》《商业法》，这些法律和制度重不重要？当然重要，依法行政，有法可依，违法严惩不贷，制度特别重要。但是制度由人来操作，而人的道德水平会直接影响到制度的实际操作。道德水平高，制度操作就好，道德水平低，制度的操作就会大受影响。光有制度没有道德也不行，没有道德，制度就会为某些人谋求私利创造便利，使制度名存实亡。

武则天时期，曾制定一项规定，公款接待只许吃素，不许吃荤。据说，她当时派了宰相娄师德下基层考察执行状况。上官巡视，下官自然得好酒好菜招待着。于是，地方官先上了羊肉，娄师德不解，不是说不准吃羊肉吗？哪来的羊？下官说，这不是我杀的羊，这是被狼咬死的羊，不吃掉，也浪费，我们这是节俭。正说着，又上了一道菜，是一盆炖鱼，问哪来的鱼，回答说，今年闹狼灾，这鱼也是狼咬死的。然后娄师德继续视察工作，一路巡查都是鸡鸭鱼肉地伺候，娄师德明白了，跟武则天汇报说制度根本执行不下去，因为到处有豺狼咬死鸡鸭无数，所以制度有问题，名存实亡。

这个例子说明，没有道德修养，只讲制度也不行。制度的实行要靠道德素养来支撑。所以，《大学》里讲"以修身为本"，说明修身特别重要。

如何修身？儒家提出两个方面："明德"与"立身"。

（一）明德

"明德"就是领悟，领悟美德。美德不仅仅是简单地知道，更要深刻地领悟。领悟哪些美德？儒家历史上提出了许多美德，人们也一直对美德进行整理，概括了几千年。实际上，美德是分层次的，三个最高层次的美德：第一是"仁"，第二是"义"，第三是"诚"。其他美德都在这三个美德的基础上一层一层向下发展、延伸。

1.仁

"仁"是第一重要的美德。仁是什么意思？就两个字"爱人"。孔子的学生向孔子请教，"仁"是什么意思？孔子回答是"爱人"。"爱"是有不同的含义的，有高层次的爱，有低层次的爱。不同层次的爱，它的文化含金量是不一样的，也就是说有含金量高的爱，有含金量低的爱。比如，经常有父母抱怨自己的子女是"白眼狼"，爹妈辛苦把子女养大，为他们操劳，付出那么多，而子女不知道报恩。确实，现在儿女有时候受各种影响，对父母的态度出现了问题。但是，也不能完全抱怨儿女，父母也应该反省你对儿女的爱，文化含金量怎么样？很多父母爱儿女就是给吃、给喝、给钱花，给你最好的、给你买名牌，让你享受。但是，这种爱缺少文化含金量，比如，你对儿女的精神生活给予了多少指导，有没有关心儿女的人格、儿女的自尊。有的父母干涉儿女的恋爱，还有的父母干预儿女交友，还有父母偷看儿女的信件。

同样，我们做子女的爱父母也是一样，孝敬父母也有一个层次问题。《论语》里说，"子游问孝"，孝是怎么回事？孔子回答："今之孝者，是谓能养，至于犬马，皆能有养，不敬，何以别乎？"

这句话的意思是说，给父母吃、给父母喝，给父母物质享受，你们家养狗养马也就是这样，也是给吃、给喝，那养父母和养狗马有什么区别？没有什么区别了。所以奉养父母关键得尊敬他，其关键是精神上的奉养，如果不在精神上尊重他，那跟养狗养马有什么区别？我们要满足父母的精神需求。

"仁"就是最高层次的"爱"，是文化含金量最高的。"仁"的背后包含了三个文化内涵。

第一，仁是一种人格之爱。老子在《道德经》第49章里讲道："善者吾善之，不善者吾亦善之。"你对我好，我对你好，你对我不好，我也对你好，这是我的人格在我脑子里扎根。如果你对我好，我对你好，你对我不好，我也对你不好，那就没扎根。"仁"所说的"爱"就是人格，孟子曰：

> 所以谓人皆有不忍人之心者，今人乍见孺子将入于井，皆有怵惕恻隐之心。非所以内交于孺子之父母也，非所以要誉于乡党朋友也，非恶其声而然也。

没有为什么，就是这样，这是我的本性，我就这样，不能问为什么，这就是我的人格。

第二，仁爱是打破家族界限、民族界限、帮派集团界限，爱所有的人。在今天我们也不能都做到，世界各地宗教战争、家族战争、民族战争频发，然而几千年前儒家就已经知晓这个道理。《论语》曰："四海之内皆兄弟也。"不光我的亲生兄弟是我的兄弟，天下民众都是我的兄弟，四海之内皆兄弟，天下一体。另外，孟子说："老吾老以及人之老，幼吾幼以及人之幼。"我不能只尊重我的爷爷奶奶，我的父母，别人的爷爷奶奶我也得尊重，也不能只爱我们家的孩子，别人的孩子也得爱。所以，这就是打破家族界限，打破狭隘的思想，爱人如己。因此，儒家文化不是狭隘的家族意识。

第三，"人为贵"。天地之大，人最重要，东西是次要的，你不能为了赚钱伤害人，要以人为本，这是中国的人本主义。以人为贵的思想，比西方产生得早得多。儒家经典《礼记》中有一篇文章叫《礼运》，有一段话讲到人，人是什么？人是天地之德、阴阳之交、鬼神之会、五行之秀气。为什么说"天地之大人为贵"？人最重要，人是天地当中最有生命力的、层次最高的。天地之间有大矛盾、小矛盾，根本性的矛盾和非根本性的矛盾，天地之间最大的矛盾就是阴阳，阴阳这对矛盾在人身上可以和谐统一；鬼神是指奇迹，在人身上汇集了各种奇迹，所以人能够创造出任何奇迹；五行之秀气也，人是金木水火土的精华。由此看来，人最高，人为贵，所以儒家历来最注重人。在《论语》里有一段记载，马棚失火了，孔子首先问伤着人没有。不问马，人最重要。要知道，当时一匹好马能换上百的银币，价值是很高的。

《孟子》曾引用孔子说的话："始作俑者其无后乎？"

古代有一种野蛮的风俗，用活人殉葬。墨家的书里记载，当时天子死了，王室贵族死了，用数十人殉葬，后来随着文明的进步，用活人殉葬的情况逐渐减少，后来用假人代替。孟子认为即使是用假人也是不可以的。这就是儒家的观点——"人为贵"。

2. 义

关于"义"的概念，历史上不同的思想家有不同的解读，同一位思想家在不同的场合也有不同的解读。

（1）"义"是规定之外的利他选择

日本企业家松下幸之助曾说过："不可能把所有的事都用制度规定下来。"因为企业经营管理过程中遇到的事情太多了，不可能所有事情都有相应的规定。

（2）"义"是恰当合适的行为方式

"义"的第二个含义是"恰当、合适"。唐代文学家韩愈说过一句话"行而宜之之谓义"，宜是指恰当、合适的行为方式。人的行为方式是否恰当合适，需要根据你的身份、角色、职业、境遇来判断，如果你的表达方式与之不相符，就是不义。符合就是义。

比如，我和我的父亲彼此互爱，但是由于我们的身份角色不一样，爱的方式是不同的。父亲对我的爱叫慈爱，我对父亲的爱叫孝敬。父亲过问我的生活和工作，要求我向他汇报工作、生活情况，父亲对我教育、叮嘱，即便他说的不对，我也不能粗暴对待，孝顺和慈爱是不一样的。所以，每个人都要把握好自己的身份角色。总而言之，义是"宜",行而宜之,宜就是用恰当合适的行为方式来表达。

（3）"义"是尊贤

"义"是突破血缘界限的,尊贤为义。武王克商之后开始分封诸侯,但在送别这些即将去往封地的大臣时,武王却说"虽有周亲,不如仁人。"意思是"我虽然有至亲,不如有仁德之士",这充分表达了对贤德之人的尊敬,宋代大儒张栻认为这是"以尊贤之义为重也"。

3. 诚

（1）"诚"的根源

《中庸》曰:

> 诚者,天之道也;诚之者,人之道也。
>
> 诚者,物之终始,不诚无物。

天是至高无上的,谁也不能违反天,天让我"诚"的。追求诚是人之道,人的法则和天的法则要一致。"务"是你所做的工作,比如你当医生、你当警察或做其他任何工作,始终都得诚,不能说开始诚后来不诚了,绝不能半途而废。不诚实又怎么样呢? 不诚实你可能眼前能得到点好处,但是最终你什么都得不到,不诚你将一事无成。所以君子以诚为贵。所以谁让你诚的? 天让我诚。

（2）"诚"的含义

关于诚实的含义,"诚者,实也。实有之,固有之。"

这段话包括两部分内容,第一,"诚者,实也。"是指为人要实在，要表里如一，不能人前一套，人后一套。怎样做到为人实在？儒家强调"慎独"，是指严格要求自己，严格把握自己。"独"是只有自己一人独处的时候，也以君子的标准来要求自己。"君子必慎其独也。"

第二，"实有之，固有之。"是指要如实地对待一切，实事求是。

（3）诚实的层次

儒家讲的诚实，是指高层次的诚实，《大学》里讲的道德修养的步骤：格物、致知、诚意、正心、修身。其中"诚意"就是诚实，如果把诚实放在第一位那就是低水平、低层次的诚实，他没把诚实放在第一位，而是放在第三位。这说明诚实是建立在格物致知的基础之上的，是经过格物致知打造出来的诚实。

什么是"格物"？"格"是深入的意思，深入到要害。"物"是指认知对象，包括日月星辰、风雨雷鸣、山河大地、草木昆虫、野山百鸟等，深入到这些认知对象的要害，你才能达到高层次的诚实。"致知"，"致"是穷尽、充分发挥。"知"是你的认知，指把你的认知能力充分挖掘出来。

建立在格物致知的基础上，这里的"诚实"是高层次的诚实，只有达到高层次的诚实，人才能够做到自我控制。什么是自我控制？就是"正心"。"正心"是指控制自己的感情。如果不能控制感情，就会干扰人们对事物的观察、判断，从而干扰人们对事物的应对。《大学》里专门讲了要控制喜怒哀乐，如果控制不好就会走偏。

"修身"是指要战胜自己的片面性。《大学》曰:"人莫知其苗之硕,其子之恶。"人们感觉不到自己的庄稼长得好,也看不到自己的子女有错误、有缺点。这是人们的两个片面性,都认为自己吃亏,认为自己没有缺点,所以需要"修身"。

（4）诚实的结果

诚实的人可能暂时会吃亏,甚至一段时间内会有相当大的损失,但是,《中庸》告诉我们:"唯天下至诚为能化。"至诚就是高水平的诚实、高层次的诚实,只有达到高水平、高层次的诚实,才能把你的生命力全部激发出来,把你的能量和潜力全都发挥出来。所以我们看到很多很聪明的人、很有能力的人,因为不诚实、虚伪,结果干不成事业,能量发挥不出来。

如果你能把能量激发出来,你就会带动周围的人,把周围人的能量都激发出来,把周围一切物质要素的能量都激发出来,改变周围的物质环境,积极主动地推动天地万物的发展变化,顺应规律。这样,你和天地之间就是一种和谐的关系,而不是相互对抗的。

（二）立身

1. 自我修炼，完成融合

立身就是打造自我,自我修炼。使你所懂得的这些美德能够渗透你的全部身心,使这些美德融合到你的血脉之中,融合到你的思维方式和知识结构中,融合到你的习性与信念之中，融合到你的荣辱美感之中，我们把这种融合过程叫做内化。内化成你的秉性，这些美德在你身上就会转化成一种自觉性，你会自觉地去遵守，去奉行，这就是自我修炼。

融合过程发生在哪里？就在你的实践过程中，包括工作与生活。日本企业家松下幸之助先生说过一句话："公司即道场。"公司就是你修炼的地方，修炼就是融合。

2. 自我把控，抵御诱惑

打造自我要求做到自我把控，就是自觉抵御外来的威胁，抵御外来的诱惑，把握住自己，坚守道德底线。融合是把美德融合到我的情感、心理、思维方式、知识结构中。孟子讲，"吾善养吾浩然之气"，我们所讲的情感、心理、思维方式、知识结构、习性、信念、荣辱观、美感其实就是"气"，"养气"就是一种融合，就是培育一种良好的主观精神。

关于做到自我把控，抵御外来诱惑，抵御外来威胁，孟子说"堂高数仞，榱题数尺"，这是指豪宅，高大的房子，孟子说，我不追求这些，我坚持自己的信念，坚持前人留下的美德，坚持我的原则，绝不被那些东西所诱惑。孟子说"富贵不能淫，贫贱不能移，威武不能屈，此之谓大丈夫"。富贵不能走邪道，贫贱不能动摇操守，面对威吓而不屈服，此乃大丈夫。这就是自我把控。

3. 自我反省，战胜自我

《道德经》第 33 章："知人者智，自知者明。胜人者有力，自胜者强。"你能了解别人的情况，了解别人的优缺点，你就有智慧，但是真正的聪明是了解自己，能自知，这就不容易了。

所以《论语》经常讲要反省自己，"吾日三省吾身"。我每天从 3 个方面反省自己，不一定是 3 个方面，也许是 30 个方面，或 300 个方面，总之要自我反省。孔子还说："见贤思齐焉，见不贤而内自省也。"见到比我强的我得反省自己差距在哪里，怎样向他看齐；见到不如我的，我还得反省，他的缺点我是不是也有，从中吸取教训。

《中庸》也强调反省，"射有似乎君子，失诸正鹄，反求诸其身"。

射箭和当君子的道理相似，没射中靶心，不能怪箭，要怪你自己的技术不好，要自我反省，从自己身上找原因。《孟子》说，"行有不得，反求诸己"，工作没做好，事情没做好，不要怪别人，先找自己的原因。

"有人于此，其待我以横逆"，有人在我面前态度蛮横无理，先别指责别人，先反省自己，这件事为什么会发生在我身上？他怎么不对别人这样？经过反省，我没有不仁，我没有无理，他对我的态度还是蛮横无理，那我该怎么办？我继续反省，经过反省，我没有不忠，他对我态度还是蛮横无理，那我只能说这是蛮不讲理了。在得出这个结论之前，一定要先检查自己，先反省自己。

4. 自我升华

自我升华需要讲一个概念——"素位"。我们每个人在每个时期，在每一个境遇中，都有适合自己的岗位。无论你在哪个岗位，都要踏踏实实地、认认真真地把工作做好。"素"就是踏踏实实尽心尽力干好你的工作，不要去追求那些你干不了的。

儒家在《中庸》里讲："君子素其位而行，不愿乎其外。"在你的岗位上踏踏实实地尽力，别老追求你不该追求的，所以王阳明说："君子思不出其位。"君子考虑任何问题不要脱离你该站的位置，做你该做的，想你该想的，无论在哪个岗位都能自我实现，我得到高的岗位不会看不起低的，得到低的岗位也不会羡慕高的。不跟别人攀比，一攀比就容易发牢骚，"君子居易以俟命"，所以儒家强调"素位"，要求人们做到，无论做什么都要意识到，你的岗位是最好的，不要认为自己比别人低贱，无论干什么，都能干出伟大的事业来，伟大就在平凡之中。

朱熹说："事事有一天理，物物有一天理。"就是说每个事物都是伟大的，一草一木是伟大的，一滴水也是伟大的，每一件事都是伟大的，让你进入到一种境界，无论做什么都是伟大的，只要做有益于人类的事情，都是为社会做贡献。

所以，每个人在每个岗位上都要看到你的工作是伟大的，这样来打造自我，自我修炼、自我把握、自我反省、自我升华。

（三）为人

儒家如何为人？儒家有一个最重要的为人法则是"中

庸之道"。什么叫中庸？所谓"庸"，是平凡的，日常的，普通的意思。我们可以把"庸"概括为在我们的日常生活实践中的使用。"中庸"就是把"中"贯彻到我们日常生活工作当中，落实到我们的日常生活工作中。那么"中"是什么意思？"中"是要害、核心，是指恰当的、合适的。那么恰当、合适的标准是什么？能不能找到一个大家共同认可的标准？《中庸》曰：

> 中也者，天下之大本也；和也者，天下之达道也。致中和，天地位焉，万物育焉。

"和谐"是天下最大的道，通行最广泛的道。把"中和"落实到天地万物中，贯彻到天地万物中，就能达到"天地位焉，万物育焉"。这就是前面所指的"恰当合适的标准"。所谓"天地位焉"，就是大家都过好自己的日子，该出生自然出生，该成长自然成长，该衰落自然衰落，该死亡自然死亡。"自然"就是遵循规律，该出生按照规律出生，该成长按照规律成长，该衰落按照规律衰落，该死亡按照规律死亡。"天地位焉"是指大家都找到合适的位置、合适的轨道、合适的角度、合适的角色。儒家认为每个人、每个位置都有自己合适的轨道、合适的角度、合适的角色，你适合在天上飞，我适合在水里游，他适合在路上走；同样在天上飞，你在高空，我在低空；同样在水里游，你在深水，我在浅水；同样在陆地上，你在草原，我在沙漠；同样在山上，你在山顶，我在半山腰；同样在一棵树上，你在树顶，我在树枝，他在树叶；你在树林里，我在树林外；同样走轨道，你走椭圆，我走正圆，他走抛物线；你走阳关道，我走独木桥。大家共同认可的这个恰当合适的标准是什么呢？就是共存。这就是"中"的精髓，这就是"中庸"真实的含义。

所以《中庸》说：

万物并育而不相害，道并行而不相悖。

大家都找到合适的位置，共同生存，谁也不妨碍谁；大家都找到合适的轨道，大家都各自行走，谁跟谁也不相撞，用不着你死我活。

总而言之，"中庸"是双赢。举例来说，中国存在不少宗教，可是中国没有宗教极端主义，没有原教旨主义，没有圣战的传统。中华民族传统是容纳多神，我们都拜过什么神？

日月星辰之神、风雨雷风之神、山河大地之神、草木昆虫之神、野兽百鸟之神、鱼虾之神，各种各样的都是我们拜过的。

血缘之神，各家祠堂拜祖先。民族之神，家族之神。

智慧之神，光明之神、发财神、福星灾星都是神。

行业之神。鲁班是木匠神、马祖是航海神，还有医药之神、老师之神。

地域神。各城市都有自己的城隍庙，各地都有土地爷，有河之神、海洋之神、海岛之神，各个地盘都有神。

至上神，也叫高位神。玉皇大帝，老天爷。

人们给每位神找到合适的位置、合适的轨道、合适的角度、合适的角色。《西游记》中玉帝在东方、菩萨在西方，都有自己的位置。孙悟空刚要消灭妖魔，马上有人出来阻止，不许消灭它，要让它归位。它为什么变成妖魔了？因为它越位了。所以大家注意，归位就是神，越位就是妖魔。

所以，"中庸"就是双赢共存，这也是我们为人的原则。另外，还有三点需要强调：

第一，双赢是有层次的，我们要高层次的双赢而非低层次的双赢。

第二，我们要的是长远的双赢，是整体的双赢，是根本的双赢。为了长远、为了整体、为了根本，在某些时机某些人得吃点亏，做点牺牲。

第三，竞争还是存在的。我们不否定竞争，有竞争就有输赢，所以要正确理解输赢，要正确应对输赢。有时候好像你输了，其实是你赢了；有时候好像你赢了，其实是你输了。如果你能正确应对，输了还会赢；如果不能正确应对，赢了还会输。"中庸"之道的精髓就是双赢、共同进步。

結廬次江干江田多樹
林秋未讀苣鹽瘠飲無
廬日恒石先生大教升題憶
日來
正蘭陵後學蕭晨

眠
晉安鄭任鑰

《楊柳暮歸圖》（局部）清·蕭晨

山居何所祝手額是豐年誰濃清明雨郗
成楊柳烟荷翠歸隴上驅犢立橋過好待
春膏足間遊負郭田
武興陳鶴齡

作为儒家文化典范的中国书院

朱汉民

湖南大学岳麓学者杰出教授，岳麓书院
国学院院长，教授、博士生导师，湖南大学
学术委员会副主任。兼任国际儒学联合会
副理事长、中华孔子学会副会长、湖南省
政府文史研究馆馆员等。

主持国家社科基金重大、重点项目等十多
项，出版学术著作二十多种。

悠久的中华文明为人类世界贡献了许多杰出的成果，中国传统教育是其中最重要的成果之一；而在诸多的中国传统教育成果中，书院是其中最杰出的优秀典范。中国书院不仅鲜明体现了人类文明追求、传承知识与道德的普遍性价值，尤其集中了中华民族数千年的人文理想、历史经验、教育实践，代表了世界教育体系中的一种独特模式。

书院成型于两宋时代，它不仅是中国传统教育思想精华的集中体现，也是中国传统教育制度精华的集中体现。陈寅恪先生说："华夏民族之文化，历数千载之演进，造极于赵宋之世。"[1] 两宋文化之所以能够实现华夏文化的登峰造极，是其成功地吸收和发展上千年历史文化的结果；而作为宋代文明成果的书院之所以是中华文明的典范，也恰恰是其继承弘扬数千载华夏文化的结果。

一、宋代书院传统的溯源

中国书院成型于两宋时代，但它并不是偶然产生的。

---

[1] 陈寅恪：《金明馆丛稿二编》，《邓广铭〈宋史职官志考证〉序》，上海古籍出版社1980年版，第245页。

无论是书院精神，还是书院制度，均是悠久的中华文明长期发展的结果，我们完全能够在两宋之前找到更为久远的文化之源。譬如，关于书院制度的来源问题，学界一直存在多种看法：有人将书院渊源追溯到魏晋隋唐的佛教禅林，另有人追溯到汉代的精舍或太学，还有人追溯到春秋战国时期的诸子讲学或稷下学宫。其实上述这些说法均不无一些道理，但任何一种说法又均有一些片面。仅仅对中国书院作某种单一特质、简单比附的溯源，不能够充分说明书院的文明典范意义。对中国书院文化溯源，应该有一个"华夏文明之演进"的整体思考，这样就既可以找到书院精神的中华文化传统之源，也可以找到书院制度的中华文化传统之源。

首先溯源书院精神的中华文化之源。中国书院虽然成型于两宋时代，但是却集中了上千年儒家士大夫的文化理想，集中了中华民族千年历史中的政教理想、教育实践。自两宋士大夫按照自己的理想塑造出书院之后，书院竟然能够一直保留着旺盛的生命力，在中国文化史、教育史、学术史的发展中发挥重要作用达一千多年，并成为中华文明的杰出典范。这些原来并不起眼的唐宋民间书院，为什么可以承载这么悠久而厚重的精神理念、文明意义？

中华文明具有早熟的人文精神传统，中华先贤早在殷周之际就已经摆脱对神灵的崇拜而开始具有清醒的人文理性。当其他民族和文明仍然在精神上完全依赖神灵时，中华民族发现了人文理念的强大力量。西周先贤在历史剧变、朝代更替的大变革中，思考人和天的关系，形成了中华文化的人文精神传统。周人发现不能够完全依赖神，而是要有人文自觉，以德配天，这就是中华文化史上最早的"人"的觉醒，表达出中华民族执着的人文精神追求。此后，中华先哲开始依靠人文理性来思考和解决个体精神成长、家国秩序建立、天地宇宙和谐的重大问题。中华先哲认定理想世界的建立，离不开"人文化成"的教育。孔子、子思、孟子等人就是在西周人文精神的基础上，创造出了追求师道精神、建构中华政教形态的儒家学派。

历史上很多中外学者，往往把中华文明、东亚文明称为"儒教文明"，类似于基督教文明、伊斯兰教文明、佛教文明等以宗教为精神支柱的文明形态。从中华文明的精神支柱是儒学而言，这一说法是有道理的，但是，必须指出，"儒教文明"的"教"不是宗教，而是"教育"。无论是从儒教文明的历史衍化来考察，还是从儒教文明的实存形态来分析，均会发现所谓"周孔之教"的"儒教"，其实主要是一种人文教育。儒家文化从中华文明中生长出来，同时又成为中华文明的精神支柱，恰恰在于其独特的以教育为中心的思想体系和文化形态。儒家学派确立的价值体系、文化形态为什么会以教育为核心内容？"儒"直接起源于从事教育职官的"司徒""师儒"。《周礼》记载了履行教育职能的"司徒""师儒"之职，如《周礼·天官·大宰》中有"师儒"的官职规定，包括"以贤得民""以道得民"教化。郑玄也注释"师儒"为"有德行以教民者""有六艺以教民者"①。所以，班固《汉书·艺文志》解释儒家的来源时说："儒家者流，盖出于司徒之官，助人君顺阴阳明教化者也。游文于《六经》之中，留意于仁义之际，祖述尧舜，宪章文武，宗师仲尼，以重其言，于道为最高。"②孔子作为创立儒家学派之师，他所信奉最高的"道"，其实就是儒家原本作为"师儒"身份而信奉的"师道"。

所以，儒家创建者孔子不是能够预言未来的"先知"，他不是宗教领袖，而是实践"师道"的普通人师。《论语》记载了孔子的夫子自述，他只是一个"十有五而志于学"的好学之士，是一个一辈子"学而不厌，诲人不倦"的师者。而且，早期儒家的思想追求就是所谓"师道"，孔子说："天下有道，丘不与易也。"孔子主要是以"师"的身份传承道、实现道，并将教育目标看作是"道"的实现过程，即《中庸》所说的"修道之为教"。在人文理性居主导地位的儒家经典体系中，《周易》的"神道设教"，最终必须落实于"人文化成"的师道。要而言之，中华文明主体的儒家之教的使命，就是希望通过教育而建立一个合乎"道"的理想世界。这一"师道"精神的最终目标就是要建立一个和谐美好的社会秩序，最终实现和谐家国与大同天下。可见，儒教的"教"，其实就是指儒者以"师"的身份达到化成天下目标的教育活动。

---

① 李学勤主编：《十三经注疏·周礼注疏》卷2《大宰》，北京大学出版社1999年版，第40页。

② （汉）班固撰：《汉书》卷30《艺文志第十》，中华书局1962年版，第1728页。

"儒教"也有自己的经典，即《六经》与《四书》。但是，儒家这些经典都不是上帝的训谕，而不过是实施人文教育的书本。《六经》原本是三代先王之政典，由朝廷保留下来作为王室贵族子弟学习先王治理经验之用，而司徒之官要助人君顺阴阳、明教化，也离不开以这些政典为范本的教育活动。所以，春秋时期官学废弛以后政教分离，孔子创立儒家学派的目的是在民间复兴西周礼乐之教，故而整理《诗》《书》《礼》《乐》《易》《春秋》，作为儒家士人教育的人文教本。这些教本承载了儒家人文之"道"的理想，故而被他们尊为"经"。另外，儒家的《四书》即《论语》《大学》《中庸》《孟子》，更加鲜明体现出儒家人文教育的特点。在春秋战国时期，儒家诸子均是作为传授学业的老师而被尊称为"子"，其弟子将老师的讲学记录下来加以整理，就成为《论语》《曾子》《子思子》《孟子》等儒家子学著作。宋儒将这些典籍合集而重新注释，将其命名为《四书》，《四书》成为宋儒教育人、培养人的核心经典。宋儒认为《四书》是承载儒家"道统"的经典，其实它们本来不过是宋儒实践成人之教的教本。

还应该指出的是，儒家并没有把教育仅仅看成是维护现存政治秩序的手段，而是进一步从人的内在潜能挖掘、自我人格的完善来探讨教育的本质和作用。孔子强调教育首先应该是自我教育，他将教育看作是受教育者的"为己之学"；孟子认为教育首先需要启发自我潜能，他将学习理解为一种"自得之学"。所以，在儒家的教育理念中，均包含着发展个体人格、弘扬主体精神、实现自我价值的人文精神。孔子的教育理想是"成人之教"，他的所谓"成人"就是全面发展的人，即包含着个人在智、仁、勇以及文化素养、综合素质均得到全面发展。在孔子的思想体系中，所谓"成人"其实也就是理想人格的"君子""圣贤"。总之，儒家教育理念的核心思想包含教育对个体全面发展的促进。

儒家是春秋战国时期诸子百家的一派，至西汉实行"罢黜百家""表彰六经"的政策之后，儒家成为中华文明的主体思想，儒家在国家政治、文明体系中的地位大大提升。但是，后代许多儒家士大夫发现，他们的师道理想并没有真正实现，因为两汉经学关注的是"王制"，加之在朝廷的主导下经学已经被改造成一种霸王杂之的政治儒学，而宋儒追求更加纯粹、更加重要的"王道"。对儒家士人而言，经学与经典教育衍化为一种章句之学、利禄之途，完全背离了早期儒家的"初心"。到了唐宋变革之际，当儒家的主体精神得到张扬时，宋代儒家士大夫意识到"王道"的实现必须首先以早期儒家"师道"的实现为前提条件，他们开始呼唤孔孟的师道精神，希望恢复早期儒家的政教理想。后来人们赞誉的书院精神，其实就是他们希望复兴的孔孟儒学的师道精神。

如果说追溯书院精神源头，应该追溯早期儒家"志于道"的师道精神的话，那么要追溯宋代书院的制度源头，则应该探讨一千多年中国古代教育制度的演进和发展。作为文化教育机构的宋代书院，并不是偶然形成的，而是继承和发扬了中国悠久的教育传统，包括先秦私学争鸣、汉儒精舍太学、魏晋竹林清谈、隋唐寺院禅修，等等。作为一个教育组织机构，特别是作为一种士人、士大夫自由讲学、研究经典、学术辩论、修身养性的独特文化教育组织，宋代书院其实是千余年来教育形式不断发展、积累的结果。历史上曾经有过的成功讲学形式，在宋代书院这里似乎都可以找到。先秦以来，中国学术史、教育史曾经经历过几次重大的历史变革。人们经常讲到的先秦诸子、两汉经学、魏晋玄学、隋唐佛学的学术史变革，往往既包括学术思想、教学内容的演变和发展，也包括教育制度、教学形式的演变和发展，而后者恰恰是书院制度的渊源。

先秦诸子的思想内容是儒、墨、道、法、名、阴阳等不同学派的思想，而先秦诸子之所以能够开展学术创新、人才培养的活动，其实主要是民间私学的讲学形式。先秦诸子不仅在私学展开相互讨论、相互辩论，后来还形成了百家争鸣的稷下学宫。宋代书院之所以成为不同学派的基地，显然是继承了先秦诸子自由讲学的私学组织形式。两汉经学代表一种新的学术形态和教育形态。两汉确立了儒家经学独尊的地位，两汉经学的研究和传播机构不仅是指太学、州学，还包括士大夫自创的"精舍"，汉代的经学大家主要在太学、精舍里研究经学、培养弟子。实际上，宋代书院继承了两汉经学的学术传统与教育传统。宋儒同样推崇、研究、传播儒家经典，宋代书院成为宋儒研究、传播儒家经典的重要基地，继承了汉代太学、精舍的传统。特别值得注意的是，宋代很多学术大家如朱熹、陆九渊等，他们将自己最早创办的书院，也直接叫作"精舍"，如朱熹的武夷精舍、陆九渊的象山精舍等，这些精舍后来才改名为"书院"。魏晋时期玄学大盛。魏晋名士们喜欢聚在山林清谈本末、有无、名教、自然等形而上的玄理，魏晋盛行的"玄谈"其实是士大夫的学术辩论会或研讨会。魏晋名士对形而上之理的关注，深刻影响了宋代士大夫，与此同时，魏晋名士汇聚山林谈玄析理的生活态度与论辩形式，也影响了创办书院的理学家。理学家们在书院也辩论理气、道器、有无，追求一种超越精神的圣贤气象，应该是对魏晋清谈的继承和发展。隋唐佛学大盛，佛学的精致理论、精神境界对宋儒构成挑战，也激发了宋儒的学术创造激情，隋唐佛学也因此成为新儒学的重要思想来源。与此相关，隋唐佛教喜欢在名山大川修建寺院的研经、禅修活动，也影响了宋代的书院。最早的书院大多均是建立在名山之中，儒家士大夫在讲习儒家经典之外，还特别注重心性修养。有些书院还形成了所谓"半天读书、半天打坐"的传统，实际上是吸收了佛教寺庙的禅修方法。

由此可见，宋代书院的教育组织形式能够形成，并不是偶然的。没有前面长期教育实践的一千多年的积累，就不可能有宋代书院的形成。宋代书院其实是将以前教育实践的传统都吸收、集中到这一种新的教育组织形式中来，从而形成了代表儒家士大夫理想的书院。可见，书院之所以能够成为重要的、延续千年的教育、学术机构，是集历史之大成的结果。但是，宋代书院形成后，能够得到那么大的发展，还有一个重要的历史机遇，即唐宋之际的重大变革中文化复兴的要求。也就是说，宋代书院之所以能够蓬勃发展，还和其承担的那一个时代的重要文化使命有关。

二、书院精神的典范意义

唐宋变革之际，儒家士大夫崛起并进一步强化自己作为文化主体的自觉意识，他们不仅主导和推动唐宋之际的思想文化变革，同时还希望在山水之间搭建一个以"书"为中心的院落，以承载自己的师道精神和人文理想。他们将自己建立起来并苦心经营的新型文化教育机构叫做"书院"。

在创办书院的热潮中，宋代士大夫群体总是特别强调，他们之所以要在官办的太学州学县学之外另办书院，是因为书院在教育理念、办学宗旨上的特殊性。后来学术界、教育界人士纷纷肯定存在一种"书院精神"。究竟什么是"书院精神"，学者们往往有着不同视角的表述。其实，所谓"书院精神"，恰恰是代表宋代士大夫人文理想的师道精神。从中唐到宋初，在士大夫群体中有一个十分强烈的呼唤，就是在批判汉唐士大夫沉溺章句辞章之学的陋习，强烈呼唤复兴早期儒家士人的师道精神。

我们知道，"儒"本来就源于以教育为使命的"师儒"，孔子号召儒士应该"志于道"，其实就是强调士师与道结合的"师道"精神。孟子特别强调儒家士人的师长身份和师道尊严，他说："君子之事君也，务引其君以当道，志于仁而已。"孟子肯定儒者承担的是"尧舜之道"，故而赋予了"师"具有"道"的崇高使命与精神权威。唐宋之际儒家士大夫积极倡导复兴早期儒家"师道"，并希望以师道精神重登历史舞台。

所以，对宋代士大夫而言，重建儒学是从师道复兴开始的。欧阳修在《胡先生墓表》一文中说："师道废久矣，自景祐、明道以来，学者有师，惟先生（胡瑗）暨泰山孙明复、石守道三人。"① 欧阳修肯定了胡瑗、孙明复、石守道对推动师道复兴的重要贡献，他们三人开始中止"师道废久"的历史而重新开始使"学者有师"，同时还肯定他们对宋学学统的创建之功。可以发现，宋儒往往勉励自己应该能够"以师道自居"，他们对于"师道"的责任意识内涵丰富：一方面，宋儒主张"以师道自居"而拓展出对帝王的教育，发展了宋代极有特色的经筵讲学；另一方面，宋儒"以师道自居"而拓展对民间社会的教化，故而大量创办书院。在宋代士大夫的积极入世活动中贯穿一个重要思想，就是一种师道精神的为政与为学，而特别体现在他们的书院教育。关于宋儒的师道

---

① （宋）欧阳修：《欧阳文忠公集》卷25《胡先生墓表》，《四部丛刊》影元刊本。

复兴与书院教育的密切联系，明清之际王船山曾经有评论，他说："咸平四年，诏赐《九经》于聚徒讲诵之所，与州县学校等，此书院之始也。嗣是而孙明复、胡安定起，师道立，学者兴，以成乎周、程、张、朱之盛。"[1] 他认为，宋学由初起走向大盛，与师道主导下的书院教育密不可分。北宋初年，书院兴起，特别是孙明复、胡安定等宋初诸儒的推动，使得师道立而学者兴，推动了宋学之兴，最终形成了宋学的"周、程、张、朱之盛"。

宋代书院的师道精神体现在许多方面，而最为集中体现在宋儒对书院宗旨的确立。有一个重要的文化现象，从宋代以来，创办和主持书院的儒家士大夫，总是将"道"的承担作为创办书院的基本宗旨和教育目标。《宋元学案》记载了一段重要的对话：

> 文靖（杨时）曰：学而不闻道，犹不学也。
> （程）若庸亦曰：创书院而不讲明此道，与无书
> 院等尔。[2]

这一段话之所以重要，在于程若庸非常鲜明地将书院的创办与师道的使命紧密联系在一起。从宋初开始，儒家士大夫就倡导复兴以"师道"为思想旨趣的孔孟之

---

[1]（清）王夫之著，舒士彦点校：《宋论》卷3《真宗一》，中华书局1964年版，第53页。
[2]（清）黄宗羲原著，全祖望修补：《宋元学案》卷83《双峰学案》，中华书局1986年版，第2820页。

道，后来还发展出以标榜"道学""道统"为主流的新儒学思潮。尽管他们倡导师道精神包括了州府之学与民间书院两个系统，但是他们很快发现，他们主导的书院才是表达自己师道精神的最佳场所。南宋理学家黄震说："古之所谓治者，导迪天理民彝，使各归于理而已。自后世以簿书期会为治，典教之责，独归于学校之官。至三舍法行，学校又一变为程文利禄之地，虽职教者，亦言不暇及理。所谓天理民彝，如一发引千钧之寄，独赖诸儒之书院耳。"① 官学往往与朝廷政治联系太紧密，当官学垄断了典教之责而成为"程文利禄之地"后，承担师道之责的教育只能够寄希望于"诸儒之书院"。

所以，一切具有复兴儒学、重建儒学思想的士大夫创办书院，总是会将创办书院的宗旨确立为"道"，弘扬宋代士大夫特别张扬的师道精神。从北宋的"宋初三先生"，到南宋乾淳"四君子"，他们都是通过创办书院而复兴师道，解决官办学校所不能够解决的师道精神问题。这正如理学家袁燮所说："古者学校既设，复有泽宫。今长沙之岳麓、衡阳之石鼓、武夷之精舍、星渚之白鹿，群居丽泽，服膺古训，皆足以佐学校之不及。"②

所以，两宋时期那些有师道精神追求的士大夫，也是最有学术创新成就的宋学学者。如石介有非常明确"道

---

① 黄震：《送陈山长赴紫阳书院序》，《黄氏日钞》卷90，文渊阁《四库全书》，台湾商务印书馆1986年版。

② 袁燮：《东湖书院记》，《絜斋集》卷10，文渊阁《四库全书》，台湾商务印书馆1986年版。

学"目标的追求，他有着鲜明的传承和复兴儒家之道的道统意识，并且将此道统意识与书院建设结合起来。他在应邀而作的《泰山书院记》中，就将道统承传与书院使命统一起来，他说："夫尧、舜、禹、汤、文王、武王、周、孔之道，万世常行不可易之道也。……吾学圣人之道，有攻我圣人之道者，吾不可不反攻彼也。"①石介以书院教育承担儒家之道的传承，就是宋儒的师道精神。另外他还长期主持徂徕书院讲学，被学者称为"徂徕先生"。特别是南宋著名的朱熹闽学、张栻湖湘学、陆氏象山学等主要理学学派，均在创办书院过程中明确以复兴先秦儒家之道为宗旨，其实就是将书院建设与师道精神结合起来。如南宋乾道淳熙年间，朱熹在福建武夷山创办了寒泉精舍、武夷精舍、竹林精舍，因学徒增多而扩建并改名为沧州精舍。朱熹之所以积极创办书院，是与其传道精神紧密联系在一起的。淳熙年间韩元吉撰《武夷精舍记》说："然秦汉以来，道之不明久矣，吾夫子所谓志于道亦何事哉！夫子，圣人也。……元晦既有以识之，试以告夫来学者，相与酬酢于精舍之下，俾咸自得。"②他表达了朱熹创办武夷精舍的宗旨，即希望解决秦汉以来师道不传的严重问题，以"自得"孔子之道。又如张栻在《潭州重修岳麓书院记》中，明确了修复岳麓书院的办学宗旨：

---

① （宋）石介著，陈植锷点校：《徂徕石先生文集》卷5《怪说下》，中华书局1984年版，第63页。

② 曾枣庄、刘琳主编：《全宋文》第216册《武夷精舍记》，上海辞书出版社、安徽教育出版社2006年版，第227页。

"岂将使子群居族谈，但为决科利禄计乎？抑岂使子习为言语文词之工而已乎？盖欲成就人才，以传斯道而济斯民也。"[1] 他强调岳麓书院的宗旨与目的是传道济民，这也是不同于科举利禄、训诂辞章的师道之学的复兴。陆九渊率弟子在江西创建了象山等诸多书院，其弟子袁甫在《象山书院记》中也明确指出："书院之建，为明道也。"[2]袁燮在其撰写的《东湖书院记》中，进一步明确其师道的学派特点，他说："虽然君子之学，岂徒屑屑于记诵之末者，固将求斯道焉。何谓道？曰：吾心是也。"[3] 袁燮是陆九渊的著名弟子，他不仅仅强调书院的教育宗旨是求道，同时进一步指出此道就是孔孟之道的"为己之学""自得之学"，他认为此学只能够源于"吾心"。

宋代士大夫之所以会普遍将书院宗旨确立为"明道"，其实也是为了明确书院教育的核心、灵魂其实就是"师道"精神。所以，所谓"书院精神"其实就是宋儒希望在书院落实的"师道"精神，它具体体现为不可分割的两个方面。

第一，书院的师道体现为儒家之道即儒家人文理想的实现。宋儒继承了早期儒家的核心价值理念，不仅涉及学校师生的授受关系，还紧密联系家国天下、万世太平的"天下之道"，其中王道理想实现的关键在"师"而不在"王"。

---

① （宋）张栻著，杨世文点校：《张栻集》第 3 册《潭州重修岳麓书院记》，中华书局 2015 年版，第 900 页。

② 袁甫：《象山书院记》，《蒙斋集》卷 13，文渊阁《四库全书》，台湾商务印书馆 1986 年版。

③ 袁燮：《东湖书院记》，《絜斋集》卷 10，文渊阁《四库全书》，台湾商务印书馆 1986 年版。

由此带来书院师道精神的一系列特点：士大夫创办书院的根本目标即在于"道"，他们坚信最终会落实于"治"；书院传授的最重要内容不是知识技能，而是人文化成的"成人"。所以，朱熹制定的《白鹿洞书院揭示》就以儒家之道的价值体系为基本内容。《揭示》首先以"父子有亲，君臣有义，夫妇有别，长幼有序，朋友有信"作为书院育人的"五教之目"；又以"博学之，审问之，慎思之，明辨之，笃行之"作为书院教学的"为学之序"；还以"言忠信，行笃敬""惩忿窒欲，迁善改过"作为学生人格教育的"修身之要"，以"己所不欲，勿施于人；行有不得，反求诸己"作为书院生徒的"接物之要"。[1] 可见，宋儒之所以会藐视官学的辞章训诂之学，是因为他们坚信自己追求的师道精神，才真正代表了儒家的人文理想，恢复了《周礼》关于"师儒"应该是"以贤得民""以道得民"的教育责任。宋儒期待的师道精神，就是努力通过书院教育，最终实现和谐家国与大同天下，建立合乎"道"的天下秩序。所以，书院精神包括两个方面：其一，在书院推崇以道修身的为己之学，完善自我人格，即所谓"格物、致知、诚意、正心、修身"；其二，以"道"治世，通过讲道、行道以完善社会秩序，最终实现"齐家、治国、平天下"的目标。

第二，书院精神还体现为一种知识理性的学术精神。儒家文化是一种人文理性的文化，儒家强调"道"的价值

---

[1] 郭齐、尹波点校：《朱熹集》卷74《白鹿洞书院揭示》，四川教育出版社1996年版，第3894页。

信仰、经世实践必须建立在"学"的知识理性基础之上。所以，在书院的教育宗旨、教学实践过程中，求道与求学应该是统一和相通的。所以，书院求道的价值关怀体现出对人格理想和社会理想的追求，绝不能够排斥知识教育。宋代书院一直重视《四书》的教育，而《论语》开篇即强调"学而时习之"，《大学》开篇即强调"格物致知"，《中庸》也特别强调"博学之""道问学"，这都是书院教育具有强烈学术精神的经典依据与思想源头。宋儒包恢在《盱山书院记》中说得极为透明："夫以书院名是，所主在读书也……然予谓圣贤之书所以明道，书即道，道即书，非道外有书，书外有道，而为二物也。患在人以虚文读书，而不以实理体道，遂致书自书，道自道，人自人，而三者判然支离矣……况读书非为应举也，若其所读者徒以为取科第之媒，钓利禄之饵，则岂为贞志者哉。"[1]宋代书院的知识追求十分迫切、学术精神十分强烈，但是书院教育也不是为知识而知识，学术创新总是以探求儒家之道的价值关怀为目的的。所以书院成为宋代以后新儒家学者探讨知识学问的地方。以阐释人的意义、社会的和谐、天下的治理为核心的经史之学成为古代书院的主要学习内容。宋代新儒学和书院的结合不仅使宋代学术获得发展的依托，而且也使书院获得了新的发展空间。宋代以后，中国古代学术经历了诸多的转型和发展，不同学术思潮、

---

[1] 包恢：《盱山书院记》，《敝帚稿略》卷3，文渊阁《四库全书》，台湾商务印书馆1986年版。

不同学派形成都与书院息息相关。书院的学术创新精神借助于师道精神而不断开拓和发展，师道精神凝聚成为书院学术创新的推动力，推动书院学术思想的不断更新。

三、书院制度的典范意义

中国古代书院的典范意义不仅体现在书院精神，还体现为教育制度。如果说书院精神是春秋战国时期早期儒家师道精神复兴的话，宋代书院制度却是两千多年政教历史、教育实践积累的结果。在宋代士大夫的努力下，书院最终形成了一套具有中国文化传统特色的教育体制、管理制度和教学方法。而且，由于书院精神和书院制度的紧密结合，使得中国书院成为最具特色、最有地位的学术教育机构，对中国教育史、中国学术史、中国文化史的发展作出了极其重要的贡献。

中国古代教育体系有两大类型：官学教育体系与民间教育体系。这两大教育体系各有不同的特点。汉代以来的太学、州府县学是官学系统代表，具有教学设施齐全、管理制度完备、教学经费充足等特点，而春秋战国的士人讲学、汉代精舍的研经讲经、魏晋名士的学术清谈等则主要是民间教育形式，这些民间教育具有学术自由、思想活跃、师生融洽等一系列特点。宋代书院的组织形式，既保留和吸收了春秋战国以来的各种民间教育形式，包括先秦私学、汉代精舍、魏晋山林清谈、隋唐寺庙禅修等；同时也吸收了西周、两汉以来的各种官学系统教育形式，包括建立和完善了一整套与文化教育功能密切联系的基本规制、制定了完善的教学管理制度，提供稳定的教育经费来源，等等。总之，宋代书院产生以后，兼容了上述官学教育体系与民间教育体系两者之长，成为一种十分成熟、完善的教育组织制度。可以将宋代书院看作是中国古代民间教育高度发展的结果，故而也具有中国传统教育制度的典范意义。

首先，我们来分析，宋代书院在继承、发扬中国古代民间教育方面的制度优长，彰显其教育制度方面的典范意义。

书院创办之初，就不属于官方教育体系。它没有纳入到官学体系之中，主要依靠一种崇儒重教的师道精神和民间力量。马端临在论述宋初书院创办时说："是时未有州县之学，先有乡党之学。盖州县之学，有司奉诏旨所建也，故或作或辍，不免具文。乡党之学，贤士大夫留意斯文者所建也，故前规后随，皆务兴起。后来所至，书院尤多，而其田土之赐，教养之规，往往过于州县学，盖皆欲仿四书院云。"[1] 可见，正是"贤士大夫留意斯文"的师道精神和民间力量，使书院得以创办和不断发展，在"教养之规"的制度建设方面已经超过官学系统。随着书院的历史演变，其教育体制优势获得不断发展，南宋时期最终成为学术界、教育界最重要的文化教育组织。

作为"贤士大夫留意斯文"而兴办的文化教育机

---

① （宋）马端临撰：《文献通考》卷46《学校考七》，中华书局2011年版，第1340页。

构——书院主体的山长与生徒身份，均体现出中国传统私学的制度特色。山长是书院主持教育、行政的核心人物，决定该书院的学术地位与教学水平。书院作为一种官学系统之外的教育组织，它不依靠朝廷的正式诏令而建立，其主事人并没有纳入朝廷的官学教职之中，故而在聘任山长方面有着独立自主权，更加强调独立的道德标准与学术标准。宋代书院中不少是由民间声望很高的大儒名师自己建院，能够吸引大批生徒来学，故而成为事实上掌教的山长。也有许多士大夫、地方乡贤创办书院后，即选聘"经明行修，堪为多士模范者"充任山长。无论是哪一种情况，都能够强化书院有名师主导、自主办学的制度特点。另一方面，书院生徒没有官学系统的诸多限制，生徒能够为求道而自由流动，他们往往能够择师而从、来去自由，故而更体现出一种求道精神和求学理念。清人黄以周谈到宋代书院时说："沿及南宋，讲学之风丰盛，奉一人为师，聚徒数百，其师既殁，诸弟子群居不散，讨论绪余，习闻白鹿、石鼓诸名，遂遵其学馆为书院。"① 他讲述了宋代书院山长与生徒以"求道"为目标而汇聚讲学的历史盛况，鲜明体现出宋代书院继承春秋战国、汉代精舍等民间力量推动教育学术进步的历史事实。

正是由于宋代书院是士大夫"留心斯文"的独立办学机构，故而在教学内容的选择、教学方法的运用等方面

① （清）黄以周：《儆季杂著七种》，《史学略四·论书院》，清光绪年间刊本。

都表现出独立性，也能够有效继承和发展先秦诸子的民间教育、魏晋名士的山林讲学。宋代书院的教学内容总是与山长的教育思想、学术研究密切相关，山长们总是将自己注解的儒家经典作为书院的主要教材，而不必理会科举考试规定的科目和规定教科书。譬如，王安石变法后规定太学、州学均以《三经新义》为必学和必考科目，但是在理学家创办的书院中，书院师生所研习的内容却是理学家注释的《四书》等经典。不仅教学内容完全不相同，书院的教学方法也与官学教育明显不同。为追求"明道"的书院理念，山长和主事者可以邀请不同学派前来讲学，形成了书院所独有的"会讲"或"讲会"制度。南宋岳麓书院的"朱张会讲"，白鹿洞书院的"朱陆会讲"，既有战国诸子百家争鸣之习，又有魏晋名士山林清谈玄理之风，体现出宋代书院所特有的促进宋学学术交流、学派论战的历史特点。淳熙二年（1175），朱熹在寒泉精舍接待了婺学的代表吕祖谦。二人在寒泉精舍切磋问难之后，还编撰了一部重要的理学著作《近思录》，其实是将书院学术交流保留下来，成为理学的标志性成果。

宋代书院的学术精神，也深刻影响到其教学活动和人才培养。书院强调一种师道精神，但并不是将"师"与"道"等同起来。在求道的过程中，没有一个人能够处于垄断地位，师长与生徒是"道"的共同追求者。所以，能够在书院登坛教学者，不是一种官府"具文"的职务规定，而只在乎其是否"得道"的精神人格与学术地位。宋代书院常常有一些山长，主动让贤给那些有道德文章而并不一定有科举出身的人士。如南宋淳祐十年（1250）欧阳守道被聘为岳麓书院山长，当他发现一位白衣秀才欧阳新很有学问，即请他登岳麓书院讲坛讲经。史载："新（即欧阳新）讲《礼记》'天降时雨，山川出云'一章，守道遽起曰：'长沙有仲齐（即欧阳新），吾为何至此？'"① 由于坚守一种师道精神，进士出身的欧阳守道竟然要主动让贤，可见书院山长是以道德文章为任职条件的。书院还形成了一种师生之间、生徒之间问难论辩的教学制度。在这些教学活动中，生徒可以平等参与学术讨论，不仅对学者的学术研究有极大的推动作用，而且生徒也能在参与中得到启发与影响，甚至有可能因此而走上学术研究与传播之路。宋代出现的大量语录体学术著作，代表着当时的学术前沿，其中大量语录记载均是书院的师生讲学内容。

总之，以道为志的宋代书院之所以能够表现出一种独立学术、自由讲学的追求，恰恰是中国传统私学制度发展的结果。从孔子创立的私学到诸子百家的争鸣、从汉儒的精舍到魏晋名士的山林讲学，均在宋代书院制度中有鲜明的体现。

其次，再探讨宋代书院在继承、发扬中国古代官学教育方面的制度性优长，进一步彰显其教育制度的典范意义。

从西周至汉唐以来，中国古代社会一直都有十分发

---

① （清）王汝惺等修：《浏阳县志》卷18《人物·欧阳新》，清同治十二年刻本。

达的官学教育系统，并且积累了丰富的兴办教育的经验和成果，这些经验和成果为宋代书院所吸收。

宋代书院在制度方面的最大成果与特色，就是建立和完善了一整套与文化教育功能密切联系的基本规制，这一套规制一般包括讲学、藏书、祭祀三个主要组成部分。书院规制继承了古代官学教育制度化的长处，同时又有教育制度创新的特点。"书院"本来是因民间读书人收藏图书而发展起来的以"书"为核心的文化教育组织，宋儒将这种民间藏书之所，进一步发展为集读书、教书、写书、印书为一体的学术、教育、文化中心。所以，书院围绕"书"发展出一系列新的制度成果。为了稳定、丰富书院的藏书，书院不仅建立了完善的图书管理制度，还发展出征集图书、购买图书、刻印图书的完善制度，这些丰富的藏书完全服务于教书育人、学术研究活动。又如宋代书院的祭祀制度，也在继承官学制度基础上又有新的发展。北宋书院仿官学建立了祭祀孔子的礼殿、孔庙等设施，而南宋书院在继承祭祀孔子的基础之上，又发展出了一套创建专门祠堂以祭祀本书院宗师的祭祀制度。这种新的祭祀制度形成的原因，就是为了进一步强化自己的学统意识。宋以后学术界建立起学术宗旨各异的地域性学派，使得南宋书院增设祭祀本书院推崇的宗师，以标榜、弘扬本书院的学统，并将这一标榜学统的追求与弘扬儒家道统联系起来。南宋的闽学、湖湘学、象山学、婺学等几大学派均在他们创建的书院祭祀本派宗师。

同时，宋代书院还克服了传统私学存在的无稳定经济来源的问题。官学系统的最大长处是教育经费的稳定供给，所以无论是教学房屋设施的建设、日常的经费维护，均有充分的保障。而传统私学不能够稳定连续办学，原因之一是没有充分的教育经费支持，甚至是没有专门的教育场地及设施。宋代书院吸取官学系统有稳定经费的优点，士大夫在创建书院的同时就充分考虑筹集学田而获得经济支撑。宋代书院建设过程中，一开始就将办学经费问题放在十分重要的地位。此外，还必须具有维护持续教学、购置图书、祭祀活动的专门经费来源，即所谓"学田"。所以，创办书院的首要工作就是要筹集、购置学田。其中需要一些特别热心教育的士大夫、乡绅来捐赠学田。而且，宋代书院中办学成功者，往往还能够得到朝廷赐学田的特别支持。所谓"天下四大书院"，均是因办学成功，得到朝廷赐田的特别待遇。有了朝廷的赐田，更进一步改善了该书院的办学条件，提高了该书院的办学声誉。可见，书院学田的设置，是书院办学的经济基础，也是书院制度的重要组成部分。

另外，宋代书院还积极吸收汉唐太学、州府学在教育管理方面的经验，建立相对完善的书院教育管理制度。宋代书院和以前的民间教育有很大的区别，表现出一种制度创新的追求。书院在教学管理方面形成了一套十分完备的制度，设置了与书院教学、管理相关的各种职事，包括山长、堂长、讲书、执事、管干、司录等。除了教学之外，还有藏书、祭祀、学田等不同事务的管理执事。这些不同职务的设定，既吸取了各级官学的长处，又是根据书院多功能特点的发展。同时，为了保证教学、治学等正常学习生活的需要，在教学管理方面更加完备，大多数书院均制订了作为生活与学习准则的学规、教条，这些学规、教条既能体现出明道的书院精神，又特别有益于书院的教学管理。朱熹为白鹿洞书院制定的《白鹿洞书院揭示》就提出："熹窃观古昔圣贤所以教人为学之意，莫非使之讲明义理以修其身，然后推以及人……圣贤所以教人之法具存于经，有志之士，固当熟读深思而问辨之，苟知其理之当然，而责其身以必然，则夫规矩禁防之具，岂待他人设之而后有所持循哉！"[1]这一学规强调了讲明义理是教学的首要任务，而义理是蕴含在儒家经典之中的，需要书院学者通过潜心学术研究才能体悟到。可见，这一学规充分体现了宋儒求道的书院精神，此后成为多数书院遵循的办学准则，只是不同书院根据实际情况补充一些大同小异的条目而已。

---

[1] 郭齐、尹波点校：《朱熹集》卷74《白鹿洞书院揭示》，四川教育出版社1996年版，第3894页。

此泉何以珍適與真茶遇在物兩稱

況於予獨得趣鮮香箸下雲甘滑

杯中露當能變俗骨嘗塵慮

晝靜清風生飄蕭入庭樹中含

古人意東者庭實缺

《即惠山泉煮茶》（局部）北宋·蔡襄

宋代文官制度再认识

邓小南

北京大学博雅讲席教授、人文社会科学研究院院长、中国史学会副会长。

著有《祖宗之法——北宋前期政治述略》《宋代文官选任制度诸层面》《朗润学史丛稿》《宋代历史探求》《课绩·资格·考察——唐宋文官考核制度侧谈》《长路》等，在国内外学术刊物发表研究论文百余篇。

所谓"认识"，其实是一个过程；而"再认识"是要在原有认识的基础之上有所推进，而不一定要颠覆原来的认识。

宋代处在中国帝制朝代的中间阶段，在这一时期里，宋代也不是一个真正统一的帝国，始终有北方民族建立的政权与之并存：契丹民族建立了辽，党项民族建立了夏，女真民族建立了金，蒙古民族建立了元，这些政权甚至对宋朝造成灭顶之灾。所以这一历史时期，实际上可以说是中国历史上又一个"南北朝"的时期。

通常说外交是内政的延伸。在这样的外部环境下，宋王朝内政的选择往往是在外交压力下进行的，"求稳"的特点较为突出。宋代是社会经济、制度建设、科技文化领先于世界的时期，同时也是周边被挤压、内政因循求稳的时期，是面临着严峻挑战的时期，战略格局与政策应对有诸多问题。

一、两极的评价

两宋年代简表（960–1279）	
北宋（960—1127）	南宋（1127—1279）
宋太祖（960—976）	宋高宗（1127--1162）
宋太宗（976—997）	宋孝宗（1163--1189）
宋真宗（998—1022）	宋光宗（1190—1194）
宋仁宗（1023—1063）	宋宁宗（1195—1224）
宋英宗（1064—1067）	朱理宗（1225—1264）
宋神宗（1068—1085）	宋度宗（1265—1274）
宋哲宗（1086—1100）	宋恭宗（1275—1276）
宋徽宗（1101—1125）	宋端宗（1276—1278）
宋钦宗（1126—1127）	赵昺（1278—1279）

　　上面是两宋年代简表。两宋从公元 960 年到 1279 年，持续了约 320 年。前期政权中心在北方，首都在开封，后人称之为"北宋"；徽、钦二帝时，北宋亡于女真政权，重新集结起来的朝廷人马一路南撤，以杭州作为行在（事实上的首都），即所谓"南宋"。两宋是北宋、南宋的合称。

　　对于两宋历史的评价，呈现出明显的两极。海内外学者的著述、普及性的读物以及《清平乐》等电视节目，观察的角度不同，对于宋代历史的评价也不同。有立足于批判、强调宋代的积贫积弱的，如《弱宋》①；也有立足于经济、文化成就的，如《我们为什么爱宋朝》②。不同的观察视角，开启了广阔的研究空间。这样一个充满矛盾的时期，有很多有意思的问题需要我们去追踪。

对于宋代官制也有两极评价。康有为认为宋代官制是中国古代历史中最"善"的，他说"宋之官制凡有五善，一曰中央集权，二曰分司详细，三曰以差易官，四曰供奉归总，五曰州郡地小。凡此五者，中国历朝所未有"③。然而，我们看到对宋代官制弊端的批评更多。如"我国封建社会发展到宋代，已经到了盛极而衰的转折时期，其政治制度的腐朽性日益暴露出来，而官僚体制的腐败是最突出的，机构臃肿，系统紊乱，员多阙少，素质低下的冗官现象为历朝之最"④。这篇文章虽然并非发表在顶级刊物上，但其观点是非常典型的。

"再认识"本身，是一个不断探索的过程。要对宋代文官制度进行再认识，需要将制度回归到原本的时代中去。观察时代特色，审视既有认识；辨析相关史实，推进学界思考。

① 陈胜利著：《弱宋》，清华大学出版社2016年版。
② 贾冬婷、杨璐编著：《我们为什么爱宋朝》，中信出版社2018年版。
③ 康有为著：《康南海官制议》卷4《宋官制最善》，台湾文海出版社1974年版，第59页。
④ 高立迎：《论宋代官制之弊》，《太原师专学报》1999年第1期，第40页。

宋代政治环境相对宽松①。沈括《续笔谈》记载"太祖皇帝尝问赵普曰：'天下何物最大？'普熟思未答间，再问如前，普对曰：'道理最大。'上屡称善"②。此番对话是否真实存在，已经无从考证，但宋人是相信的，并且时常引述"道理最大"的论说。还有，曹勋引用宋徽宗语，说："艺祖有约，藏于太庙，誓不诛大臣、言官，违者不祥。故七祖相袭，未尝辄易。"③宋代虽然因为贪赃之类的罪过诛杀过官员，三百年间也有若干党同伐异的整肃事件，但官员几乎不会因言被杀，这种情况也为后来的研究者所重视，陈寅恪《论再生缘》指出"六朝及天水一代思想最为自由，故文章亦臻上乘。"④

宋代治国理政的基本特点是"立纪纲"和"召和气"。所谓"纪纲"，欧阳修认为："道德仁义，所以为治；而法制纲纪，亦所以维持之也。……是以善为天下虑者，不敢忽于微，而常杜其渐也。可不戒哉！"⑤将"纪纲"（纲纪）与"法制"并举，这里的"纪纲"基本上就是指制度。关于"和气"则有"国家方行仁政，自宜

①虞云国著：《细说宋朝》，上海人民出版社2002年版，第4页。

②（宋）沈括撰，金良年点校：《梦溪笔谈·续笔谈》，中华书局2015年版，第327页。

③（宋）曹勋撰：《松隐文集》卷26《进前十事札子》，四川大学古籍整理研究所编《宋集珍本丛刊》第41册，线装书局2004年版，第593页。

④陈寅恪著：《论再生缘》，《陈寅恪集·寒柳堂集》，生活·读书·新知三联书店2015年版，第72页。

⑤（宋）欧阳修撰，（宋）徐无党注，中华书局编辑部点校：《新五代史》卷46《王建立传》，中华书局1974年版，第514页。

感召和气"①之说,时常将"和气"与国家的仁政、道德、仁意相提并论。吕中《皇朝大事记讲义》中说:"(我朝)仁意常浑然于纪纲整肃之中,而纪纲常粲然于仁意流行之地。……无仁意则纪纲固无所本而立,无纪纲则仁意无所辅而行。"②"立纪纲"与"召和气"相辅相成,如车之两轴,一轴为制度,即"纪纲",一轴是感召臣民间的和气。

二、中枢体制：唐宋时期的变迁

对宋代文官制度的再认识,要建立在对宋代文官制度基本了解的基础上。

宋代的中枢体制,要从纵向的时代变迁中来把握。所谓的中枢体制,是指国家最高层的统治机构和统治方式。对于中国古代政治制度的研究,成果十分丰富。很多学者将制度和人事联系在一起进行讨论。制度的"生命",是人赋予的,制度变化,与人事有关。人物,是指制度的创建者、实施者和破坏者;不同态度的背后,反映着不同的利益关系。面对同样的基本体制、同样的情形,不同人物的决策趋向是不同的。

①（宋）李焘撰,上海师范大学古籍整理研究所、华东师范大学古籍整理研究所点校:《续资治通鉴长编》（以下简称《长编》）卷3,太祖建隆三年正月己巳条,中华书局2014年版,第60页。
②（宋）吕中撰,张其凡、白晓霞整理:《类编皇朝大事记讲义》卷1《治体论》,《类编皇朝大事记讲义；类编皇朝中兴大事记讲义》,上海人民出版社2013年版,第36页。

　　"制度"在许多情况下与"事件"的发生相关。所谓"契机"，在很多情况下即体现在历史时期所发生的历史事件之中。这些历史事件，有的是出于利益要求者的精心安排，有的则属意料之外，但都在不同程度上促发制度的变更，其作用不可小视。制度通常是在"事件"刺激下建立的，例如新冠疫情之后，公共卫生政策很可能会有新的调整；又如反腐倡廉制度，都是"倒逼"出来的。而制度的实施，制度运行的过程、发动、进展、结果，实际上又构成新的事件。制度反映特定的利益关系，制度规定有特定的限制、保护对象；制度之间也有关联（例如，公务员考试制度—聘用制度—考核制度—奖惩制度—任免制度）。对于这一切，要通过制度"运作"的过程才能观察出来。所有制度都不是只靠条款运行，制度是被包裹着运行的。这层层叠叠的"包裹"，就是当时的历史条件。制度形成之后不是确定不变的，而是经常处于调整的过程中，我们必须在一个整体的"过程"之中看制度。道格拉斯·诺斯说过，"路径依赖性意味着历史是重要的。如果不回顾制度的渐进演化，我们就不可能理解当今的选择"。①

---

　　① ［美］道格拉斯·C.诺斯著，刘守英译：《制度、制度变迁与经济绩效》，上海三联书店1994年版，第134页。

```
                        皇帝
              ┌──────────┼──────────┐
          中书省 ──── 政事堂 ──── 门下省
              │
          尚书省
    ┌────┬────┬────┼────┬────┬────┐
  吏部   户部   礼部   兵部   刑部   工部
  吏封勋考 户度金仓 礼祠主膳 兵职驾库 刑都比门 工屯虞水
```

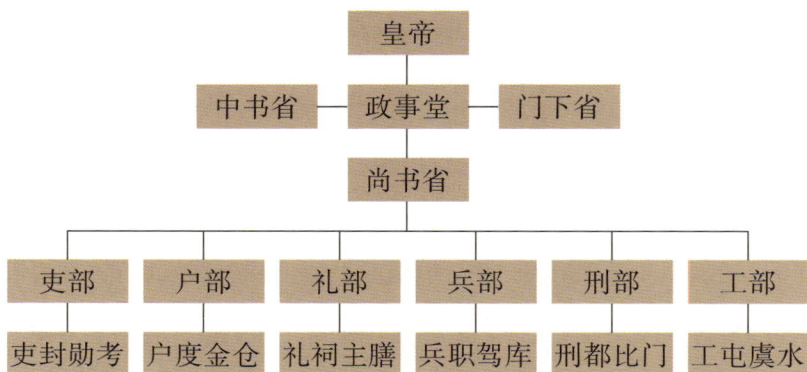

唐宋时期中枢体制运作方式有一个变更的过程。上图是隋到唐前期的中枢体制，即三省六部制。所谓三省，即中书省、门下省、尚书省。中书省和门下省是"机要之司"，负责政令拟定、审覆封驳；尚书省是政令机关，是政务指挥机构。三省首长及其他"知政事官"聚于政事堂，共同参与高层决策，决策由中书省拟定政令，由门下省审核，审核之后交由尚书省执行。这样一些环节组成了当时政治链条式的运作方式。尚书省由于涉及政务运行，下设有六部，六部下又有二十四司。三省六部制是一个金字塔式的层级。

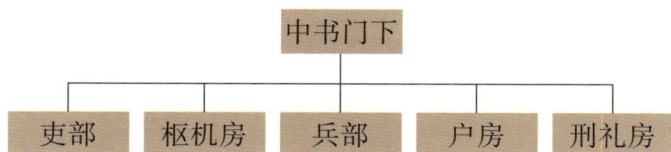

```
                      中书门下
        ┌────┬────┬────┬────┐
      吏部  枢机房  兵部   户房  刑礼房
```

唐中期以后，一方面开疆拓土，另一方面内政事务逐渐繁杂，原有的中书省、门下省两个决策部门相互牵制，影响效率，因此将二省合并办公，形成权力更为集中的高层行政机构即中书门下。政务由中书门下直接指挥，其下又设诸房，每房负责不同方面的事务。政事堂改称中书门下，并不仅仅是名号的改变，而意味着中枢体制的重大变革。过去三省是有明确分工又相互制衡的整体，政事堂只是宰相的议事处所（办公会议，不是严格意义上的"机构"实体、常设机关）。而中书门下则是宰相的办公府署，超然于三省之上，直接裁断三省政务。决策与行政一体化，政事堂成为更加实体化的中书门下。由于使职差遣的大量出现以及中书门下五房的设立，尚书省原有的职能与权力受到了冲击，有所转移。

北宋前期中枢机构与唐前期中枢机构有较大不同。皇帝之下有御前会议，实际上是最高议事机构。所谓"御前会议"，是说皇帝亲自参与议事；具体治国理政事务的决策和执行，则由两府和其他机构负责。因此这一时期的政治制度被称为"二府制"。二府即中书门下和枢密院。中书门下形成于唐中期，是政务的决策机构，同时也有执行的功能，其长官称为同中书门下平章事，是实际上的宰相。枢密院是唐后期五代以来为应对众多战事而形成的掌控军事和机要事务的机构。宋代的枢密院与中书门下是并列关系，中书门下主行政，枢密院主军政。二府之外又有三司和御史台谏院等，三司主财政，台谏主监察，这些机构均能参与御前会议，直接向皇帝负责。因此，当时是一种相对扁平的机构设置方式。

北宋的政治架构中，皇帝、宰执（行政长官）系统、台谏系统大致构成中央政府中的三角；皇帝拥有最高权力，宰相掌行政权，台谏握监察权，三者互相限制，又互相倚赖，构成稳固的中央政府架构，形成"共治天下"的局面。这种统治架构，使北宋政权相对稳固；尽管出现过诸多事件，但长期来看运转比较正常。只有把皇权与相权放到这一架构中去考察，才能正确认识宋代时皇权与相权的关系，也才能够把握住当时政治的实质。

将宋代二府制与唐代三省制进行比较，我们看到二者的分工和制衡的方式是不同的。三省制的议事核心在政事堂，二府制在御前会议。三省制是决策与执行流程上分工协作，各个环节程序制衡，而二府制则是以事任为中心分工协作，相互制衡。

三省一枢密院体制 ——— 中书省
门下省
尚书省
枢密院

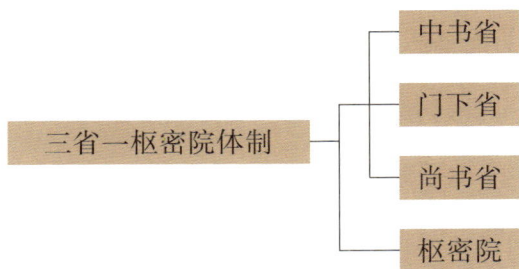

到北宋中期，中枢体制又有改变。宋神宗进行"元丰改制"，将中书门下一分为三，拆分成中书省、门下省、尚书省并立的形式。原本中书门下和枢密院相互制衡，中书门下分为三省后，又多了一重内部的分工牵制，在强化制衡的同时也造成了运行效率的降低。因此，一直有反对的声音出现。北宋末南宋初，由于时局动荡，政务繁多，又开始出现三省合一的趋向。

三、设官分职："官"与"差遣"的分离

中国古代，官僚系统里的身份与职任存在两个相互关联的系统。唐朝的官制，官吏分为散官、职事官和勋官，此外还有爵位。以散官定官员身份、服色，而以职事官定其职守、事任。散官只有品级（相对于职事官，称作"本品"），无具体职守。职事官是有具体职务的官，三省六部、九寺三监和州县各级的官，为职事官。散官和职事官的品级不一定相当，散官低、职事官高，名衔中带"守"字；散官高、职事官低则曰"行"。散官衡量"人"的身份和

基本待遇，跟"人"走，相对稳定；而职事官则"随才录用，或从闲入剧，或去高就卑，迁徙出入，参差不定"①，并不固定。此外还有勋官，一般用于封赏有军功勋绩的官员。职事官是官僚系统中最重要的，有权力、有责任，能够调动资源。

唐中期以后，内外形势都发生了一些变化，为了处理边关战事和内部财政，逐渐出现了较多的使职，如转运使、租庸使、括户使等。这些使职虽然是临时机构，但权力很重，能够调度全国范围内的资源。到唐玄宗时期，使职差遣大量出现，国家机器的运转也偏重于此，许多重要事务不经由正式程序，而依赖使职差遣去办，原有系统中的职事官也以外派担任使职为荣。唐后期尤其是安史之乱以后，有些职事官被用来赏赐普通武职，渐渐演变为虚衔。五代时这样的情况更为突出，北宋前期也一直延续，逐渐有所整理。中央职事官被派遣担任使职，常带着六部尚书、侍郎、郎中之类官衔；尚书省原有的实际职责往往被使职差遣所取代，政务部门渐无政务，仅作为名衔衡量身份等级，时称"本官"。这种现象被称为"职事官阶官化"。这是极为重要的转折，这当然是原有制度及秩序的崩坏，但在崩坏的过程中，也有制度的创新，出现了一套新的适应当时形势的运行方式。

本官，标志官员基本身份地位、决定官员基本待遇，

---

① （后晋）刘昫等撰，中华书局编辑部点校：《旧唐书》卷43《职官志一》，中华书局1975年版，第1785页。

以"人"为中心。差遣则是官员所担任的实际职务，包含职位和权责，以"事"为中心。像这样身份与职任两套系统分立的形式，在中国古代其他朝代也出现过。西汉刺史制度，"秩卑而命之尊，官小而权之重，此小大相制、内外相维之意也"①，"秩"与"命"、"官"与"权"分离，以达到相互制约控御的目的。唐代的散官和职事官，也是身份与权责分立的体现。

官、职、差遣的分离，是宋代设官分职中最有特色、最为复杂、最难以理解的问题。《文献通考·职官考》讲"宋朝设官之制，名号、品秩一切袭用唐旧。……三省、六曹、二十四司，互以他官典领，虽有正官，非别敕不治本司事。事之所寄，十亡二三"。②官衔仍承唐制，但制度的运转方式已经不同了。《宋史·职官志》总序说："……官人授受之别，则有官、有职、有差遣。官以寓禄秩、叙位著，职以待文学之选，而差遣以治内外之事。其次又有阶、有勋、有爵。故士人以登台阁、升禁从为显宦，而不以官之迟速为荣滞；以差遣要剧为贵途，而不以阶、勋、爵、邑有无为轻重。"③官作"寓禄秩、叙位著"之用，确定官员的基本待遇，以及在朝廷殿堂之上排列的位置；职实际上是一种加官，给予学士等名分以表明身份的清

---

① （清）顾炎武撰，（清）黄汝成集释，栾保群点校：《日知录》卷9《部刺史》，中华书局2020年版，第476页。

② （宋）马端临撰：《文献通考》卷47《职官考一》，中华书局2011年版，第1361页。

③ （元）脱脱等撰，中华书局编辑部点校：《宋史》卷161《职官志一》，中华书局1985年版，第3768页。

要；差遣则决定官员的权力和职责。三者之中，差遣最为重要。

宋代标志官员身份和品级有多种系统，包括官、职、差遣及其他附加性官衔。差遣可以通过知、充、判、使、提举、提点等来分辨和判断。如欧阳修熙宁三年署衔：

推诚保德崇仁翊戴功臣【功臣号】、观文殿学士【职】、特进【散阶】、行兵部尚书【本官】、知青州军州事兼管内劝农使、充京东东路安抚使【差遣】、上柱国【勋】、乐安郡开国公【爵】、食邑四千三百户【食邑】、食实封壹仟贰佰户【食实封】①

宋代官员的署衔是较为复杂的，有若干表明身份和品级的系统，其中最重要的还是差遣。我们通过"知青州军州事兼管内劝农使、充京东东路安抚使"，可以判断当时欧阳修的实际职任是负责青州各方面行政事务和当地治安。

差遣固然重要，官与职的作用也不可忽视。如"右仆射兼门下侍郎平章事王曾罢为左仆射资政殿大学士判郓州"②，王曾差遣由平章事（宰相）罢为判郓州（地方首

---

①（宋）欧阳修撰，李逸安点校：《欧阳修全集》卷25《泷冈阡表》，中华书局2001年版，第395页。

②《长编》卷120，仁宗景祐四年四月甲子条，第2826页。

长），本官却由右仆射升为左仆射；"礼部侍郎平章事监修国史王安石罢为吏部尚书观文殿大学士知江宁府"①，王安石差遣由平章事降为知江宁府，本官则由礼部侍郎升为吏部尚书。这都是在差遣降职的情况下，通过提升本官品级来抚慰官员的方式。身份、品级与职位分离的做法，使得对于官员的任用更加灵活，督励手段更加丰富，这是官僚制度逐渐成熟的表现。

四、官员选任：科举（选拔）与铨选（委任）

官员选任，实际上包括选拔和委任两方面。选拔的途径有很多种，但科举是其中最具代表性的。

科举制度创始于隋代，但隋代录取人数较少，唐代时已经较为成熟。历朝历代相较，宋代科举取士的年均人数最多。取士规模的扩大，对于官僚队伍素质的提高具有重要意义。宋代科举最大的变化是走向严密，走向开放。宋代的科举通过制度的严密化，保证了对更多人的开放。

唐代的科举，在制度上还不够严密，应考者的亲族、师长通过举荐，会影响到成绩排名，制度的权威性和公正性会受到质疑。如：

---

① 《长编》卷 252，神宗熙宁七年四月丙戌条，第 6168 页。

（唐太学博士吴武陵荐进士杜牧）曰："请侍郎与状头。"（崔）郾曰："已有人。"曰："不得已，即第五人。"郾未遑对，武陵曰："不尔，即请还此赋。"郾应声曰："敬依所教。"既即席，白诸公曰："适吴太学以第五人见惠。"或曰："为谁？"曰："杜牧。"众中有以牧不拘细行间之者，郾曰："已许吴君矣。牧虽屠沽，不能易也。"（《唐摭言·公荐》）①

杜牧被举荐和最终录取的过程，实际上体现了唐代科举制度运作中不够严密的情况。宋真宗大中祥符元年，在科举考试中实行糊名法，很大程度上杜绝了主考官徇私舞弊的可能性。宋人有诗云"唯有糊名公道在，孤寒宜向此中求"，② 正是因为糊名制保证了科举的公正性，缺乏家世背景的清寒子弟才可能"向此中求"。宋代有些事例让我们看到当时考场制度的相对严密，例如：

李廌，阳翟人，少以文字见苏子瞻，子瞻喜之。元祐初知举，廌适就试，意在必得廌以魁多士。及考章援程文，大喜，以为廌无疑，遂以为魁。既拆号，怅然出院。以诗送廌归，曰："平

---

① （五代）王定保撰，陶绍清校证：《唐摭言校证》卷6《公荐》，中华书局2021年版，第219页。

② （宋）李心传撰：《建炎以来系年要录》，高宗绍兴十二年三月乙卯条，中华书局1988年版，第2318页。

时谩说古战场，过眼终迷日五色。"（叶梦得《石林诗话》）①

糊名、锁院等制度的严密性，使得考官的主观意愿不易实现，保证了科举的公平性，得以向更多"孤寒"之人开放，进而对社会阶层的流动产生积极意义。

在科举竞争中脱颖而出的平民得以参政，改善了文官队伍的整体素质与结构，原有的居官者也得不到世代相承的保障。唐代280余年间，共有宰相369名，出自98个家族；宋代320多年间，有宰相134名，出自126个家族。"（晏）殊、（庞）籍、（王）随、（章）得象皆起孤生，致位宰相"②，宋代很多宰相的家境都是较为清寒的。宝祐四年（1256）所取进士601人，"三代有官"（指父—祖—曾祖有人做官）的仅有184人，平民出身417人。状元文天祥祖辈三代无官，是富裕农民出身。虽然这一年的统计并不能代表整体比例，但至少可以看到平民通过科举参与到官僚队伍里的趋势。

这样一批通过科举选拔出来的人才，对于当时的制度、社会，乃至天下都有很高的认同感和责任感。范仲淹说，"先天下之忧而忧，后天下之乐而乐"；③ 张载"为

①（宋）叶梦得撰：《石林诗话》，（清）何文焕辑：《历代诗话》，中华书局2004年版，第417页。
②《宋史》卷70《章得象传》，第10205页。
③（宋）范仲淹撰，李勇先等点校：《范仲淹全集·文集》卷8《岳阳楼记》，中华书局2020年版，第165页。

天地立心，为生民立命，为往圣继绝学，为万世开太平"；[1]南宋方庭实对宋高宗说："天下者，中国之天下，祖宗之天下，群臣、万姓、三军之天下，非陛下之天下。"[2]从范仲淹、欧阳修，到王安石、苏轼，再到南宋朱熹等人，不但善做文章，研究经学，在地方或朝廷处理政务时，也能看出其能力之通达。

宋代的文官身份等级大致可以分为朝官、京官、幕职州县官三个群组，其中京官和朝官是一个大系统，与幕职州县官有较大区别。想要进入京朝官行列，一般先要经过幕职州县官序列。宋代文官的选任方式为：

> 朝廷差除之法，大别有三：自两府而下至侍从官，悉禀圣旨然后除授，此中书不敢专也；自卿监而下及已经进擢或寄禄至中散大夫者，皆由堂除，此吏部不敢预也；自朝议大夫而下，受常调差遣者，皆归吏部，此中书不可侵也。[3]

也就是说，最高一层由皇帝任命，第二层级为"堂除"，宰相任命，第三层级则由吏部任命。而官员的任命受"循资格"的影响。循资格即"循资"的原则，官员的升迁，要按照一定的制度条文一步步往上攀登。

---

① （宋）张载撰，章锡琛点校：《张载集·近思录拾遗》，中华书局1978年版，第376页。
② （宋）佚名撰，孔学辑校：《皇宋中兴两朝圣政》，中华书局2019年版，第774页。
③ 《长编》卷370，哲宗元祐元年闰二月条，第8965页。

官员的层层任免如何进行，宋人有较多的概括。如文彦博《奏除改旧制》："吏部尚书选人两任亲民，有举主，升通判；通判两任满，有举主，升知州军。此已上叙升，今谓之'常调'。"[1] "亲民"指知县资序及以上的资序，举主即推荐的人。是何职务，任职几年，有无举主都是差遣职任的升迁所循的"资格"。时人也说"以资格用人者，有司之法，以不次用人者，人主之权"。[2] 皇帝可以"不次"用人，但有司除授时则需循"资格"。

宋代文官系统中本官等级的升迁称作"叙迁"，差遣的升迁称作"选任"。叙迁和选任虽然有许多不同的基本条件，但也会考虑到一些共同因素，如有无出身，这里的"出身"专指进士出身；又如资历，即是何职务，任职几年；还有课绩，有哪些功过事件；是否有人举荐也是需要考虑的重要因素。关于举主，宋人有"择举主于未用之先，责举主于已用之后"[3] 的说法。宋廷通过同罪保举的方式，把上上下下不同层次的臣僚联结在一起，形成一套巨大的责任互保网络。这种层进式的对帝王负责制，使得官员的称职与否，不仅仅是人事任用部门与考核部门所关心的事，也不仅仅是现任行政领导所关心

---

① （宋）文彦博著：《文潞公文集》卷29《奏除改旧制》，国家图书馆藏傅增湘校补明刻本，馆藏书号00338，第2页右。
②《类编皇朝大事记讲义》卷2《颁循资格》，第63页。
③ （宋）黄履翁撰：《古今源流至论别集》卷7《举主》，《新笺决科古今源流至论》，中华再造善本影元刻本，第6页右。

的事，而成为与其前后保荐者利害攸关、因而引起多方关注的事。

宋代选任委派差遣的过程中，出现了一个严重的矛盾——员与阙的矛盾。"员"，指已经进入官僚队伍、包括在吏部官员名籍之内、有资格根据自身条件被任命为不同差遣的各级各类官员。"阙"，指因制度设置、就职者正常离任、致仕或意外事故等，造成的有待填补的空缺职位；亦指实际治事体系中的各级职位。员与阙的矛盾，一方面是常调官员总数多，任职窠阙总数少这一根本矛盾；另一方面是在部参选官员多，而可拟之阙少这类眼前矛盾。这些矛盾十分突出。"阙"又有见阙和待阙。见阙（现阙），即委派某一职位，可以立即上任；待阙则是委派了职位，但原先的官员还未离任，后来委派者需要等待。朱熹《晦庵集》记载，"宣教郎、直秘阁、提举两浙东路常平茶盐公事臣朱熹上表：臣言：准告授臣前件差遣，填见阙。臣已于今月六日就本路萧山县交割职事讫。"① 因需处理浙东旱事，朱熹被委派了见阙；但实际上大量的官员都是待阙，真宗年间，宰相"王旦曰：'今选集待阙者二千余人。'"②，绍兴年间"初仕待阙率四五年"③。可见待阙造成的巨大压力。另一方面，无论是返乡还是寄居待阙之处，待阙者都充当了朝野之间的联系

---

① （宋）朱熹撰：《晦庵先生朱文公文集》卷85《浙东提举到任谢表》，宋刻本，善本书号：A01044，第19页右。

② 《长编》卷71，真宗大中祥符二年正月乙酉条，第1592页。

③ 《宋史》卷156《选举志二》，第3629页。

纽带，维护了朝廷在地方的政策。

在册与在岗的员阙悬殊一直是宋代历史上的重要问题。讨论"冗官"问题，首先应该将在册官员总数与在职官员总数加以区别。宋代官僚员数与阙额长期保持悬殊差异，是以阶官（本官、寄禄官）与差遣的分离制度为前提的。"阙"的数额，是宋代人事部门控扼的重点。"员"与寄禄阶（基准待遇、仕宦机会）相联系，"阙"与职事相联系。相对放宽员额，在给铨选带来巨大压力的同时，事实上扩大了政权基础；控制阙额，不让每一个机构都十羊九牧，则缓解了员阙悬殊问题对整个社会造成的直接冲击。如何寻求到一个相对合理的员阙比例，一直是人事部门面对的重要挑战。

五、政绩考察：日常考核与巡视

宋代力图建立一种多层多途的考核机制。朝廷以下有路，路以下有府州军监，府州军监以下还有县，从上到下每一级都有监察下一级的责任；而地方上的信息，也有从下到上层层汇报的途径。其中府州军监这一级，有直达朝廷的途径。"路"当时处于自朝廷派出的监察区向行政区过渡的阶段，路一级设有安抚使司（帅司）、转运使司（漕司）、提点刑狱司（宪司）、提举常平司（仓司），四司并立，各有工作重点。其中转运使司、提点刑狱司、提举常平司三司又并称为"监司"，具有监察地方官的责任，监司之间互申互察，彼此制衡。由此我们可以看到一种多层多途，不依赖于某一种信息途径的考核方式。这样的监督做法，像范祖禹所说"唯本朝之法，上下相维，轻重相制，如身之使臂，臂之使指"①。

宋代，尤其是北宋前期，仍沿用唐代的考核标准，即所谓"四善二十七最"。"善"是针对所有官员订立的德行标准，归纳为"德义有闻、清慎明著、公平可称、恪勤匪懈"四条。"最"，是针对不同职任的具体衡量要求；二十七最，是二十七种不同工作类型的能力要求。一个官员可以兼具四善，但仅能拥有一最。通过这样的善最标准来评判课绩等第，共分为九等，上上为最高等，下下为最末等，大部分为中上（一最以上有一善，或无最而有二善）或者中中（一最以上，或无最而有一善）等，得中中等便可以循资而进。这是唐代的善最标准和课绩等第，北宋前期也是如此。

北宋前期，官员的考核有考词，即考核结论。现存的北宋考词大约 60 余份。田锡的《咸平集》记录了他在北宋前期担任宣州通判时所做的 20 份考词，其中评价司法参军张玄珪说："据《考课令》：推鞫得情、处断平允，为法官之最；公平可称，为一善。有善有最，书为'中中'。"②然而依据前述标准，一善一最，当为"中上"等，

---

① （宋）范祖禹撰：《上哲宗乞行考课监司郡守之法》，赵汝愚编：《国朝诸臣奏议》卷 72，静嘉堂文库收宋元递修本，第 12 页右。

② （宋）田锡撰，罗国威校点：《咸平集》卷 30《考词》，巴蜀书社 2008 年版，第 363 页。

为什么"书为中中"？考核南陵县主簿杨光益，说："据《考课令》'四善二十七最'中，恪勤匪懈为一善，职事修理、供承强济为监掌之最。一最以上有一善，为'中上'。品较诸邑，课绩可称。虽进考有文，而定格难越。俟至终考，旌陟良才。今依［格］书为'中中'。"① 据《考课令》，杨光益一善一最当为"中上"，但定"格"难越，依"格"定为"中中"。所谓的"格"，是法典条例中的一类规定，从以上例证可以看出，官员"常考"（平常年份的考核），县令、录事参军等承担地方主要责任的可评为中上，而判、司、簿、尉等只能评作中中。这样的考核是否算循名责实，当时就受到一些质疑。

宋太宗时期，对考核方式进行了一定的改进。"（太平兴国年间）职事官依州县给南曹历子，天下知州、通判、京朝官厘务于外者，给以御前印纸，令书课绩。"② 所谓南曹历子、御前印纸，即御前颁发、用以记录工作表现的纸簿。"考课虽密，而莫重于官给历纸，验考批书。"③ 官给历纸是宋代最为严密的考核方式，具体的工作记录条条在册，更具针对性。

浙江武义南宋徐谓礼墓出土了徐谓礼文书，包括录白敕黄、录白告身、录白印纸。其中录白（抄录）印纸完整记录了徐谓礼从南宋嘉定十四年（1221）监临安府

---

① 《咸平集》卷30《考词》第361页。
② 《宋史》卷160《选举志六》，第3758页。
③ 《宋史》卷155《选举志一》，第3604页。

粮料院起，至淳祐十二年（1252）知信州，大约三十年间的历官表现，也就是徐谓礼一生仕履的考核表格。

印纸第 76 条开始，都是对他考核的内容。77 到 82 这六条，是南宋"命官通用"的六条，任内是否受过奖赏惩处，是否请假外出等，都要逐一记录在案。从 83 条开始，便具有一定的针对性，担任的职务不同，考核的内容也有所不同。83 条，考察做官时是否借兑常平义仓钱米，84 到 87 四条，是否有已经抓获的强盗、窃盗，是否有没有抓获的强盗、窃盗。其后是收缴租税的记录。可见印纸用于记录功过事件，记录官员奖惩、考勤、治安、赋税等情况。它是先"验考"再"批书"，记录需要吏人官员签名作保。印纸是供照验、供核对的，钱粮是否纳足，还要与官府记录相核验。印纸就是朝廷的信息核验系统，重在记录而非评鉴。"夫铨选之法，以历任浅深为资序之高下，以分数多寡为注拟之后先，可谓至公，了无欺弊。"[①]铨选之时，首先通过查实历任浅深判断有无资格，再通过考课分数多寡来排列先后，印纸实际上是朝廷人事核验的重要凭据。《神宗正史》说："凡命官，皆所隶选以其职事具注于历给之，统属州若司岁书其功过。应升迁选授者，验历按法而叙进之。"[②] 所有命官的升迁和惩罚，都要验看上交的历纸，按照法度来执行。

---

① （清）徐松辑，刘琳等校点：《宋会要辑稿》职官 8 之 62，上海古籍出版社 2014 年版，第 3266 页。
② 《宋会要辑稿》职官 10 之 20，第 3290 页。

以上所述是宋代官员日常的考核，另外还有一些特殊时期的考核，如朝廷变法时期，有重大政治调整的时期。庆历新政时，范仲淹等人的《答手诏条陈十事》中，"择长官""明黜陟"都与官员考核直接相关。就如何"择长官""明黜陟"，欧阳修等人提出了"选强干廉明者为诸路按察使"的方法。庆历三年（1043）十月，第一批精心选派，带"转运按察使"衔的官员开始赴任，巡视州郡，使得地方官员人人不自安。王安石主持变法期间，新法在地方上遭到强劲的抵制，他也通过中书检正官察访诸路，推动新法的实施。

日常年份，监司也要依照朝廷规定巡行所辖州郡。他们与知县、知州等地方长官有着千丝万缕的联系，通常会将巡视的目录预先发给地方官员，地方官员根据这些目录和要求，逐条准备对应材料。这种现象称之为"刷牒"。上有政策，下有对策，明规则之外还有潜规则。宋代考核按察制度的设计，希望通过多层多途的信息渠道，以奖惩黜陟为手段，旨在引导官员行为；考核内容既然主要在于政绩，按察路径既然主要通过上级（或特派）官员的巡行视察，则被视察者应对核查、打造政绩的追求即不会止辍。这样的明规则，也就为潜规则预留着活动空间。

有些似乎很好的制度，实行下去时往往和原来的规定有所区别，其中的"梗阻"从何而来？与制度涉及的疏失有关，更与官僚制度中的"人事"有密切关系。制度更革的边界，被官员群体的既得利益框定；制度的执行方式，也必然受到官场惯习的制约。官员由上级任命，驯育于这一氛围中的官员，仕途即其生涯，他们致力于经营人际网络，窥伺高层动向；他们向上负责，无法负责便对上敷衍。因此政令的执行会变形走样，导致朝廷不得不以政令督催政令，靠文书落实文书。然而我们知道，朝廷反复强调的，往往是地方做不到的。

六、结语

我们讲宋代文官制度再认识，"再认识"，其实是一个过程，在以往认识的基础上，争取更加清晰地认识这样一个距我们已经几百年上千年的文官制度。宋代文官制度的基本格局是稳定至上，小幅调整频繁，务实色彩明显，在"立纪纲，召和气"的原则下，制度设计相对理性，精密化程度较高，同时也相当烦琐。文官体制的结构方式是"官"与"差遣"分立，身份等级和职任效能各成体系。文官队伍选任和管理，当时人才任用不限于科举一途，但科举的重要意义则不容置疑。官员考核方式多样化，强调保明核验，上下责任制。宋代的文书行政，一方面是理性色彩的体现，另一方面，以文书来落实文书，也证明了这一个时期制度运行中存在一些关键问题。这些关键问题首先涉及我们对制度和制度文化究竟要怎么看。

"制度"不是单纯的规范体系，并非单一运行的独立个体。现实生活中真正起作用的，往往是成文法规与惯例、习俗乃至道德意识等混溶而成的综合体。制度会对一个时期的社会文化发生影响，同时也被当时的"政治文化"所笼罩。制度实施的情势是多种因素互动积淀产生的综合状态：包括制度规定，也包括制度设计者、执行者、漠视者、扭曲者、抵制者的意识（如何看待制度）、态度、行为与周旋互动。"制度文化"是一种弥漫性的制度生态环境，浸润渗透于制度之中、影响着制度的生成及其活动方式。纵观历史上各个时期，几乎没有任何制度按照其设计模式原样施行；调整修正甚至于变异走形，大致是其常态。或许可以说，制度生态环境，决定着制度实施的基本前景。

《江干雪霁图卷》（局部）唐·王维

如何认识和借鉴中国古代吏治的经验与教训

宁 欣

北京师范大学教授、首都师范大学特聘教授、博士生导师。兼任中国商业史学会副会长，中国武则天研究会副会长，中国唐史学会理事等职。

主要研究方向为隋唐五代史、中国古代经济史、中国古代城市史。著有《唐代选官研究》《唐史识见录》《唐史识浅录》《唐宋都城社会结构研究》《唐五代宋初都市社会中下阶层研究》等。

古往今来，在中国的政治生活、社会运作当中，吏治都是一个很受重视的问题，尤其当今非常重视干部队伍的建设，汲取中国古代吏治的经验和教训就更值得重视。我们分为三个角度来思考，第一，治吏重于治民，这是一个指导思想，也是历朝中央政府贯彻的一个主要政治理念；第二，重点介绍唐朝的治吏及吏治，唐朝治吏的理念、制度建设方面比较完善，可以给我们提供很多的借鉴；第三，以唐朝为切入点，探讨中国古代历史上治吏的经验和教训，从中得到启发。

一、官吏分途与治吏

（一）官吏的分途

首先，大家应该明确一个概念。大家常说官吏，那什么是官？什么是吏？中国古代官与吏的分途和分层的演变经历了一个很长的历史时期。在上古时期，官吏就是官吏，就跟我们现在说的官员、官僚是一个概念，百官或百吏，都是指同一个群体。但是到了唐朝，情况发生了变化。一个是官与吏的分途，一个是文与武的分途，还有一个是举与选的分途。这三种分途跟制度建设、社会变化、社会阶层和群体的变化密切相关。

官与吏为什么分途？秦始皇建立专制主义的中央集权的大一统王朝以后，很多事务性、政务性的工作需要各级官吏来承担主持。秦汉时期，中央机关基本上只管到部门长官和地方长官，部门长官和地方各级长官的下属人员由长官自己来选拔任命，中央基本不管。到了魏晋南北朝时期，这是个大动荡大改组的时期。魏晋南北朝整个是一个块状的分割，权力都被一块块分割了，中央更管不到地方的豪强或门阀士族。到了隋唐再次实现大一统的时候，中央又把所有的权力抓到自己手里，吏治问题就成了非常突出的问题，在制度建设上必须有所保证。

由于事情很多，中央又无所不抓，官僚队伍出现了分层和分级的需要，一个重要的节点就是官与吏的分途。所谓的"官"就是有品级的流官，我们现在说入流不入流，即指流内官有九品。而九品以下有大量的吏。官和吏在选拔的标准、方式、对象方面也有着很大的区别。吏的上层属于流外官，吏的下层可能就是一些杂任、杂差事等，这样就有了分层。我们这里讲的吏治主要是对官的，但由于官是主体，吏也是官僚队伍当中的重要组成部分，所以在制度建设中也牵扯到吏这一层次。

（二）治吏重于治民

"吏治"就是指古代官吏，特别是地方官吏管理和统治民众的方式和政绩。它关系到官吏的教育、选拔、任免、考核、监察和奖惩诸多方面，从这个意义上讲，吏治或者叫治吏、吏政，是吏治概念的核心问题。

官是有一定品级的，在整个官僚队伍中的地位是比较高的，低的无品级的就称为吏。在由分裂走向大一统以后，工作多了，官吏队伍也相应膨胀，吏治成为统治者必须考虑和解决的问题。于是有了"治吏重于治民"的观念，只有管理好官员队伍，管理好保证政治机器正常运转的这些官员，才能真正处理好"民"的问题，这是历史上一个非常重要的概念。

研究历史要追根寻源，我们要考虑一个问题，为什么秦始皇建立了专制主义中央集权政体，此后延续了两千多年而没有改成其他的方式？现在很多人搞文化，从意识形态、思想文化方面研究中国社会发展的规律、历史的现象。但我们应该回到我们的根本，要研究中国社会的基础和特点是什么，为什么专制主义中央集权的政体历久不衰。可能有人要说，历史上还出现过魏晋南北朝、五代十国政权分立的局面，并非都是大一统。但是，自秦统一后，分裂的政权基本上实行的也都是中央集权制，只不过这些政权是地区性的，没有形成一个统一全国的政权。

古代中国社会是一个农业社会，农业社会的经营方式、经营单位是家庭，家庭是基本的经济单位、生产单位，也就是我们常说的小农经济、个体小生产农业。男耕女织，一夫挟五口，治田百亩，这是《汉书·食货志》上说的。可能有的时期会发生变化，当土地兼并的时候，史书上记载，富者田连阡陌，贫者无立锥之地，但大地主的主要经营方式仍然是以个体家庭为单位、分散经营的社会经济结构和模式，这样分散的、个体性的经营生产单位为社会基础，才有专制主义中央集权的政体形式凌驾于全社会之上，主要代表地主阶级的利益，实际上是凌驾于各个阶级和阶层之上的，实行集中的统治的一种政权形式。在中国以农业为基础、以个体小生产农业为特色的社会经济结构中，它才能历久不衰。这样的一种政权形式需要设立各种各样的机构，需要官吏来统治，需要大量的人员。这些机构和人员代表中央的意志、代表皇权来进行统治管理，所以才有治吏的问题。

西欧封建社会没有这个问题，封建领主制，国王下面有众多的封建领主，分封了以后，各封建领主就是他所辖有的这片领地上的土皇帝，享有全部的权力，他对国王只有尽义务的责任，但是国王对他的臣民没有直接的统治管理权，所以国王不可能在封建领地上派驻官吏，都是由领主来管理。

但中国不一样，中国的社会有两个特点，第一，城乡是二元体制，城市户籍与农村户籍是有区别的，管理方式、税收的内容和方式不一样。这样的城乡二元管理体制并不是自古就有的，而是从唐朝开始区别的。这种二元并行的体制是早就存在的，只是在户籍管理上没有实行城市户口和农村户口的区别。在政治体制的运行当中，城市统治乡村，县级以上各级城市就是中央统治全国的节点。所以在隋朝以后中央任命官吏的时候一直下到县里，所有的县级官吏、九品以上官都是中央任命，因此，管理这样一个庞大的官僚团队，其实要有很多理念和智慧。

二、吏治从选拔和考核人才始

唐朝是一个集前朝之大成，开启赵宋以降之新局面的王朝。对官吏的治理有教育、选拔、任用、考核、监督、奖惩几个层面。

（一）科举制的前世

教育与选拔是相融合的。回溯唐以前选拔官吏的方式和途径，中国历史上有很多种选拔官吏的途径，比如先秦的世卿世禄，实行的是嫡长子继承制，天子的嫡长子就一定是天子，天子的其他儿子成为诸侯；诸侯的嫡长子继承诸侯的位置，余子是士大夫；士大夫的嫡长子是士大夫，余子是士；士再往下就是庶民，没有任何政治地位和政治身份。世卿世禄基本上是依靠家族中的血缘关系来确定你的政治地位。

秦始皇建立了专制主义中央集权大一统的王朝，但历时比较短，保留的资料不是很全。以汉朝为例，汉朝最有名的一个皇帝就是汉武帝，在选官制度上汉武帝做出的和官吏教育与选拔有关的贡献，第一是太学。他把很多求学若渴的知识分子集中到中央办一个太学，请有名的学问家来传道授业；他还确立了一个制度叫察举制，通过察举制选拔人才，那么察举制的方式是什么呢？中央设定一些科目，如贤良文学、孝悌力田、贤良方正等，然后让各个地方长官和中央部门长官推荐人才。刚开始地方长官不愿意推荐，觉得太麻烦了，后来发现这是一个培植私人利益，甚至是交换利益的机会，大家就纷纷推荐，但是各州郡的名额有限，可能也就两三个人。按这个选拔方式推荐上来，主要还是重视德行。察举最关键的是举，被推举上来的人才有资格到中央去，中央会进行一些简单的考试，再根据考试结果安排适当的岗位。这就是察举。所以有人认为察举和科举一样，它也是有不同的科目和考试的。

东汉末年世家大族兴起，魏晋南北朝门阀士族形成，察举制退出历史舞台。选官方式变为九品中正制，最开始是曹操设立的，当时建议者和曹操本人的初衷都是唯才是举。因为在东汉末年的动乱中，士人流散四方，州郡在推荐本地人才的时候其实已经很不方便了，因为大家都不在本地了。于是曹魏就在中央设立一个大中正，再在各地方设立一个州中正，比如湖南就用湖南省级的高官当这个省的中正，由他来负责考察、搜检这些流散在四方的湖南籍士人。然后由地方中正给选拔上来的人才做等级评定，这个评定分九品，然后中央吏部包括中央的大中正会根据推荐的人才已经评定的品级进行考察和任用，这叫九品中正制。但是由于门阀士族的兴起，他们最终占据了垄断地位，所以九品中正制就成了世家大族把持仕途官位的工具，成为完全依靠门第的选官制度。史书上记载的"上品无寒门，下品无士族"就是指这种情况。评定为高品的都是高门大族的子弟，寒门和普通地主阶级没有机会进入高品，顶多评定个中下品，造成整个社会等级的相对凝固。我们现在经常提到的"阶层固化"，九品中正制就是打造了一个相对固化的社会结构。选官的大权把持在门阀大族的手中，当时的大族有琅琊王氏、清河崔氏、太原王氏、颍川陈氏、荥阳郑氏等。所以实际上九品中正制是一种地缘和血缘的结合，它把选拔官吏的权力掌握在门阀大族的手中。

谚语云"上车不落则著作，体中何如则秘书"，著作郎和秘书郎是魏晋南北朝时期很重要又很清闲的两个职位。不管你有没有真才实学，如果是大士族子弟，就可以当著作郎或秘书郎。待遇又好，职位又清闲，整天可以游山玩水、吟诗作画、唱和往来。隋文帝在统一全国以后，一个重要的举措就是废除九品中正制，"一命之官，悉归吏部"，就是流内九品官的任命大权全部归中央，选拔官吏的权力集中到中央，同时中央也就承担了如何管理这些官吏的职责。

（二）科举制的今生

我们再看科举制，通过上述对前朝的选官形式及途径的追溯就可知道，科举制有几个最重要的特征，既是它和前朝的区别，也是它的核心。这种核心原则，一直延续到今天，影响到世界文官选拔制度的形成。第一，科举制规定，士人可以自由报考。所谓"怀牒自列于州县"，可以揣着自己的履历到州郡去报名。实行察举制的时候，不允许自由报名，必须由长官推荐，所以推举是一个特别重要而必要的环节，而科举制下士子可以自由报名。当然并非所有人都可以自由报名，有两种人是不能够做官的：一个是从事工商业及工商业者的子弟不得报名。官员家族如果有大功（堂兄弟）以上亲属从事工商业的，你只有两个选择，或者罢官免官，没人追究你的责任；或者有关亲戚停止从事工商业活动。第二，刑狱之人。有罪在身或有案底的人不能够参加科举考试，实际上它是保证了官僚队伍的纯洁性。

中国古代的选官制度是逐渐变化的。汉代选拔官吏有一个理念，家境太过贫穷的人不适宜选拔做官，如果太穷的话可能做官的时候会贪欲膨胀、贪赃枉法。家境比较好的人，可能更注重于政绩、自己的声誉，会是清官的概率更大。

报名参加科举考试的群体范围基本上是能够有一定教育背景的知识分子。进士科举子一般都是布衣和白身，即没有任何功名和政治身份。考试及第后，实际上就取得了做官的资格。唐朝的科举考试最有名的科目就是进士科，唐初，明经科也非常重要，只是后来进士科逐渐压倒了明经科。这两科录取的人很少，进士科一年才限录 20 人，明经科一年限录 100 人。我专门研究过唐朝每年能提供多少官缺，即每年官府空缺的职位，大概每年有 4000 个官职提供给新入职官员和参加调选的前任官员。这还是唐前期的官缺数额，唐后期一般还达不到 4000。那么科举考试进士科每年才录取 20 个，明经科才录取 100 个，而且还宁缺毋滥。大家就会产生疑问，既然科举入仕者人数占每年新空缺的官缺数比例这么小，为什么这么重视科举考试？而且为什么说科举考试在唐以后成为主导的选官形式？实际上，不在比例大小和数量多少，谁主导了体制的运行谁就是主导的选官形式。

中国古代有多种选官形式，科举、学校、门荫、军功、流外入流、明清的捐纳等。据研究，明清时期从捐纳一途获得官职和升迁的速度已经超过了正途科举上来的人。大家熟知的胡雪岩可谓"红顶商人"，通过捐纳取得功名，成为候补官吏，获得一定地位的政治身份后，再在商海中叱咤风云，但是由于没有根基，后来跌倒的时候也是摧枯拉朽之势。

科举制加速了社会阶层的对流，也往往会决定某些考生的命运。唐朝有一个考生叫刘虚白，他考了二十年都没有考中进士，这在当时是一种正常现象，俗话说"三十老明经，五十少进士"。在二十多年以后的一次考试时发现主考官叫裴坦，是在二十多年前和他一起参加科举考试的同场举子。刘虚白感慨万千，当场作了一首诗，"二十年前此夜中，一般灯烛一般风。不知岁月能多少，犹著麻衣待至公"。也就是说二十年前同样的考场，同样的景象，你已经成了主考官，我仍然穿着麻衣在考场上挣扎，据说裴坦当年就录取了他。可知，科举考试是一个非常艰难的过程。

那么，为什么进士科会成为士子追求的对象，又为什么会成为选官的主导形式呢？

我们往往可以看到，在论说科举制时，都会指出科举制适应了普通地主阶级上升的需要，扩大了统治基础，提拔了有才干的人等。科举制虽然和前朝制度在形式上有重合，但其核心原则——自由报考和考试定取舍这两点是前朝没有的。但要注意，一考定终身不是在唐朝，是在宋朝，唐朝是公开的考试，所以裴坦看到老同学可以录取他，宋朝以后就没有这个机会了，只能按照考卷的水平来判分。但是科举考试是由中央确定考试的方式、地点、对象、内容、录取的标准，把选官的权力从门阀士族地方大族的手中夺取过来，扩大了中央集权统治基础，所以科举制有这样一个导向作用。另外科举制由考试决定取舍，体现了竞争的原则，大家都在同一个起跑线上竞争。但考试是公开的，主考官和考生都是公开的，当宰相和高官的子弟参加考试，那就有可能产生不公，如果公平录取的话，世间也会有舆论。因此会实行别头试，即宰相高官的儿子专门有一个考场，以防止同场竞争产生的不公。这种竞争和平等的原则，在科举考试当中能充分地体现出来，录取的主要标准就是才。

我们在学习和研究中国历史时，会经常遇到才子与佳人的问题。才子成为中国古典文学当中历久不衰的主角，其实和科举制的盛行有很大关系，甚至可以说有直接关系。因为才华成为录取选拔的主要标准，才子才成为社会上追逐的对象，才子才有更大的舞台。

科举考什么？考策论、诗赋、经义，策论就是对国家有关军国重事发表自己的见解；经义是考察对经典著作的熟悉程度，阐发经义，默写空白部分，类似填空；诗赋是考察文才。我们现在看的《全唐诗》收录的近五万首唐诗，都不是在考场上创作的，大多是文人与社会交往和个人境遇有关而有感而作。但诗赋最能体现个人才华，并且被列入考试内容，唐朝成为诗歌的黄金时代也并非偶然。唐代以后历朝都不乏诗人，现在仍然有人舞文弄墨，传统诗写得非常好，但是在整体上没有任何一个朝代超过唐代，为什么？所有的历史的现象都要从背后找原因，这就是我们研究历史的性质和主旨所在。这是由于唐诗是最能体现个人才华的，所以唐诗就成了社会上文人之间最流行的一种文体。

以才取人虽然成为录取官员的主要标准，但唐朝同样强调德才劳兼备。首先要看德，然后再看才，在调选官吏时也有考核，还要看曾经的政绩，就是劳。但在选官这个环节上，德是虚的，只要没有污名，只要没有受过刑法的处理，就可以参加科举考试，而才的标准是实的，也是最重要的，这一点是科举制区别于过去选拔制度的最重要的一点，重视才能。

科举考试之所以成为主导的选官形式，是因为它的这种平等竞争的精神和原则渗透到当时选拔官吏的各个层面。我们可以考察一下科举以外的其他的选官途径。

唐朝的门荫制是给皇亲国戚和中高官子弟提供的优先入仕的捷径。但如果走门荫入仕之途径，也要参加考试，只不过和科举相比，要求和内容有所区别。另外，流外入流是小吏晋升到官的层次的主要途径，但过程异常艰辛，要经过层层考试，但这些考试的要求都远低于科举考试的程度。

科举制之所以成为主导的选官形式，还有一个重要原因。唐高宗、武则天和唐玄宗时期科举制有一个较大的发展。吴宗国先生曾统计过，唐前期宰相靠门荫出身的占有很大比例，到后期所有的宰相都是科举出身，中高级官吏及重要岗位上的人都是科举出身，也就是说其他出身的人已经不容易被选派到中高级的清官、要官位置。虽然每年通过进士和明经两科录取人数很少，但是总的趋势是科举制出身的人逐渐占据了最重要的官吏职位。这种重才的理念和原则，以及围绕重才而制定的制度成为此后历朝历代都遵循的原则。

（三）铨选环节的再审机制

科举考试通过后，仅是解决了做官资格的问题，类似现在的高考。通过科举考试、学校、流外入流等途径取得了做官的资格，还要参加吏部的铨选，类似现在的公务员考试，这个考试更重要。当然在宋代以后吏部的铨选考试已经不存在了，重要的就是科举考试，吏部的功能变成审查资格、业绩，以及安排晋升迁转等。而唐朝的铨选是正式的考试，能不能当官、当什么官、能不能晋升那是吏部的铨选。吏部的铨选考什么？考察的内容为身、言、书、判。身，就是要求体貌丰伟，做官要相貌堂堂有气势。言，就是言辞辩证，当官要对上对下会说话，而且还要有很好的逻辑思维，条理清晰。书，即要求楷法遒美，唐代是书法艺术的一个高峰，促成了欧、颜、柳体的形成，这与科举和铨选考试都讲究楷法有密切关系。判，即文理优长，每一个官员都要写判词，要求有文才，有严谨的逻辑，即文笔好也是对官员的基本要求。

三、任用过程中的监管

唐朝对官吏的任用有一套严格的制度。考课制度即是其中的重要环节。但治吏并不限于此，还有其他监管制度和措施。

（一）考课制度

通过各种途径最终进入官吏队伍后，还有各种机构和制度来规范管理。唐朝的考核即考课制度是任用和升迁的主要依据。一般的官吏是四考，即一年一考，四年的考核评级决定升迁与否。考课等级分为九等，即分上中下三等，每等再分上中下，从上上到下下。如果考评为中中，一般是平调，中上就会加官晋爵，中中以下就会受到夺俸、降级的处分。考课制定有严格的标准，"四善"是官德的标准，即"德义有闻，清慎明着，公平可称，恪勤匪懈"。要有德义，要清明、公平、勤勉，这是做官基本的标准。"二十七最"是根据具体担任的职务的考核标准。如"献可替否，拾遗补阙，为近侍之最"，是说在皇帝身边的近侍之臣要向皇帝进谏，要对中央没有考虑到的问题拾遗补缺；吏部负责选拔和任用人才部门的官员，考课标准是"铨衡人物，擢尽才良，为选司之最"，考核选拔最优秀的人才。每年考核完毕后当众宣读并纳入政绩，在铨选时根据考课评价决定官途。但制度也有弹性，例如有一个主考官叫卢承庆,任职吏部考功员外郎，负责考课。某年，一个漕运官负责押送漕米进京，由于大风导致翻船，米都沉进了江里，因此考为中下。然而这个漕运官神态自若，卢承庆非常感慨，下令重考，考中中，但押运官仍然神色自若，卢承庆很欣赏他的宠辱不惊，将考评等级改为中上。由此看来，主观印象或其他因素也会影响到考课等级。除了官员本身的考核之外，在任用环节也有相关制度。

（二）回避制度

为了防范官吏之间由于私人关系形成利益集团，有碍于公平，在注拟官缺时，实行回避制度。回避的范围：第一，近亲、同门、同司、上下级都要回避，不能在同一机构任职；第二，在处理公文时，某些官吏会有联署文件的要求，在需要多个官吏进行联署操作时须回避上述关系；第三，司法回避，在司法官员审判案件中，有上述关系者应当回避；第四，科举回避，凡是上述关系的主考官需要回避，即不能担任主考官；第五，地域籍贯回避，派任官吏须回避其原籍。这些回避制度避免了官员在地方或任职机构上势力过大，拉帮结派，营私舞弊。

（三）保举连坐制度

中高级官吏有举荐人才的义务，后逐渐变为某种权力。如果被举荐之人出了问题，举主也会因连坐而受到处罚。

（四）监察御史的"风闻弹事"

御史台是最高的中央监察机构，监察包括宰相在内的公卿百官，发现有问题的官吏，可在没有确凿证据的情况下"风闻弹事"。

四、对主观因素干扰的防范

科举制的初期，仍然会受主观因素的影响。唐贞观时有两个名士，张昌龄和王公治，参加进士科考试，众人都认为凭他们的才名录取不成问题，结果却名落孙山。连唐太宗都感到很奇怪，就问当年任主考官的考功员外郎王师旦为何黜落二人，王师旦回答说，张昌龄等人"华而少实"，如果录取他们后来的考生会争相仿效，不利于陛下选拔人才的旨意。我们这里不评判对错，只是用此事例说明主考官的主观因素是可以决定取舍的。王师旦似可算做秉公办事，但由于大家都知道主考官是谁，走后门、递条子等现象就愈演愈烈。这种风气也漫延到铨选的考试中。某次一个大宦官给主持吏部铨选的主考官递条子要求录取一个人，可是主考官弄丢了条子只记得是姓某，因此他将所有姓某的全部录用了。这些主观因素造成的不公正，是显而易见的。

我们也会看到与"行卷"有关的典故。这是唐朝科举制实行后的时代特色。考生赴考前会将自己的诗赋作品呈现给名士或权贵，这就是"行卷"。如白居易，早先默默无闻，他将自己的作品呈现给当时的名士顾况，顾况最初不以为然，一看名字叫白居易，便说"长安米贵，居大不易"。但当他读到放在最上面的诗"离离原上草，一岁一枯荣。野火烧不尽，春风吹又生"时，拍案叫绝，马上改容接待，说有如此好诗，长安居之也易啊。随后为白居易扬名，使得白居易名声大噪，影响了当时的舆情，影响了主考官的取舍。所以，推荐和舆论有好处也有弊端。

宋代科举大发展，名额增加，学校与科举合流，大量官员都是由科举出身。为了避免主观因素的干扰，在选拔环节这个源头就制定了严密的措施。首先是锁院，宋朝主考官是不公布的，皇帝确定后由宦官直接将其带到一个封闭的屋子，从此不能和外界有任何的交集，家属都见不了面；第二，糊名，所有考生的卷子都糊名，之后再密封；第三，誊录，誊录官将考生的卷子全部誊录一遍，所有的记号和笔迹都无法认出。可以说宋代真正实现了"取士不问家世"。然而道高一尺魔高一丈，由于断绝了考生在通关节这一环的机会，他们便在考场上下功夫，想出各种办法夹带小抄，因而后来考场规矩越来越严格。明清时考生进入考场所带的所有物品都有规定，考篮和笔管必须是镂空的，冬天时所穿的皮袄必须翻穿，毛在外且里面是平板，馒头要掰开。即便是如此，清朝仍然出了很多科场大案，大多是与作弊有关。因此我们可以看到在取士、官吏任用、官吏考课等环节越来越严格的制度。

五、官吏群体中对吏的治理

官与吏在唐代逐渐分成了两个不同的阶层，品级、待遇、社会地位的差距越来越大，渐渐变得官清吏浊，大家都向往官而非吏。但吏是官吏群体的重要组成部分，由于素质和层次远远低于官，再加上他们往往掌管的是最具体或技术性强的工作，往往直接面对民众，对他们如何治理是更严重的问题。

基层小吏虽然不入流，但往往可以从他们的职位中获得很大的利益。据说唐朝大诗人元稹在京城为官，想对亲戚有所关照，于是让自己的舅舅来京城为他谋一个小官。舅舅原本是个小吏，他来到京城之后，待了很短的时间，就对元稹说我还是回去吧，这里是清水衙门，我之前虽然地位不高但是所得丰厚，最终回到家乡继续去过油水丰厚的小吏生活。可知作为官吏底层的吏，是有很多缝隙的。之所以要同时谈官和吏，是因为在整个官僚体系中吏是个庞大的群体，不可或缺。

那么官和吏的区别是什么？除了政治地位、社会地位的区别以外，还有一点需要注意，即官的流动性。一般官员都有任期，三年、四年任期满必须调换。而吏不同，吏大部分都是用的当地人，具有长任性、封建性、世袭性。有时某些家族会世袭某个职任，几代人持续不断。

官的入仕途径从唐代以后大部分是通过科举考试选拔上来的，科举制有它的科学性和积极意义，使得整个官吏、社会的文化素质提高了，并且以才能作为选拔官吏的标准也有它的公平性。但是弊端也很明显，首先新官员上任后一般没有处理政务的经历，同时又被派到不熟悉的地方，面对一些具体事务，必须依靠当地的吏，所谓吏强于官、官受制于吏、清官难逃猾吏之手等说辞，都是描述这种似乎官吏倒置的现象。这是中央集权下官与吏关系的一个很重要的特点。官和吏之间已经不是一个连接的群体，而是形成缝隙拉大的两个群体，且舆论评价和社会地位有明显的区别。比如唐太宗时，张玄素身居高位，但因出身刑部令史（为流外官，九品之外的吏），总觉羞愧，当太宗问及出身，玄素不得不据实应答，随后"将出阁门，殆不能移步，精爽顿尽，色类死灰"，心理几近崩溃。可见世人越来越鄙视这样的事务性和技术性工作，但是通过科举考试选拔上来的官又不擅长这种工作，他们上任以后就有可能受制于吏，在具体环节上吏往往可以操纵对事务处理的方向，也容易上下其手、营私苟且，而官又无可奈何，或只能沆瀣一气。吏由此被冠以很多污名化的称谓，如奸吏、猾吏。唐后期著名的财政改革家宰相叫刘晏，他在用人时说，为什么吏会称为贪吏，因为他只重利益不重名声，但士如果陷入贪赃枉法舆情中，他所最看重的一世英名会毁于一旦，所以在用人时要有所区别，士更重名，而吏趋于利。

如何解决官与吏的缝隙问题？民谚云：绍兴师爷满天下。在官和吏出现缝隙时，官需要有自己的帮手，师爷集团、幕僚集团就产生了，他们不在官僚集团的编制之内，他们的俸禄是由长官来给的。长官在聘用师爷时最重要的是要聘请三类人：第一是刀笔师爷，负责处理文牍工作；第二是刑名师爷，古代地方长官有一个重要职责就是司法判案，如果不熟悉地方情况，在判案时就会误判，所以他就要聘请懂法律和地方情况的刑名师爷；第三是钱粮师爷，地方长官一个重要职责就是向中央交税，管理考核的标准就是人口、土地和税收。因此师爷的出现填补了官与吏之间的缝隙，起到佐官检吏的作用。但师爷的出现并没有从根本上解决治吏的问题。

六、得失与借鉴

中国古代的吏治和治吏有得失有借鉴。影响吏治的因素可以简单地分为体制性因素和其他因素。

（一）体制性因素

第一，中央集权官僚体制的运行模式。秦始皇建立了专制主义中央集权制度后，专制主义中央集权官僚制度追求事无不统。在一个王朝建立初期，需要管控的事情会比较少，需要的官员也比较少。如唐太宗时，京城官员六百多人，唐太宗就各地搜罗人才，甚至采取赤牒授官的方式，就是用空白的委任状直接贴上名字去任职。有些人因为社会刚结束动乱，不清楚之后的发展趋势，不愿意冒险，所以那时还是求才若渴。因而在科举制实行时唐太宗说"天下英雄尽入吾彀中"，表明可以通过科举制延揽天下英才满足他的政权需要。但是在国家相对安定后，很多具体的事务性工作就会涌现出来，而且会越来越苛繁，层级会越来越细分，事务会越来越多。在这样的情况下，就会出现机构重合、官员职责不清、效率低下。每发生一个新的情况，往往不在原有机构负责的范围，中央会组织一个调查组或另设新机构去专门处理，这样就造成人员越来越多，事务越来越庞杂，就会职权交错、效率低下。这是我们研究中国古代政治体制时经常会遇到的一个重要问题。唐朝时，皇帝问他手下的亲信，说过去太宗时期那么少的官效率也很高啊，我们现在这么多的官为什么效率这么低。那个亲信说过去事少，现在事多，要想精简官吏必须先精简事务。明朝顾炎武说"官多则事繁，吏多则民残"，都是一个意思。但是专制主义中央集权不可能精简事务。

第二，官僚是一个特权阶层。政治资源在中国古代一直是最核心、最重要的资源，有了政治权力就会得到其他的一切，如果只是一个白身地主那地位是不保的，所以官僚集团在政治经济社会各个方面随着官位的高低享有大小不等的特权。如唐代均田制，不同品级的官会分到数额不等的田，品级越高，亩数越多。按规定，百姓的丁男可以授田百亩，但往往是虚数，并不一定落实，但却必须承担百亩田地所应当承担的租庸调。官员不一样，官员根据品级不同分到的都是实打实的田，而且还有职分田、公廨田等作为办公和生活补贴。上下级之间、平级之间和部门之间还有很多法律的空子，所以说法律严惩贪污，但制度的空隙给了官员更多的机会。中央官虽然权力大地位高，但是经济收益不如地方官，所以地方官往往进京时会孝敬中央官，而且唐朝时官吏可以享受国家发放的很多日常生活品，除了俸禄之外还享有很多其他特权。他们还可以利用政治地位谋取很多权力和利益。中国古代社会结构特点是三位一体，即地主、官僚、商人三位一体。作为地主，具有经济实力，那必然会谋求政治上的权力和地位，就是去做官；如果想要致富，必然会去经商。所以地主、官僚、商人往往形成三位一体，或集合于一人。更确切地说，是就整个社会结构而言的格局。地主和商人致富之后之所以会谋求政治上的权力，是因为政治权力是决定一切的，政治权力会成为和经济利益交换的资源。

第三，专制主义中央集权是封闭式操作的。一方面是君权神授，君主意志基本就代表了国家意志；另一方面对官员本身来说，缺乏激励机制，更缺乏外来激励。我们前面提到过考课制度中也有激励和晋升的制度，但是考课制度在制度规定上很严，可到了唐后期考课制度流于形式，规定往往成了一纸具文，起不到真正的激励作用。

唐朝的监察制度是很完备的，设有几个监察机构来监察百官。其中有中央的最高监察机构御史台，体系完备，地位高、权势重，设置有御史大夫、御史中丞，为长官和副长官，三院御史各司其职。其中监察御史职权最重要，监察包括宰相在内的所有官吏，如前述可以风闻弹事，只要听说某些事就可以举报弹劾，御史还会经常出使考察地方。这种情况并不始于唐朝，只是到唐朝更加完备化了。除了御史台，唐朝还有完备的审计部门称为勾检系统。勾检系统不同于御史台，没有完整的系列。总掌机关是尚书省都省，各级机构的勾检系统，是由本部门的录事、参军事等品级较低的官员兼任，勾检事务对都省负责，与本部门长官无关。勾检职能包括公文旅行和财务审计，对本部门和相关官员执行和落实中央的决定进行监督。

上述的御史台、勾检系统都是内部监督。外部监督则是民众的自下而上的监督。这个机制在中国古代并非完全没有，但没有制度的保证。武则天时期鼓励民众揭发检举，设立四匦，相当于现在的举报箱，可以根据举报信审核官员。武则天时期实行的是酷吏政治，针对两种人，一是贪赃枉法之人，另一是政敌。虽然有时罪名是捏造的或拷打逼供出来的，有很多冤案，但到了武则天后期也将这些酷吏处置了。所以外在的机制基本看不到。中央经常派使出巡，出使一般都负有了解当地民情、考察地方官吏的职能。我们在明清以来的戏剧小说如《十五贯》《杨乃武小白菜》等中看到"拦轿喊冤"的情景，小民受了冤屈只好拦大官和巡按要员的官轿来引起重视，这正是因为外部的监督机制不健全。今天的民主法制社会，更重视民众对官员的监督，这是净化官员的重要方式，但这种方式在古代很少推行。

（二）其他因素

第一，皇帝本身的影响。在专制主义中央集权下，皇帝是很关键的人物，皇帝的个人取向、性格等方面都会影响吏治，影响中国古代政治环境。如唐太宗励精图治、虚心纳谏，任用和提拔敌对势力的人士，对布衣、不同地域民族的文臣武将不拘格限，因材任用，以巩固统治，从而开辟贞观之治，奠定大唐伟业的基石。我将唐太宗的治国之道归纳为三点，即抑君欲、澄吏治、关注民生。唐太宗也是人，作为君主他依然是有欲望的，但他认为要长治久安必须抑制自己的欲望。在魏征还没去世时，他在院子里玩鹰，听说魏征来了，赶紧将鹰塞进袍子，魏征一来就侃侃而谈，等魏征离开后，唐太宗一看，袍子里的鹰已经死了，说明他为了长治久安而刻意抑制自己的欲望。晚期的唐太宗认为天下太平了，可以无事自安了，贪图享乐的欲望就不再刻意抑制了，上行下效，可想而知。唐玄宗更甚，登基后开创开元盛世，但是后期"春宵苦短日高起，从此君王不早朝"，觉得自己可以享受了，整日沉浸在与杨贵妃等的宴饮和娱乐活动中，完全不理朝政，不顾百姓疾苦，大事征敛，官场腐败、边境告急，终于爆发安史之乱，使得大唐王朝骤然由盛而衰。可见君主的性格和个人因素可以影响吏治的清明与否。朱元璋特别痛恨贪官污吏，据说他将贪官的皮扒下来填上草挂在路边，以示警诫。雍正也是一个非常严苛的皇帝，这便是他们的性格和他们对于吏治问题的认识决定了他们如何治吏的方式。

第二，王朝建立初期和末期对于官吏的治理是有显著不同的。经过大规模的农民起义之后的王朝特别能够吸收前朝腐败黑暗统治的历史教训。雄汉盛唐是两个典型的强盛王朝，在王朝建立前，它们都经历了什么呢？汉朝经历的是秦末农民大起义，汉高祖刘邦就是在农民大起义的浪潮中崛起的。唐取代隋也是经过了隋末农民大起义的风暴，唐太宗深明"水能载舟，亦能覆舟"的道理，官少事简，吏治比较清明，经济恢复得比较快。但唐后期就不同了，统治集团日益庞大，需要百姓供养的人数日益增加，经济发展、社会安定之后，统治阶级对财富的掠夺、对民众的压榨是无止境的。唐后期的贫富差距、阶级矛盾日益激化，终于又一次酿成大规模的农民起义。

但历史上有的王朝的建立并非是通过农民起义而实现的，这些王朝的发展历程和立国理念也会不同。历史上有三个短命王朝，秦朝、西晋和隋朝。秦是统一六国后建立的，西晋是同一统治集团内部的司马氏取代曹氏家族而建立的，隋是隋文帝杨坚取代北周建立的。秦王朝存续了约 14 年，西晋王朝存续了 52 年，隋朝存续了37 年。而西汉王朝存续时间达 210 年，唐王朝存续时间达 289 年。王朝存续时间的长短虽然并不完全取决于吏治，但吏治的好坏与王朝的确立和存续至关重要。由此我们看出农民起义的教训对吏治的影响是深刻的，也关系到某个王朝是否能够长治久安。

（三）借鉴

综上，以下几点可以作为对古代吏治的经验借鉴。第一，加强对民本思想的借鉴。第二，重视对官吏的培养和教育。第三，要有完备和严密的制度、运作程序和方法。

关于吏治和治吏的问题，以上讲的内容都是开放性的，没有确定的结论。希望给大家提供一个思考的过程，使我们对中国古代社会、古代官僚监管制度能够有一个更深刻的认识。

《秋亭嘉树图》（局部）元·倪瓒

秦始皇的掌控之道及其借鉴意义

岳庆平

北京大学历史系教授，博士生导师，曾任北京大学政策研究室主任，项羽文化研究会会长，岳飞文化研究会会长，中国秦汉史研究会副会长，《文史知识》编委等。

已出版著作10余本，发表论文200余篇，主编辞书、丛书多部。

本文主要从四个方面同大家分享：一是秦始皇的人治掌控。在秦始皇时期，主要是人治而不是法治，尽管当时秦律比较健全和完善。秦始皇作为千古一帝，皇权至高无上，他主要是靠人治掌控秦朝。二是秦始皇的制度掌控。他创立的皇帝制度、三公九卿制度、郡县制度，一直影响了中国 2000 多年。三是秦始皇掌控的启示。四是秦始皇掌控的警示。总而言之，秦始皇的掌控既有人治掌控，也有制度掌控。在我看来，他的制度掌控更多的是经验和启示，而他的人治掌控更多的是教训和警示。

一、秦始皇的人治掌控

第一，亲理朝政。公元前 247 年，秦庄襄王死，13 岁的嬴政被立为秦王。当时吕不韦为秦朝宰相，把持国政，大权独揽，他不仅是秦朝宰相，还被年少的秦王嬴政尊为仲父。到了公元前 237 年，秦王嬴政免除了吕不韦的宰相职务，把吕不韦放逐到了巴蜀。吕不韦知道他与秦王嬴政的关系完全破裂，饮毒酒自杀。秦王嬴政开始亲理朝政。

第二，统一六国。秦王嬴政从公元前 230 年起，到公元前 221 年灭齐时止，利用十年的时间消灭了六国。公元前 219 年通过"秦攻百越之战"平定南方百越，从此完成了统一六国的大业，结束了贵族王侯专政的王国时代，进入了君主专制的帝国时代。

第三，严刑酷法。《史记·秦始皇本纪》中记录了一段贾谊的《过秦论》，其中有个观点强调秦王嬴政的严刑酷法和暴虐："秦王怀贪鄙之心，行自奋之智，不信功臣，不亲士民，废王道，立私权，禁文书而酷刑法，先诈力而后仁义，以暴虐为天下始。"秦朝残酷的刑罚分为死刑、肉刑、作刑、财产刑、耻辱刑等几大类，每个大类之下都有各种名目的行刑方法，比如死刑有车裂、具五刑、凿颠、镬烹、枭首、腰斩、囊扑、定杀等行刑方法。秦朝对百姓采取"轻罪重罚"的激进政策，百姓哪怕只有一点儿罪过，都会遭受严刑酷法的惩罚。秦朝末年的陈胜和吴广，只是因为在戍边途中遇上大雨，道路不通，无法按期赶到预定地点，就要面临被斩首的结果，从中可见秦朝刑法的严酷。

第四，焚书坑儒。根据《史记·秦始皇本纪》记载："非秦记皆烧之。非博士官所职，天下敢有藏诗书百家语者，悉诣守、尉杂烧之。有敢偶语诗书者弃市。以古非今者族。吏见知不举者与同罪。令下三十日不烧，黥为城旦。所不去者，医药卜筮种树之书。若欲有学法令，以吏为师。"秦始皇把除了"医药卜筮种树"之外的书都给烧了，应该说这对中国文化来讲，是一个巨大的破坏。公元前 212 年，也就是秦始皇当皇帝的第 9 个年头，他进一步走向了自我禁锢和自以为是，不断加强个人的专制独裁，听不进不同的意见。方士卢生、侯生等替秦始皇求仙失败后，私下非议秦始皇的为人处世执政等，而且徐福把秦始皇求仙的钱也带跑了。所以秦始皇大怒，下令抓获了 460 个方士儒生全部活埋，这就是坑儒。历史上对焚书坑儒的批判是很多的，毕竟它对我们的文化事业非常不利，而且焚书坑儒也充分体现了秦始皇的人治和专制。但鲁迅对秦始皇焚书有独到的见解："秦始皇实在冤枉得很，他的吃亏是在二世而亡，一班帮闲们都替新主子去讲他的坏话了。不错，秦始皇烧过书，烧书是为了统一思想。但他没有烧掉农书和医书；他收罗许多别国的客卿，并不专重秦的思想，倒是博采各种的思想的。"

第五，筑长城修灵渠。秦始皇修建长城后，长城成为抵御北方少数民族侵略的重要防线，并且长期作为中国的国界而存在。秦始皇修建灵渠，进一步加强了秦朝对珠江流域的控制，使该地区永远成为中国的版图。

第六，击匈奴征百越。公元前 221 年，秦始皇完成了统一大业之后，就着手制定北击匈奴、南征百越的计划。公元前 214 年，蒙恬率军反击匈奴，匈奴被迫北徙十余年。所以贾谊说："却匈奴七百余里，胡人不敢南下而牧马，士不敢弯弓而报怨。"桑弘羊也说：经蒙恬反击之后，"匈奴势慑，不敢南面而望十余年"。公元前 218 年，秦始皇命屠睢和赵佗率军进攻岭南百越各部族。公元前 214 年，秦始皇命任嚣和赵佗率军再次进攻岭南百越各部族。秦军很快击败了岭南百越各部族的反抗，整个岭南地区开始划入秦朝的版图。

二、秦始皇的制度掌控

第一，中央集权制。秦始皇完成了统一大业之后，马上开始把地方权力集中于中央。从秦始皇开始，中国逐渐形成并完善了专制主义的中央集权制度。我比较赞同中央集权，但我不太赞同皇帝独裁。在我看来，中央集权和地方分权之间应该动态平衡恰当的度。但在中国古代，尤其在秦始皇的时候，中央集权比地方分权更适合当时的历史发展和社会进步。在秦始皇之后的 2000 多年中，在中央集权制盛行的前提下，中央集权和地方分权有时处于两难选择和随机应变的状态。

第二，皇帝终身制。秦始皇完成统一大业之后，下令大臣议论自己的称号。秦始皇前期比较民主，经常和大臣一起在朝廷议论朝政大事。经过一番议论，丞相王绾等人认为，秦始皇"兴义兵，诛残贼，平定天下"，功绩"自上古以来未尝有，五帝所不及"。他们说"古有天皇，有地皇，有泰皇，泰皇最贵"，建议秦始皇采用"泰皇"的称号。但秦始皇对此并不满意，他只采用其中一个"皇"字，又自认为功劳已超过"三皇五帝"的总和，所以创造出"皇帝"的称号。此后，"皇帝"就成为中国封建社会最高统治者的称号，一直延续到 1911 年辛亥革命。秦始皇做了中国历史上第一个皇帝，自称"始皇帝"。他又规定，自己死后皇位传给子孙时，后继者沿称二世皇帝、三世皇帝，以至万世皇帝。秦始皇想让皇位永远由他们嬴氏继承下去，并且"传之无穷"。皇帝终身制的好处是皇帝很负责任，而任期制的统治者不一定很负责任。等到后来刘邦"非刘氏而王者，天下共击之"的白马之盟，表明不仅他们刘氏要当皇帝，皇帝下面的诸侯王也必须是刘氏，这使家天下的色彩更加浓厚。中国古代的家和国是相似相通的，我写过一本书叫《中国的家与国》，书中从多个层面详细论述了家和国的关系，对大家了解和理解家长终身制和皇帝终身制有参考作用。

第三，三公九卿制。秦朝总结了战国以来各国的官僚制度，在中央建立了三公九卿制度。三公即丞相、太尉、御史大夫。九卿即奉常、廷尉、治粟内史、典客、郎中令、少府、卫尉、太仆、宗正。秦始皇建立的皇帝制是世袭的，但是三公九卿制或者说后来的三省六部制等各种官僚制，都是不世袭的。所以到了明末清初，黄宗羲就说中国的皇帝制和官僚制可取长补短，相辅相成。皇帝制是终身的、世袭的，天下是皇帝的，所以皇帝很负责任。但官僚制是有任期的，不是终身的、世袭的，所以官僚需要德才兼备。当然先秦时期的选官制度是世卿世禄制，也是世袭的。比如说祖先是高官，后代就可以世袭高官；祖先的官职比较低，后代就只能世袭较低的官职。秦汉时期的选官制度是察举征辟制，不再世袭了。到了魏晋南北朝，选官制度改为九品中正制。再到隋朝的公元605年，选官制度又改为科举制。科举制正好延续了1300年，一直到1905年。我认为，凡是长期存在的制度，客观上一定有某些合理因素，所以我对科举制的评价是比较高的。我学习研究历史几十年，觉得对历史制度、历史人物、历史现象、历史演变、历史规律的评价，既要避免走极端地强调或夸大某个方面，也要避免走极端地遮蔽或缩小某个方面。最好尽量一分为二或一分为多，尽量用长时段、宽视野、深层次、跨学科的思维方式去客观公正地理解和把握。

第四，全面郡县制。秦始皇完成了统一大业之后，采纳李斯的建议，废除以前的分封制，改行全面郡县制。即地方行政机构分郡县两级，主要官吏由中央任免。郡设守、尉、监，郡守掌管政务，郡尉辅佐郡守并掌管兵事，郡监掌管监察。秦始皇先把全国分为36郡，以后又陆续增至41郡。县设令或长，县令（长）领有县丞、县尉及其他属员。县令（长）掌管政务，县丞掌管司法，县尉掌管军事。柳宗元在《封建论》中指出，秦始皇废除分封制，建立郡县制，符合历史发展的必然趋势："秦之所以革之者，其为制，公之大者也；公天下之端自秦始。非圣人意也，势也。"

第五，书同文行同伦。"书同文，行同伦"在中国历史文化中是至关重要的。书同文就是在全国统一文字，这是我们中华民族大一统思想的一个重要基础。行同伦是指衣食住行、风俗习惯和信仰等方面的一致，这有助于在全国建立统一的伦理道德标准和行为规范。

第六，统一货币、车轨、度量衡。秦始皇统一全国后，采取了两种方式统一货币，一是由国家统一铸币，严禁私人铸币，将货币的制造权掌握在国家手里；二是在全国通行两种货币，即上币黄金和下币铜钱。秦始皇统一全国后，将车轨的宽度确定为六尺，一辆车可以通行全国。秦始皇还采用了原来秦国的度量衡标准，与这个标准不同的各种度量衡一律禁止使用。货币、车轨和度量衡的统一，巩固了秦朝专制主义的中央集权，促进了秦朝经济的发展和各地物资的交流。

三、秦始皇掌控的启示

第一，明法度定律令。《史记·李斯列传》有这样一句话："明法度，定律令，皆以始皇起。"说明法度和律令都是从秦始皇开始的。我们现在通过考古发掘，在地下发现了某些简牍，证明秦朝的法度和律令是相当完善的，而且有些也很细化。汉朝的法度和律令主要是继承秦朝的。秦朝比较重视法家，所以尽管秦始皇主要是人治，但有时也比较重视法制。秦始皇的早期，不仅比较重视法制，也比较重视民主。朝政大事经常要求大臣在朝廷上议论，秦始皇不先发表自己的意见，他能够做到洗耳恭听。比如我们前面说的皇帝制度、三公九卿制度、郡县制度，都是经过大臣在朝廷上议论后，再由秦始皇决定采取的制度。

第二，不拘一格用人。谈到秦始皇不拘一格用人，往往会谈两个人，一个是李斯，一个是尉缭。这两个人都被秦始皇重用了，后来李斯当了宰相，尉缭当了国尉。秦王嬴政十年，秦国宗室贵族鉴于韩国派水工修灌溉渠，试图消耗秦的国力，所以建议秦王嬴政下令驱逐一切客卿，于是秦王嬴政下了一个逐客令。而当时的门客李斯建议秦王嬴政不要逐客，《谏逐客书》就是李斯给秦王嬴政的一个奏章。秦王嬴政读了李斯的奏章，觉得李斯说得有道理，便马上取消了逐客令，而且逐渐信任和重用李斯。尉缭精通相面测心，对秦王嬴政的这段描述入木三分："秦王为人，蜂准，长目，挚鸟膺，豺声，少恩而虎狼心，居约易出人下，得志亦轻食人。我布衣，然见我常身自下我。诚使秦王得志于天下，天下皆为虏矣。不可与久游。"秦王嬴政多次向尉缭求教，但尉缭多次拒绝，并"与弟子王敖一夕遁去，不知所往"。秦王嬴政大怒，本来想杀尉缭。但在李斯的建议下同意将尉缭追回，并任命尉缭为国尉。李斯、尉缭协助秦王嬴政成就了他的帝业。

第三，大一统的局面。根据《公羊传·隐公元年》记载："何言乎王正月？大一统也。"徐彦疏："王者受命，制正月以统天下，令万物无不一一皆奉之以为始，故言大一统也。"这个大一统的局面是从秦始皇开始的，而且从秦始皇之后，中国历史进程中统一的局面远比分裂的局面长，这是秦始皇对中国历史进程的重要贡献。所以我们说秦始皇最大的功绩是统一，尤其是开创了中国大一统的局面。

第四，百代都行秦政法。从秦始皇之后的 2000 多年，中国基本上是实行秦始皇创立的政治制度。1973 年 8 月 5 日，毛泽东作《七律·读〈封建论〉呈郭老》："劝君少骂秦始皇，焚坑事业要商量。祖龙魂死秦犹在，孔学名高实秕糠。百代都行秦政法，《十批》不是好文章。熟读唐人《封建论》，莫从子厚返文王。"毛泽东认为，百代都在实行秦始皇创立的政治制度。诗中"事业"属于价值判断，说焚书坑儒是事业，说明毛泽东是肯定秦始皇的。

第五，掌控有时比管理重要。管理主要针对具体的个人和事务，一般只需要具体的技能。而掌控主要针对宏观的局面和趋势，更需要高超的智慧。我觉得从秦始皇身上主要不是学习领悟管理，而是学习领悟掌控。秦始皇是掌控大局面、把握大趋势和拥有大格局的人。要治理好一个国家，可以从秦始皇身上学习领悟到很多经验和启示。

第六，战略有时比战术重要。无论是对国家还是对单位，向秦始皇学习领悟战略思考都是必不可少的，而且背后的道理和逻辑是相通的，所谓"治大国若烹小鲜"。当前如何正确认识正在发生的中美经贸摩擦，对我们来讲很重要。我认为中美经贸摩擦只是表面现象，它的背后是中美科技、军事、政治、文化、意识形态的全面竞争和对抗，是美国一直运用霸权心态、冷战思维、零和博弈思维，将中国视为最严峻的长期挑战。我认为从整个世界历史进程看，英国曾经称霸世界200多年，美国称霸世界至今不到80年，美国还能称霸世界多少年，这具有一定的偶然性。但有一点是必然的，就是将来取代美国引领世界的必然是中国。一是因为天佑中华，我们引领世界是替天行道；二是中华文化是讲究和平、和谐、和睦、合作、融合的和合文化，是最符合当今时代主题和世界发展趋势的。当今时代主题和世界发展趋势主要是和平与发展。而两次世界大战前后，当时时代主题和世界发展趋势主要是革命与战争。

四、秦始皇掌控的警示

（一）废王道立私权

《史记·秦始皇本纪》引用贾谊在《过秦论》中所讲的观点：秦始皇"废王道，立私权，禁文书而酷刑法，先诈力而后仁义，以暴虐为天下始"。有的版本把贾谊说的"立私权"写成"立私爱"。"废王道，立私权"对后世的负面影响很大。就"废王道"来说，既然废了王道，就必然要实行霸道。汉武帝时董仲舒"罢黜百家，独尊儒术"，表面上是独尊儒术，但实际上是外儒内法，把一部分法家的东西充实到了儒家的内涵里，所以有人说董仲舒所谓独尊的儒术属于新儒家。直到汉元帝时，才逐渐实现了王道和霸道的进一步融合。就"立私权"来说，中国古代社会长期重视私权和人治，不重视公权和法治。我对西方现代法治和中国古代法治的区别有个比较形象的比喻：西方现代法治好像一架飞机起飞，就是一个整体的机身，看起来干净利落，没有任何拖泥带水的部分。而中国古代法治好像一列火车出发，火车头拉着法，后面第一节车厢拉着礼，第二节车厢拉着德，第三节车厢拉着理，第四节车厢拉着情，第五节车厢拉着权。这里的理主要是指天理，这里的情主要是指人情，这里的权主要是指政治权力。政治权力可以干预法律，无疑也是秦始皇"立私权"的结果。在中国古代，政治权力最大者是皇帝，皇帝可以超越法律，还可以法外施恩。比如据《资治通鉴》记载：贞观六年"辛未，帝亲录系囚，见应死者，闵之，纵使归家，期以来秋来就死。仍敕天下死囚，皆纵遣，使至期来诣京师"。贞观七年"去岁所纵天下死囚凡三百九十人，无人督帅，皆如期自诣朝堂，无一人亡匿者。上皆赦之"。唐太宗法外施恩，将"死囚凡三百九十人"都赦免了，在历史上被称为"唐太宗纵囚事件"。

众所周知，唐太宗是可以和千古一帝的秦始皇相提并论的。但唐太宗比秦始皇更加明智和包容，一是因为唐太宗在一定程度上能掌控自己和超越自己，二是因为唐太宗身边有敢于谏诤的忠臣魏征等。而秦始皇在后期既不能掌控自己和超越自己，身边也没有像魏征那样敢于谏诤的忠臣。一般说来，像晚年秦始皇这样的暴君之下必有佞臣，而像唐太宗这样的明君之下才有忠臣。唐太宗更加明智和包容之处还在于，他知道魏征敢于谏诤不是为了实现魏征自己的私利，而是为了实现李家天下的长治久安，是为了避免唐朝重蹈隋朝速亡的覆辙。

（二）去仁恩任刑戮

根据《汉书·吾丘寿王传》记载：秦始皇"灭《诗》《书》而首法令，去仁恩而任刑戮"。在秦始皇晚年，全国有70多万刑徒被送到郦山修秦始皇陵，有些地方的刑徒数量已达到这些地方人口总数的五分之一。《汉书·刑法志》记载秦朝"赭衣塞路，囹圄成市"。意思是穿囚服者塞满了道路，监狱中刑徒多得像集市一样。又据《三辅故事》记载，秦始皇时期有72万人被处以宫刑，"所割男子之势，高积成山"。这些记载都可以说明秦始皇的"去仁恩任刑戮"。

（三）秦亡尤在淫侈

著名史学家吕思勉说："秦人致败之由，在严酷，尤在其淫侈。用法刻深，拓土不量民力，皆可诿为施政之误，淫侈则不可恕矣。"我很赞同吕思勉的观点，有些行为是可以宽恕的，而淫侈是不可宽恕的，主要因为淫侈是主观故意的。在中国历史上，淫侈不仅是秦朝灭亡的重要原因，也是很多朝代灭亡和清朝八旗子弟堕落的重要原因。所以晚唐诗人李商隐有句千古名诗："历览前贤国与家，成由勤俭破由奢。"

（四）晚年自我禁锢

根据《史记·秦始皇本纪》记载：燕人卢生、韩人侯生等方士，为秦始皇炼制长生不老的丹药，说"愿上所居宫毋令人知，然后不死之药殆可得也"。简单说就是这些方士告诉秦始皇，你要想得到长生不死的丹药，就得住在一个别人都不知道的宫殿里。其实我们现在想想，这两者之间没有任何逻辑关系，但秦始皇到了晚年，竟然连这样的话也深信不疑。从这段记载里，我们发现皇帝越老越容易被欺骗被忽悠，一是老皇帝往往缺乏理性和智慧，丧失了基本判断能力，分不清楚真假、是非和利害；二是在老皇帝周围没有朋友也没有真话，都是骗子也都是假话的时候，老皇帝更加容易被欺骗被忽悠，很快就异化和扭曲到人性真善美的反面，以致老皇帝越来越愚蠢暴虐，越来越违背常识常规。所以我在想，秦始皇周围的人在欺骗和忽悠秦始皇时，如果把秦始皇看成是一位亲人友人或正常的人，一定会适当地避免过度的别有用心，也一定会适当地手下留情。秦始皇晚年自我禁锢、自以为是、走向反面，我认为秦始皇本人有责任，但不负主要责任，负主要责任者应是同秦始皇有机会讲话的大臣和朝夕相处的近臣。

又据《史记·秦始皇本纪》记载："始皇帝幸梁山宫，从山上见丞相车骑众，弗善也。中人或告丞相，丞相后损车骑。始皇怒曰：'此中人泄吾语。'案问莫服。当是时，诏捕诸时在旁者，皆杀之。"因为秦始皇住在梁山宫里，当时一般人都不会知道。但秦始皇在梁山宫所在的山上，可以看到丞相李斯出行车马很多，前呼后拥，秦始皇很不高兴。后来秦始皇再次看到李斯出行，车马明显减少了，他马上知道有身边人告诉李斯了，但当时身边人都不承认。秦始皇非常粗暴残忍，干脆把当时的身边人都杀死。身边人只有一个是不冤枉的，其余的人都是冤枉的。

（五）暴虐导致暴死

根据《史记·秦始皇本纪》记载：秦始皇"至平原津而病。始皇恶言死，群臣莫敢言死事。上病益甚，乃为玺书赐公子扶苏曰：'与丧会咸阳而葬。'书已封，在中车府令赵高行符玺事所，未授使者。七月丙寅，始皇崩於沙丘平台。丞相斯为上崩在外，恐诸公子及天下有变，乃祕之，不发丧"。关于秦始皇暴死沙丘，有不少学者研究了多个原因，比如服用丹药中毒，日夜批改奏章太累，异地水土不服，被赵高等人暗害等，我认为这些原因都有合理之处。但还有一个原因是秦始皇暴虐导致暴死，这属于天道中的自然平衡法则，也是老百姓常说的：善有善报，恶有恶报。或者是体现了金木水火土相生相克的原理，即金木水火土没有绝对的强弱。秦始皇对弱者暴虐，比秦始皇更强的"天"可以对秦始皇暴虐，让秦始皇暴死。秦始皇出行时前呼后拥，有数万人保驾，确实能够有效地防止刺客刺杀秦始皇，但却防止不了"天"让秦始皇暴死，此正所谓"死生有命"

或者"人满则天概之"。"天概之"指"天"能刮平一个人，即"天"能让一个人暴死。

（六）秦人不暇自哀

根据《史记·秦始皇本纪》记载："郎中令与（阎）乐俱入，射上幄坐帏。二世怒，召左右，左右皆惶扰不斗。旁有宦者一人，侍不敢去。二世入内，谓曰：'公何不蚤告我？乃至於此！'宦者曰：'臣不敢言，故得全。使臣蚤言，皆已诛，安得至今？'"从中可见，秦二世到了生命的最后阶段非常可怜。秦二世是一个既没有能力水平也没有思想智慧的人，周围还都是骗子和假话，所以秦二世生命生活的质量实在是太低了。赵高为了成功地发动政变，曾经指鹿为马。开始还有人说是鹿，结果赵高把说是鹿的人都抓起来。后来再指鹿为马，更多的人知道谁再说是鹿，谁也会被抓起来，就都保持冷漠沉默，不敢说实话了。最关键的是：赵高指鹿为马成功之后，宫廷政变很容易就成功了。其实，指鹿为马与国外"皇帝的新衣"十分相似，表明中外历史确实有许多相似的地方。是鹿是马区别明显，国王穿没穿衣服也区别明显，不论是谁都能看得出来。但绝大多数当事人为了避害，采取了集体无意识的冷漠沉默。只有两种人会说实话，一种人是太真诚又不知道避害的，另一种人就是小孩，因为童言无忌。任何人随着年龄的成长，随着趋利避害的需要，人本性中的真善美都会减少。但我们应该做到的是：身上真善美减少的幅度尽量小一点，减少的速度尽量慢一点。这里我借用北京大学季羡林老师的一句话："真话不全说，假话全不说。"有时可以沉默，不都说真话，但假话一句都不能说。

赵高把秦二世软禁了，让秦二世喝毒酒自杀。所以秦二世死前还有时间，当时只有一个最亲近的宦者在身边。秦二世问："你为什么不早告诉我？"意思是我最信任你，别人和我说假话我理解，你为什么也对我说假话？这个宦者说，因为不敢说真话我才活着，假使我说真话了，你可能早就把我杀死了。因为在秦二世那里，谁说真话，谁批评他，他就会杀谁。谁都想活着啊！所以宦者这句话很深刻，秦朝有太多的人因为不敢说真话而活着。但历史最好不要重演，黑格尔有句很有哲理的话："人类历史上最大的教训，就是人类不可能从历史中吸取教训。"唐代杜牧在《阿房宫赋》中说："秦人不暇自哀，而后人哀之。后人哀之而不鉴之，亦使后人而复哀后人也。"历史悲剧有时会不断重演，唐朝人看了秦朝历史以后哭，却不知吸取历史教训，擦干眼泪后犯同样低级的错误。宋朝之后的人看了唐朝历史以后又哭，却又不知吸取历史教训，擦干眼泪后又犯同样低级的错误。等于是说中国不同朝代的人都不知吸取教训，无数次都非常低级地踏入了同一条河流湿了鞋。

从秦始皇开始到1911年封建王朝灭亡，思想和智慧往往说起来写起来头头是道，在和平时期和一般场合风光无限。但在关键时期、关键场合或面临关键问题时，思想和智慧经常不给力，甚至掉链子。有时真是可谓思想和智慧毫无用处，刀枪和暴力决定一切。中国王朝的历史一直处在以暴易暴必然循暴的怪圈里，上面是暴君专制独裁、对百姓毫不让步，下面是百姓只好造反起义和暴力革命。前面的王朝都被后面的王朝用暴力推翻，没有一个王朝是通过改革和非暴力建立的。所以后面的王朝对前面的王朝都是否定的，以证明自己王朝用暴力推翻前面王朝的合理性。汉朝虽然继承了秦朝的制度和法律，但汉朝人仍然把秦朝和秦始皇尽量说得罪过很多。贾谊的《过秦论》是相对客观地分析秦朝和秦始皇功过得失的文章，认为"秦王足己而不问，遂过而不变。二世受之，因而不改，暴虐以重祸"。"亡不亦宜乎？""秦俗多忌讳之禁也，忠言未卒于口，而身糜没矣。故使天下之士侧耳而听，重足而立，阖口而不言。""秦之盛也，繁法严刑而天下震；及其衰也，百姓怨而海内叛矣。"司马迁在《史记·秦始皇本纪》中大段引录了贾谊《过秦论》的内容，并且真诚地感叹："善哉乎贾生推言之也！"贾谊的《过秦论》写得很好，但其中有些观点我并不赞同，因为贾谊代表了汉朝人的观点，给秦朝、秦始皇、秦二世增加了某些不实之词。司马迁和班固也是汉朝人，所以贾谊、司马迁和班固这三个人所讲的内容对秦朝、秦始皇、秦二世都是不利的，也就是说否定的内容太多。但我们现在又找不到能有效推翻贾谊、司马迁和班固某些说法的可靠史料。鲁迅指出："历代王朝，统治时间长的，评论者都是本朝的人，对他们本朝的皇帝多半是歌功颂德；统治时间短的，那朝代的皇帝就很容易被贬为'暴君'，因为评论者是另一个朝代的人了。秦始皇在历史上有贡献，但是吃了秦朝年代太短的亏。"

李贽在《藏书》中赞扬秦始皇："始皇帝，自是千古一帝也。始皇出世，李斯相之。天崩地坼，掀翻一个世界。是圣是魔，未可轻议。祖龙是千古英雄挣得一个天下。"章太炎在《秦政记》中赞扬秦始皇："虽四三皇、六五帝，曾不足比隆也。"梁启超在《战国载记》中赞扬秦始皇："秦始皇宁为中国之雄，求诸世界，见亦罕矣。其武功焜耀众所共知不必论，其政治所设施，多有皋牢百代之概。"

毛泽东也赞扬秦始皇："孔夫子有些好处，但也不是很好的。我们应该讲句公道话，秦始皇比孔子伟大的多，孔夫子是讲空话的。秦始皇是第一个把中国统一起来的人物，不但政治上统一了中国，而且统一了中国的文字、中国各种制度，如度量衡，有些制度后来一直沿用下来。中国过去的封建君主还没有第二个超过他的，可是被人骂了几千年。骂他就是两条：杀了460个知识分子；烧了一些书。""中国历来分两派，一派讲秦始皇好，一派讲秦始皇坏。我赞成秦始皇，不赞成孔夫子。因为秦始皇是第一个统一中国、统一文字，修筑宽广的道路，不搞国中之国，而用集权制，由中央政府派人去各地方，几年一换，不用世袭制度。"

五、结语

2009 年 1 月 5 日的《人民政协报》刊登了我的文章《对〈大秦帝国〉热销和热议的反思》，我认为用很大篇幅描述秦始皇的《大秦帝国》作为一部历史小说，写得还是比较成功的，既具有很高的人气，又具有对历史的鲜活理解和一定的历史真实感。但历史小说毕竟不是以可靠史实为基础的严肃深刻的历史论著，特别是对可靠史料相对缺乏的春秋战国时期和秦朝来说，要写出 500 多万字的《大秦帝国》，还要生动好看，凝聚人气，自然免不了要虚构很多吸引人的细节。因此我们不能以严肃深刻的历史论著的标准去衡量《大秦帝国》，也不能要求《大秦帝国》承载过多的宏观审视、理性创造、历史借鉴、文明叩问和哲学反思功能。至于说我们当代到底需要什么样的历史书，我认为既需要生动好看的历史小说，也需要严肃深刻的历史论著，还需要其他类型的历史书。大家最好都以宽容和宽厚的态度，善待和尊重各类历史书的"百花齐放"、各种议论的"百家争鸣"和不同人群的多元选择。

中国历史悠久，文明起源早，所以重视历史，崇尚过去，这与历史较短、文明起源晚而重视未来、紧跟时代的美国迥然不同。从这个意义上说，我们千万不能陶醉和迷恋于数千年历史和文明的辉煌而因循守旧，故步自封。我们既要研读《大秦帝国》，展现历史精神，又要走出《大秦帝国》，顺应时代潮流。在当前经济全球化的时代，我们只有突破历史局限，顺应时代潮流，只有面向世界，面向未来，只有继续解放思想，坚持改革开放，才能推动具有五千年文明史的中国发展的历史车轮滚滚向前。

一夜尋黃居寀龍不獲方悟半月前是曹光州借去摹搨更須一兩月方取得恐王君疑是翻耳且告子細說與繳取得即納去卻寄團茶一餅与之旋borrow其好事也

軾白

季常

《一夜帖》（局部）北宋·苏轼

知大
行道

14

汉武帝的治国之道与用人之术

孙家洲

中国人民大学历史学院教授，博士生导师。

主要研究方向为秦汉史。主要著述有《韩信评传》《两汉政治文化窥要》《插图本中国古代思想史·秦汉卷》《史说心语》《额济纳汉简释文校本》《秦汉法律文化研究》等。

公元前 141 年，年仅 16 岁的刘彻即位，就是我国历史上赫赫有名的汉武帝（前 156—前 87）。汉武帝在位 54 年，推行了一系列的"更化"新政，造就了"汉武盛世"。汉武帝死后葬于茂陵（今陕西兴平茂陵村），庙号世宗。

汉武帝的雄才大略为历代史家所公认，如《汉书·武帝本纪》：

> 汉承百王之弊，高祖拨乱反正，文景务在养民，至于稽古礼文之事，犹多阙焉。孝武初立，卓然罢黜百家，表章六经。……如武帝之雄材大略，不改文景之恭俭以济斯民，虽《诗》《书》所称何有加焉！

司马迁在《史记·太史公自序》中说：

> 汉兴五世，隆在建元。外攘夷狄，内修法度。

近代夏曾佑先生在其《中国古代史》中如此评说汉

武帝：

> 武帝时为中国极强之世，故古今称雄主者，
> 曰秦皇汉武。有为汉一朝皇帝者，高祖是也。有
> 为中国二十四朝之皇帝者，秦皇、汉武是也。案
> 中国之政，始于汉武者极多。

一、汉武帝即位之初的局势

对于历史人物，尤其是对于帝王的评价，首先就要
看他即位之时所接手的局面。汉武帝即位时，接手的是
一个怎样的西汉帝国呢？

（一）社会经济繁荣，社会秩序安定

汉武帝即位之初，是继承了汉高祖、惠帝、文帝、
景帝留下来的遗产。此时的汉朝经过了70多年的休养
生息，社会经济得到了恢复和发展，尤其是文帝、景
帝统治时期，轻徭薄赋，与民休息，崇尚节俭，宽简
刑罚，社会呈现一片欣欣向荣之态，造就了历史上被
人反复称羡的"文景之治"。《汉书·食货志》描述了
这个治世：

> 至武帝之初七十年间，国家亡事，非遇水旱，
> 则民人给家足，都鄙廪庾尽满，而府库余财。京

师之钱累百巨万，贯朽而不可校。太仓之粟陈陈相因，充溢露积于外，腐败不可食。众庶街巷有马，仟伯之间成群，乘牸牝者摈而不得会聚。守闾阎者食粱肉；为吏者长子孙；居官者以为姓号。

可以看出，经过了"文景之治"，此时的汉朝经济已较为繁荣，而且社会稳定，民心归附。

（二）国家的控制能力较弱

虽然此时的汉朝经济社会已有相当的发展，但也存在一个很大的问题，那就是国家的控制能力比较弱。因为汉初经济社会的恢复和发展主要得益于统治者信奉"黄老之学"，实行"无为而治"的政策。这种政策适应了汉初的形势，国家对经济生活领域的管控较为宽松。正因为如此，才创造了西汉前期经济恢复和发展的奇迹。

但这样也造成了国家对于社会的控制能力偏弱，这就带来了许多的社会问题。例如汉初名臣晁错的奏疏中就描述了当时社会贫富分化的问题：

（农民）于是有卖田宅、鬻子孙以偿责者矣。而商贾大者积贮倍息，小者坐列贩卖，操其奇赢，日游都市，乘上之急，所卖必倍。故其男不耕耘，女不蚕织，衣必文采，食必粱肉；亡农夫之苦，有仟伯之得。因其富厚，交通王侯，力过吏势，以利相倾；千里游敖，冠盖相望，乘坚策肥，履丝曳缟。此商人所以兼并农人，农人所以流亡者也。（《汉书·食货志上》）

另外，一些宗室公卿、达官贵人和地方豪强漠视国家法度，僭越制度限制，奢靡之风盛行。对此，《汉书·食货志》有明确的记载：

> 于是罔疏而民富，役财骄溢，或至并兼豪党之徒以武断于乡曲。宗室有土，公卿大夫以下争于奢侈，室庐车服僭上亡限。物盛而衰，固其变也。

（三）汉初"和亲"政策下的汉匈关系

在边疆问题上，汉朝面临着来自北方匈奴民族的劫掠威胁。

由于汉初双方实力的差距，汉朝在与匈奴的关系中处于弱势地位，不得不通过"和亲"、奉送财物、开放边境贸易等方式与匈奴维持暂时的和平。然而，即便汉朝如此屈辱地维持和平局面，也并不能保证匈奴就能遵守约定，在享受着汉朝的"和亲"等好处之后，匈奴仍然屡屡进犯杀掠，欺凌汉朝。此等事情，史书多有记载：

> 孝文前六年，遗匈奴书曰："皇帝敬问匈奴大单于无恙。……汉与匈奴约为兄弟，所以遗单于甚厚。背约离兄弟之亲者，常在匈奴。"（《史记·匈奴列传》）

又：

> 孝文十四年，匈奴单于十四万骑入朝那萧关，杀北都尉印，虏人民畜产甚多。（《汉书·匈奴列传上》）

所以，汉初统治者实行"和亲"等宽松政策来处理汉匈关系，虽然在避免双方发生更大规模的战争冲突、保证边塞地区的相对稳定等方面，产生过一定的作用，但并不能制约匈奴南下掳掠，从根本上解决农耕民族和游牧民族之间的边疆冲突问题。

汉武帝即位后，匈奴又派使臣来请求和亲，此时汉朝内部在处理对匈根本对策上产生了不同以往的声音。《汉书·韩安国传》记载：

> 匈奴来请和亲，上下其议。大行王恢，燕人，数为边吏，习胡事，议曰："汉与匈奴和亲，率

不过数岁即背约，不如勿许，举兵击之。"

这是汉朝官员在朝廷议事场合公开提出改变"和亲"政策，主张以军事手段打击匈奴。

以上，就是汉武帝即位时所面对的形势。汉武帝即位后，是会依然延续其先人的路线，还是根据局势的改变而作出调整，实行新的治国之策？这是这位年轻的皇帝所面临的历史抉择。

二、汉武帝的"更化"求治

"更化"即改革。最早提出这一问题的是西汉时期著名的儒学大师董仲舒。在回答汉武帝的策问中，董仲舒论述了"更化"的必要性：

> 当更化而不更化，虽有大贤不能善治也。故汉自得天下以来，常欲善治而至今不可善治者，失之于当更化而不更化也。(《汉书·董仲舒传》)

董仲舒发出的改革呼吁，代表了当时有识之士的政见。在这样的历史转型期，汉武帝实施了一系列的"更化"政策。

（一）尊崇儒术，确立国家的主导统治思想

秦朝是以法家思想为主，兼采阴阳五行理论为统治思想。西汉前期，是以黄老思想作为国家意识形态。到了汉武帝时代，转变为以儒家思想作为国家的主导统治思想。但这一转变并非一帆风顺，而是经历过激烈、残酷的斗争，才得以实现。

1. 儒学崛起的艰难历程

西汉前期，国家推尊的统治思想是黄老之学。"然孝文本好刑名之言，及至孝景，不任儒，窦太后又好黄老术，故诸博士具官待问，未有进者。"（《汉书·儒林传》）这段记载说明皇帝和皇太后的个人学术爱好对国家选择统治思想所产生的巨大影响。后世史学家对此还有进一步的论述："汉初，黄老之学极盛。君如文、景，宫闱如窦太后，宗室如刘德，将相如曹参、陈平，名臣如张良、汲黯、郑当时、直不疑、班嗣，处士如盖公、邓章、王生、黄子、杨王孙、安丘望之等皆宗之。"（王鸣盛《十七史商榷·司马氏父子异尚》）在这个背景之下，儒家思想也在逐渐恢复活力，在社会上的影响逐渐扩大。例如，景帝末年，就有一位叫作文翁的蜀郡郡守在蜀地推行儒家教化，《汉书·循吏传》记载：

> 文翁，……景帝末，为蜀郡守，仁爱好教化。
> 见蜀地辟陋有蛮夷风，文翁欲诱进之，乃选郡县

小吏开敏有材者张叔等十余人亲自饬厉，遣诣京师，受业博士，或学律令。……数年，争欲为学官弟子，富人至出钱以求之。繇是大化，蜀地学于京师者比齐鲁焉。至武帝时，乃令天下郡国皆立学校官，自文翁为之始云。

文翁"兴学"的举动受到了汉武帝的褒奖，武帝也借此向全社会发出了兴办学校、推崇儒学的信号。

不仅仅在地方，汉朝中央也有一些位高权重的官员推崇儒学、推奖儒生，典型的如魏其侯、武安侯。但他们的行为却遭到了汉武帝的祖母窦太后的反对，据《史记·魏其武安侯列传》记载：

魏其、武安俱好儒术，推毂赵绾为御史大夫，王臧为郎中令。迎鲁申公，欲设明堂，太后好黄老之言，而魏其、武安、赵绾、王臧等务隆推儒术，贬道家言，是以窦太后滋不说魏其等。及建元二年，御史大夫赵绾请无奏事东宫。窦太后大怒，乃罢逐赵绾、王臧等，而免丞相、太尉。

汉武帝即位之初的尊儒举措，遭到窦太后的强烈干涉而不得不暂息旗鼓。这位富于政治智慧的青年皇帝，并没有与老祖母正面冲突，而是等待时机成熟。不久，窦太后去世，汉武帝终于可以按照自己的意愿安排朝堂人事和治国思想的格局了。儒学也由此而迎来了复兴的春天。据《史记·儒林列传》载：

> 及窦太后崩，武安侯田蚡为丞相，绌黄老、刑名百家之言，延文学儒者数百人，而公孙弘以《春秋》白衣为天子三公，封以平津侯。天下之学士靡然乡风矣。

此外，西汉名儒董仲舒也在向汉武帝的对策中建言：

> 臣愚以为诸不在六艺之科、孔子之术者，皆绝其道，勿使并进。（《汉书·董仲舒传》）

董仲舒的这个建议，被汉武帝采纳。经过这番曲折的过程，西汉帝国从国家意志层面尊崇儒术的格局就正式形成了。

2. 汉武帝"尊儒"的有效途径

汉武帝通过以下几种方式推行儒学：

（1）以儒学垄断教育，以"禄利"引导读书人

汉朝在都城设立太学，为全国最高学府，以《诗》《书》《礼》《易》《春秋》五部儒家经典为教材，立"五经博士"；并为博士置弟子员（也就是招收学生），每岁科试，能通

过考试的弟子就可以进入仕途做官。这就把教育和政治、读书和做官结合了起来，以此推广儒学。《汉书·儒林列传》记载：

> 赞曰：自武帝立五经博士，开弟子员，设科射策，劝以官禄，讫于元始，百有余年，传业者浸盛，支叶蕃滋，一经说至百余万言，大师众至千余人，盖禄利之路然。

（为《汉书》做注的唐代学者颜师古，对此段文字有个解释："言为经学者则受爵禄而获其利，所以益劝。"）

（2）把"经义"导入为"官场语言"

历朝历代甚至每个时期，都有着自己的一套官场语言。汉武帝时期就曾经通过把儒家经义引入官场语言的方式来推行儒学。比如有一次汉武帝就要求儒生们向他讲解儒家经义，曰：

> 子大夫明先圣之业，习俗化之变、终始之序，讲闻高谊之日久矣，其明以谕朕。（《汉书·董仲舒传》）

之后的汉朝皇帝也常用儒家经义来策问考试，如《汉书·杜周传附杜钦传》就记载了东汉时期著名的白虎观会议的皇帝策问：

> 上尽召直言之士诣白虎殿对策，策曰："天地之道何贵？王者之法何如？六经之义何上？人之行何先？取人之术何以？当世之治何务？各以经对。"

可见，从汉武帝开始，如若官员不具备一些儒学素养是无法在朝堂之上议论政事的。在这样的大趋势下，倒逼着官员去学习儒家经义。

（3）把儒学法律化，甚至置于国法之上

西汉开国之初，萧何依据秦朝的法律制定了汉朝的国法，并一直被沿用，因此有"汉承秦制"之说。然而到了汉武帝时代，由于把儒学置于国家统治思想的尊崇地位，儒学的经义就在某种程度上超越了国法。因此，在司法审判中，就有国法体系和儒家经义体系两个系统，或者称之为两种标准。在执法的实际过程中，有许多官员是依照儒家经义来审判案件。这种做法，被称为"经义断狱"或"春秋决狱"。西汉武帝时期盛行的"复仇"之风就是一个典型的例子。

由于西汉的儒生们相信，儒家经典《春秋》是经过孔子亲手删定的，里面字字含有孔子的褒贬之义，是为"微言大义"。对于《春秋》"微言大义"的解释有着不同的学派，在西汉时期影响力最大的学派就是"公羊学派"。董仲舒、公孙弘都是"公羊学派"的著名学者。《春秋》公羊学十分注重伦理，"复仇"就是其伦理学说中的重要观念，其中最为核心的就是血亲复仇。随着朝廷对于儒学的表彰推崇，"公羊学"中有关复仇的理论观念就在社会上得到了广泛的传播，因此，复仇也被认为是符合儒学经义要求的神圣行为。

3. 霸王道杂用的"汉家制度"

汉武帝时期虽然确立了儒学在官方意识形态中的主导地位，但这并不意味着汉代的政治领域都由儒学来主宰。汉宣帝时，当时还是太子的汉元帝就向其父皇进言：

> "陛下持刑太深，宜用儒生。"宣帝作色曰："汉家自有制度，本以霸王道杂之，奈何纯任德教，用周政乎！且俗儒不达时宜，好是古非今，使人眩于名实，不知所守，何足委任！"乃叹曰："乱我家者，太子也！"（《汉书·元帝纪》）

汉宣帝道出了汉朝的统治之术——儒法结合，王道与霸道杂用。这套制度由汉武帝确立，至汉宣帝坚守并发展成熟，成为汉家制度的奥秘。

（二）加强中央集权，削弱地方势力

如前所述，汉武帝即位时中央政府的控制力较弱，主要表现为达官显贵的逾制和地方诸侯豪强的坐大。因此，汉武帝采取了一系列的措施打击地方势力，进而加强中央集权。

1. 整肃诸侯王——"推恩令"等新法的颁行

秦朝统一天下后，在全国推行郡县制，中央直接任命地方官员，加强对地方的控制。汉高祖刘邦建立汉朝之后，鉴于当时形势和对秦亡原因的探索，而推行"郡国并行"的地方制度。即在秦朝郡县制的基础上又在部分地方分封诸侯王。起初这些诸侯王主要是帮助刘邦夺取天下的一些功臣，如韩信、彭越等，称为"异姓诸侯王"。随后，刘邦又陆续剪除了这些"异姓诸侯王"，而分封刘氏宗室为王，称为"同姓诸侯王"。"同姓诸侯王"名义上与郡平级，统属于中央，但拥有军事、行政、财政等诸多特权，实际上成为有半独立性质的高级地方行政机构。这批"同姓诸侯王"的实力逐渐坐大，被认为有挑战中央统治的潜在危险。

这个问题一直困扰着汉朝中央，汉景帝时，曾公开"削藩"，结果引发了吴、楚等几个诸侯国的联合反叛，史称"吴楚七国之乱"。虽然叛乱很快被朝廷镇压，但如何妥善处置，进而削弱诸侯王势力，加强中央权威仍是一个颇为棘手的问题。

汉武帝即位后，采用了主父偃提出的"推恩令"，通过分封诸侯王国的王子来分裂该诸侯国的领地，巧妙地削弱诸侯王势力。

通过这样的措施，诸侯王的领地被越分越小，权力越来越弱，从而不再构成对中央的威胁。因此，《汉书·诸侯王表》中说：

> 武帝施主父之册，下推恩之令，使诸侯王得分户邑以封子弟，不行黜陟而藩国自析。自此以来，齐分为七，赵分为六，梁分为五，淮南分为三。皇子始立者，大国不过十余城。长沙、燕、代虽有旧名，皆亡南北边矣。……诸侯惟得衣食税租，不与政事。

2. 打击地方豪强与游侠

如前所述，地方豪强在汉武帝时期已成为左右汉朝地方事务的强大势力。游侠则是从战国一直持续至汉朝的一股特殊群体，他们以自己的力量在社会上营造了相当的影响，因此《史记》《汉书》都有《游侠列传》。

由于游侠是凭借自己的力量发展起来的地方势力，因此很多民间纠纷往往诉诸游侠，由游侠仲裁，这就部分地分割了汉朝地方政府和官员的权威，削弱了政府的权力。所以，对于想要强化中央集权的汉武帝而言，绝不允许这样的局面继续存在。因此，汉武帝采纳主父偃的建议，推行"徙陵令"。《汉书·主父偃传》曰：

（主父偃）又说上曰："茂陵初立，天下豪桀兼并之家，乱众民，皆可徙茂陵，内实京师，外销奸猾，此所谓不诛而害除。"上又从之。

故而《武帝纪》载元朔二年下诏：

"徙郡国豪杰及訾三百万以上于茂陵。"

这样的措施，割断游侠豪强在本籍地方上盘根错节的人事网络，达到了削弱地方势力的目的。而对在社会上富有声望的大侠，汉武帝则是痛下杀手，如对豪侠郭解就是如此。《史记·游侠列传》载：

及徙豪富茂陵也，解家贫，不中訾，吏恐，不敢不徙。卫将军为言："郭解家贫不中徙。"上曰："布衣权至使将军为言，此其家不贫。"解家遂徙。

轵有儒生侍使者坐，客誉郭解，生曰："郭解专以奸犯公法，何谓贤！"解客闻，杀此生，断其舌。吏以此责解，解实不知杀者。杀者亦竟绝，莫知为谁。吏奏解无罪。御史大夫公孙弘议曰："解布衣为任侠行权，以睚眦杀人，解虽弗知，此罪甚于解杀之。当大逆无道。"遂族郭解翁伯。

3. 削弱相权，加强皇权

自从秦始皇建立皇帝制度以来，皇权和相权就一直存在着微妙的斗争，构成了中国古代政治制度史演变中的一条主线。

（1）汉初丞相位高权重

汉朝初年，丞相的权力是很大的，地位也很高，一人之下，万人之上。《汉书·陈平传》记载：

> 宰相者，上佐天子理阴阳，顺四时，下遂万物之宜，外填抚四夷诸侯，内亲附百姓，使卿大夫各得任其职也。

天子、宰相本来各有"分工"，可遇到了汉武帝这样的强势君主，皇权就不可避免地与相权发生冲突。

（2）汉武帝与丞相田蚡之争

武帝时，汉武帝与丞相田蚡的一个故事就很好地反映了这一微妙的变化。请看《史记·魏其武安侯列传》的记载：

> 当是时，丞相入奏事，坐语移日，所言皆听。荐人或起家至二千石，权移主上。上乃曰："君除吏已尽未？吾亦欲除吏！"

田蚡的行为彻底惹恼了汉武帝，武帝不会再容忍丞相手中有这么大的权力了。

（3）增设新的决策机构以贬抑相权

汉武帝深知，汉初的丞相之所以位高权重，关键在于其拥有参与甚至主持决策的权力。因此，汉武帝决定增设新的机构来分割宰相的决策权。于是，汉武帝重用文学侍从之臣，多以"中大夫"的身份，得以侍中用事，这个机构通常称为"中朝"或"内朝"。而以丞相为首的原政府机构则称为"外朝"。据《汉书·严助传》载：

> 公孙弘起徒步，数年至丞相，开东阁，延贤人与谋议，朝觐奏事，因言国家便宜。上令助等与大臣辩论，中外相应以义理之文，大臣数诎。

在若干场御前辩论中，以丞相为首的政府大臣惨败，导致丞相在朝廷百官中的威信迅速下降。在汉武帝这种有针对性的操控下，新的朝廷政府格局正在形成，汉武帝通过"中朝"官制度逐渐从丞相手中收回了决策权，达到了削弱丞相权力的目的。

（4）诛杀丞相以摧折丞相威势

起初，丞相的地位十分崇高，一般都由德高望重之人担任，可在汉武帝晚年却接连杀了5位丞相、6位御史大夫。丞相之职在官员们的心目中已不再代表着荣耀，而是时刻有着生命危险。据《汉书·公孙贺传》记载：

> 时朝廷多事，督责大臣，自公孙弘后，丞相李蔡、严青翟、赵周三人比坐事死。石庆虽以谨得终，然数被谴。初，贺引拜为丞相，不受印绶，顿首涕泣，曰："臣本边鄙，以鞍马骑射为官，材诚不任宰相。"上与左右见贺悲哀，感动下泣，曰："扶起丞相。"贺不肯起，上乃起去，贺不得已拜。出，左右问其故，贺曰："主上贤明，臣不足以称，恐负重责，从是殆矣。"

汉武帝是不需要丞相对于国家事务有真正的干预之权，他选择丞相的标准就是"谨慎、充位"，其中典型的代表就是石庆。据史载：

> 其后李蔡、严青翟、赵周、石庆、公孙贺、刘屈氂继踵为丞相。自蔡至庆，丞相府客馆丘虚而已，至贺、屈氂时，坏以为马厩车库奴婢室矣。唯庆以惇谨，复终相位，其余尽伏诛云。（《汉书·公孙弘传》）

又载：

桑弘羊等致利，王温舒之属峻法，兒宽等推文学，九卿更进用事，事不关决于庆，庆醇谨而已。在位九岁，无能有所匡言。(《汉书·石庆传》)

4. 经济集权：国营垄断经济政策

汉武帝时期长年累月的边境战争，耗费了大量国家府库，急需开辟财源。为了扩大财税来源以确保支付军费的需要，为了打击富商大贾从经济上巩固中央集权，武帝运用了政治、经济等多种手段，剥夺富商大贾的财利来源，由国家控制经济命脉。于是汉武帝大刀阔斧地推行了一系列国营垄断经济的政策和法规。

（1）币制改革："上林三官五铢钱"的确立

在币制多变的汉初七十年间，有卓识的思想家不断发出反对私铸货币的呼声，对货币政策的演变产生了潜移默化的影响。其中，以文帝时期的青年政论家贾山和贾谊的言论最为著名。

元鼎四年（前113），武帝下令废止了自景帝以来郡国地方政府分别铸币的制度，把铸币权完全收归中央。朝廷在上林苑设立了专门的铸币机构，时称"上林三官"。三官分工合作，形成了合理的生产流水线，有效地保证了铸币的数量和质量。"上林三官五铢钱"工艺精良，制作规整，使盗铸者望而却步。

（2）"盐铁官营"政策与桑弘羊的经济理论

"盐铁官营"从元狩四年（前119）开始推行，其标志是武帝任命齐地大盐商东郭咸阳、南阳大冶铁商孔仅为大农丞，总领盐铁事务。其基本规定是，在出产盐铁的地方，设置盐官和铁官，负责盐铁的生产和销售。

桑弘羊（前152—前80），是我国古代著名的理财家。他出生于洛阳的一个商人家庭，13岁即入宫，在武帝身边为侍中，以富于心计著称。号称"言利事析秋毫"。特别是他出任搜粟都尉、代行大农令职权之后的二十多年间，他为武帝的经济改革提供了坚实的理论依据和有效的财政支持。他的思想来源主要有两个，一是以太公、管仲为旗帜的齐地经济理论，二是以商鞅为代表的法家理财学说。二者有一个共同点，就是主张国家对经济运行过程加以控制。

（3）最早的资产税："算缗"与"告缗"

所谓"算缗"即按一定标准向工商业者征收财产税。官府下令限期将自家的资产上报官府，作为征收财产税的依据。在这一过程中，有不少人隐瞒、漏报，于是汉武帝又下令推行"告缗"，即鼓励举报申报财产不实的行为。举报一经查实，被举报者的财产全部没收，其中一半纳入国库，一半归举报者所有。据《史记·平准书》载：

天子既下缗钱令而尊卜式，百姓终莫分财佐

县官，于是杨可告缗钱纵矣……卜式相齐而杨可告缗遍天下，中家以上大抵皆遇告。

《汉书·食货志下》：

> 杨可告缗遍天下，中家以上大氐皆遇告。杜周治之，狱少反者。……于是商贾中家以上大氐破，民偷甘食好衣，不事畜臧之业，而县官以盐铁缗钱之故，用少饶矣。

（三）开疆拓土，奠定统一多民族国家根基

汉武帝时代，汉军征战四方，北伐匈奴，西通异域，南平百越，东定朝鲜，经营"西南夷"，国家疆域空前广阔，进一步奠定了统一多民族国家的根基。

1. 北伐匈奴

武帝时，改变此前的和亲政策，开启汉、匈战争序幕。汉、匈战争持续数十年，影响局势变化的大战有三次。

元朔二年（前127），卫青采用远程奔袭战术，发动漠南之役，收复秦末陷入匈奴的"河南地"，解除匈奴对都城长安的威胁。汉于此地置朔方、五原郡，重新修缮秦时所筑边塞，募民实边。

元狩二年（前121），霍去病采用大迂回侧击战术，发动河西之役，沉重打击匈奴右部，匈奴浑邪王杀休屠王，率部四万余人归汉。汉在浑邪王、休屠王故地，陆续置

酒泉、武威、张掖、敦煌四郡。此役后，匈奴实力大损，而汉与西域之通路由此得以打通。

元狩四年（前119），卫青、霍去病采用快速、连续攻击战术，发动漠北之役，汉军长驱直入，深入匈奴腹地二千余里，至狼居胥山，临瀚海而还。经此一役，匈奴主力向西北远徙，汉军打出了"漠南无王庭"的有利局面。

2. 西通异域

西域是见诸中国史籍的一个地理概念。西汉以来，玉门关、阳关以西的广大地区，即今新疆、中亚乃至更西，被称为西域。狭义西域是指历史上的新疆，广义西域则指古代中亚乃至更远地区。

汉武帝即位之初，听匈奴降人说大月氏本来活动于敦煌、祁连山，是一强国，后被匈奴冒顿单于攻破而西迁，月氏人怨恨而有报复匈奴之意。所以，武帝招募使者出使大月氏，希望联络他们以夹攻匈奴。

建元三年（前138），汉中人张骞应募，率众一百余人西行。途中，被匈奴俘获，留居匈奴十余年，但持汉节不失。后率众逃脱，西行数十日到大宛。那时大月氏已从伊犁河流域西迁至中亚（受其宿敌乌孙进攻），在大宛、康居的帮助下，张骞才抵达大月氏。

元狩四年（前119），张骞再度出使西域，目的是招引乌孙返回河西故地（乌孙原居敦煌、祁连之地，与大月氏有世仇而西迁），并期望乌孙与汉和亲、结盟，以便削弱匈奴在西域的影响，也可招徕大夏等国而臣服之。

张骞到乌孙，未达目的，他于是派遣副使，出使大宛、康居、月氏、大夏等国；自己则于元鼎二年（前115）偕同乌孙使者数十人返抵长安。

乌孙使者亲见汉之富饶人众，归报其国，乌孙于是越发重视汉朝。过了几年，张骞派遣的那些副使，同大夏等国的使者一起，连续回到长安。此后，汉同西域的交通频繁起来。张骞"凿空"西域，而且取信于外国，故后来使者皆称"博望侯"。

古代中国与欧亚大陆间的接触、交流历史悠久，但这些古文明间的交通路线起初并无统一称谓。1877年，德国地理学家李希霍芬首次提出"丝绸之路"之名。他对丝绸之路的经典定义是：从公元前114年到公元127年间，连接中国与河中（指中亚阿姆河与锡尔河之间）以及中国与印度，以丝绸之路贸易为媒介的西域交通路线。他将丝绸之路的开通定在张骞出使之后。这个名称很快就得到东西方学者的赞同。

3. 南平百越

百越是对广泛分布于南方的民族之泛称。百越族以越语作为交流语言。百越人以种植水稻为生，其生产方式、生活习俗及宗教信仰等，都有本民族的独特风格。

建元三年（前138），闽越受人唆使，进攻东瓯。汉派军援助，闽越仓皇撤退。东瓯怕闽越再度进攻，请求内迁。汉迁东瓯四万余人于江、淮流域。

三年后，闽越王又滋生事端，兴兵出击南越，南越向朝廷告急。汉军未到时，闽越内部发生内讧，举众请降。

元鼎五年（前112），南越国国相吕嘉弑王及太后，另立新帝。汉军五路齐发，平定南越，从此控制今广东、广西大部地区、海南及越南北部、中部。汉武帝以其地分立儋耳、珠崖、南海、苍梧、郁林、合浦、交趾、九真、日南九郡。南越、西瓯及相邻地区成为汉王朝中央政府直属地域。

元鼎六年（前111），东越攻豫章；次年，汉军数路攻东越，东越内讧，汉迁越人于江、淮间，后成为国家"编户齐民"。

4. 东定朝鲜

秦汉之际，很多中国人因躲避战乱移居朝鲜。燕人卫满率亡命之徒千余人，击破朝鲜王箕准，建都王险城（今平壤），称朝鲜王。其疆域包括今辽宁东南的一部分与朝鲜半岛的西北部。

元封二年，汉派遣涉何劝谕右渠，无功而返；归途中，涉何擅杀护送自己返国的朝鲜人，以邀功请赏。右渠盛怒，发兵袭杀涉何。汉发兵。遣楼船将军杨仆统率水师从齐地渡海，遣左将军荀彘统率步骑出辽东。两路会师朝鲜，围王险城。次年，朝鲜发生内讧，杀右渠王，投降汉军。汉于朝鲜置郡。

5. 经营"西南夷"

居住在西南地区的各少数民族泛称为"西南夷"，主要有滇、夜郎等部族。受地理环境阻碍，西南夷与外界几乎隔绝。建元六年（前135），武帝派遣唐蒙出使，招抚夜郎，后在巴蜀之南设犍为郡；又命司马相如深入邛、筰等地。张骞在中亚的大夏国时，见到邛竹杖和蜀布，得知巴蜀有通往身毒（今印度）的道路。元狩元年，武帝根据这一发现，派遣使者从巴蜀出发，试图由此实现汉与西域之交通。

滇人势力强大，在其势力范围内，各族首领都要向滇王定期朝觐和纳贡。滇王作为部落联盟的最高统治者，傲慢自大。他曾问汉朝使者："汉孰与我大？"因汉朝使者多次被夷人劫杀，武帝派兵遣将，出击西南夷，在此地区相继设置牂柯郡、越巂郡、沈黎郡、汶山郡、武都郡。元封二年（前109），滇王在汉军重压之下，归附汉朝，汉置益州郡，"赐滇王王印"，亦即令其统领当地民众。

三、用人：有道，也有术

汉武帝在培养、任用和选择人才方面制定过合理的制度，也采用过很有效的方法。

（一）延揽人才，发自至诚

汉武帝曾多次下诏求才。据《汉书·武帝纪》载：

建元元年冬十月，诏丞相、御史、列侯、中二千石、二千石、诸侯相举贤良方正直言极谏之士……诏曰："盖有非常之功，必待非常之人，故马或奔踶而致千里，士或有负俗之累而立功名。夫泛驾之马，跅弛之士，亦在御之而已。其令州郡察吏民有茂材异等，可为将相及使绝国者。"

（二）重用青年人物

汉武帝有打破常规，破格提拔青年人才的气魄。其中最典型也是最成功的案例就是重用青年将领卫青、霍去病。

据《汉书·卫青传》载：

卫青字仲卿。其父郑季，河东平阳人也，以县吏给事侯家。平阳侯曹寿尚武帝姊阳信长公主。季与主家僮卫媪通，生青。青有同母兄卫长君及姊子夫，子夫自平阳公主家得幸武帝，故青冒姓为卫氏。卫媪长女君孺，次女少儿，次女则子夫。

子夫男弟步广，皆冒卫氏。

元光六年，拜为车骑将军，击匈奴，出上谷；公孙贺为轻车将军，出云中；太中大夫公孙敖为骑将军，出代郡；卫尉李广为骁骑将军，出雁门：军各万骑。青至笼城，斩首虏数百。骑将军敖亡七千骑，卫尉广为虏所得，得脱归，皆当斩，赎为庶人。贺亦无功。唯青赐爵关内侯。

《汉书·霍去病传》：

霍去病，大将军青姊少儿子也。其父霍仲孺先与少儿通，生去病。及卫皇后尊，少儿更为詹事陈掌妻。去病以皇后姊子，年十八为侍中。善骑射，再从大将军。大将军受诏，予壮士，为票姚校尉，与轻勇骑八百直弃大将军数百里赴利，斩捕首虏过当。于是上曰：“票姚校尉去病斩首捕虏二千二十八级，得相国、当户，斩单于大父行藉若侯产，捕季父罗姑比，再冠军，以二千五百户封去病为冠军侯……”

卫青、霍去病原本的出身都很卑微，因有卫子夫的关系而为汉武帝所知。他们在很年轻的时候得到汉武帝赏识而被提拔重用，成为汉朝率兵出击匈奴的名将，拜将封侯，成就千秋功业。

（三）建立和完善察举制度

元光元年（前134），汉武帝"初令郡国举孝廉各一人"，标志着察举制的确立。它从根本上改变了世官制的传统，劳榦先生推尊为"中国学术史和中国政治史的最可纪念的一年"。

《汉书·武帝纪》曰：

元朔元年冬十一月，诏曰："今或至阖郡而不荐一人，……且进贤受上赏，蔽贤蒙显戮，古之道也。其与中二千石、礼官、博士议不举者罪。"

有司奏议曰："与闻国政而无益于民者斥，在上位而不能进贤者退，此所以劝善黜恶也。……不举孝，不奉诏，当以不敬论；不察廉，不胜任也，当免。"

（四）特殊的用人之道：上书拜官

在推行察举制度的同时，武帝也下诏允许全国吏民上书议论朝政、发表政见。皇帝通过这样的方式来发现人才，直接授官。

武帝初即位，征天下举方正贤良文学材力之士，待以不次之位。四方士多上书言得失，自炫

鬻者以千数，其不足采者辄报闻罢。（《汉书·东方朔传》）

（主父偃、徐乐、严安等三人）俱上书言世务。书奏，上召见三人，谓曰："公皆安在？何相见之晚也！"乃拜偃、乐、安皆为郎中。偃数上疏书言事，迁谒者，中郎，中大夫。岁中四迁。（《汉书·主父偃传》）

（五）重用酷吏

汉武帝时，任用了许多酷吏，以严刑酷法治世，杜周就是其中一位。据《汉书·杜周传》曰：

周少言重迟，而内深次骨。宣为左内史，周为廷尉，其治大抵放张汤，而善候司。上所欲挤者，因而陷之；上所欲释，久系待问而微见其冤状。客有谓周曰："君为天下决平，不循三尺法，专以人主意指为狱，狱者固如是乎？"周曰："三尺安出哉？前主所是著为律，后主所是疏为令，当时为是，何古之法乎！"

（六）以"腹诽"之罪杀大农颜异

"腹诽"是一个令人恐惧的罪名，比"诽谤罪"更能置人于死地。以"诽谤罪"惩罚人，还要涉案人对朝政有所批评（贬之则为"诽谤"），而"腹诽"之罪完全是来自执法者的认定：被惩治者即便没有以言语"诽谤"而被执法者认定"肚腹中诽谤"就被严刑重罚。汉武帝就曾以"腹诽"的罪名杀了大农颜异。据《汉书·食货志》载：

> 上与汤既造白鹿皮币，问异。异曰："今王侯朝贺以仓璧，直数千，而其皮荐反四十万，本末不相称。"天子不说。汤又与异有隙，及人有告异以它议，事下汤治异。异与客语，客语初令下有不便者，异不应，微反唇。汤奏当异九卿见令不便，不入言而腹非，论死。自是后有腹非之法比，而公卿大夫多谄谀取容。

四、雄主晚景：应对危机的努力

汉武帝的改革和不断地对外征伐在其统治后期暴露出许多的危机。

（一）晚年危机

1. 兵连祸结，民生凋敝

据《汉书·贾捐之传》载，武帝后期的社会状况是：

> 寇贼并起，军旅数发，父战死于前，子斗伤于后，女子乘亭鄣，孤儿号于道，老母寡妇饮泣

巷哭，遥设虚祭，想魂乎万里之外。

2. 穷奢极欲，财政困难

汉武帝大兴土木，兴建了若干宫殿群，他把原有的甘泉宫加以扩大，又兴建了建章宫、明光宫，规模都非常宏大。甚至他兴建的建章宫、明光宫还有未央宫三个宫殿在空中建成了相连的阁道。

3. 巫蛊之祸

巫蛊危机爆发在统治集团上层，表现的形式是戾太子兵变。其实这也是汉武帝晚年一个最大的政治惨案。当时有几千人被杀，朝廷百官牵扯其中的有很多人，事后朝廷位置半空。在事后追查处理案件的过程中，各地又有上万人被株连。它直接动摇了武帝后期的统治。

（二）"轮台诏"与国策调整

接连的危机使西汉王朝一度处于风雨飘摇的境地，汉武帝本人也在"巫蛊之祸"中深受打击。于是在其晚年，汉武帝下诏罪己，并调整了国家政策。汉武帝放弃了桑弘羊在轮台扩大屯田的建议，并以此下诏书罪己认错，故称"轮台诏"。《汉书·西域传》记载：

> （武帝）乃下诏，深陈既往之悔，曰："……乃者贰师败，军士死略离散，悲痛常在朕心。今请远田轮台，欲起亭隧，是扰劳天下，非所以优

民也。今朕不忍闻。……当今务在禁苛暴，止擅赋，力本农，修马复令，以补缺，毋乏武备而已。郡国二千石各上进畜马方略补边状，与计对。"由是不复出军。而封丞相车千秋为富民侯，以明休息，思富养民也。

其后，汉武帝停止了对外征伐，致力于国计民生的恢复，并建立了以霍光为核心的辅政体系，辅佐继任者刘弗陵（汉昭帝），保证了政权的平稳过渡。这也是汉武帝有秦始皇之失而无秦始皇之败的原因所在。

《文苑图》（局部）五代·周文矩

15

制度化建设与唐朝多族群国家兴盛局面的构成

李鸿宾

中央民族大学历史文化学院教授、博士生导师；兼任中国唐史学会和北京史学会副会长、中国长城学会副秘书长等。

主要从事隋唐五代史、中国中古民族关系史（含长城学）等领域的研究；主讲的《唐史五讲》《唐史四讲》分别入选国家级精品视频公开课和一流本科课程。

制度化建设与国家政权的兴盛有着密切关联，其后隐藏着这样一个逻辑性思考，即一个国家如果离开制度化的正规建设，那么这个国家就很难获得成功，政权也不可能长久，更谈不上走向兴盛。那么，国家的运作、发展与制度化建设的具体关系如何？在唐朝又是怎么体现的呢？这是下文要试图回答的主要问题，至于是否站得住脚，还希望读者批评指正。

一、唐朝制度化建设之涵义与必要

千百年前建立的唐朝，其兴盛时期大致限定在 618 年建国至 755 年安史叛乱之前的 130 多年。一般认为，唐朝之所以强盛，与前期制度化的建设紧密相连，如同陈寅恪先生所说"隋唐两朝为吾国中古极盛之世，其文物制度流传广播，北逾大漠，南暨交趾，东至日本，西极中亚""遂得演进，臻于美备"；[1]中后期的衰落和最终的瓦解也与制度的紊乱不可脱离干系。可以看出，制度

---

① 陈寅恪：《隋唐制度渊源略论稿》，中华书局 1963 年版，第 1、158 页。

建设的完善与否关系到一个国家和政权的兴盛抑或衰竭，其重要性不言而喻。

那么，什么是"制度化建设"？所谓制度化的建设，就是以规范且较恒定式的约束作为国家治理的一种手段。它的目的是将人为的、感情的这些易动（或非恒定）性的因素框限在规定的领域或场所，以常规化的方式使王朝步入到有序的轨道内运行，进而发挥王朝的最佳效能。稳定、持续和长期之诉求，是这种制度化建设的重要特征。它的优长之处就是以常规有序的、超越人情感觉的方式促使国家政权这部机器正常运行。简单说，在王朝、国家的经营之中，人性之弱点引生出了弥补的相应机制：制度化建设。

中国古代包括李唐在内的王朝大多是通过战争或暴力夺得的，也有"禅位"获得的政权，但依然离不开武力这个后盾。[①] 正是通过这种方式的夺权，帝王的头脑中遂形成一个以"家天下"为核心的治国理念，这也是我们理解中国古代王朝国家性质的前提。然而一旦家国相连的政权形成并运作，就势必超越"私属"这一范围而具有了"公天下"[②] 的格局，这就需要一套有效的治理方法加以维护，王朝与治理的内生关系，遂催生出了一套制度性建构。这应当是制度化建设出现的内在因缘。

① 参见（清）赵翼：《廿二史札记》卷7《禅代》，中华书局1963年版，第127—132页。
② 有关"公天下"，可参阅吴稼祥：《公天下：多中心治理与双主体法权》，广西师范大学出版社2013年版一书的讨论。

纵观中国古代社会的发展，大致可以看出两种比较极端的情况，一是比较平稳甚至达到盛世的局面，多以"某某之治"为称，例如西汉前期的"文景之治"、唐初的"贞观之治"、清前期的"康雍乾盛世"等；与之相对的就是动荡的乱世。这动荡乱世的出现，各朝有各朝的具体原因，例如秦始皇统一全国后，大兴长城、驰道、宫殿、陵墓等工程建设，又扩充军队、开疆拓土，在很短的时间内调动全国劳动力，直至妇女儿童，搞得天下沸腾、怨声载道，因此在秦始皇死后不久，便爆发了大规模的反秦斗争，大秦王朝也仅存十五六年就葬身于民众反抗和内外矛盾的激荡之中。还有唐朝之前的隋朝，隋炀帝杨广即位后采取的措施几乎与秦始皇一样，大动干戈、内外扩展，超过了民众承受的极限，也逼迫民众揭竿而起，统治阶级内部亦分化抗争，隋朝最终覆亡。这两个典型案例都证明了统治者的任意妄为一旦超出内外承受的限度，其张力就转化为矛盾，矛盾达到激烈程度不可调和之时就会爆裂，政权就势必走向灭亡。

正是鉴于秦、隋"其兴也悖焉""其亡也忽焉"[①]的大起大落，李唐王朝的统治者开始认真反思，试图从历史中汲取有益的经验和规避失败的教训，以求良善之治。唐朝中期出版的《贞观政要》一书正是唐太宗与其治国精英论政进而促成"贞观之治"的典范性文献，影响此

---

①（清）阮元校刻：《十三经注疏》，《春秋左传正义》卷9"庄公十一年"，中华书局1980年版，第1770页上栏。

后的历朝历代。在唐太宗君臣的眼里，统治者和百姓的关系如同水与舟，"水能载舟，亦能覆舟"①，如果能够调整并处理好君主与百姓之关系，国家的统治就如顺水航行且一路成功，否则就有覆亡的危险或败落的可能。然而这些毕竟属于"仁政"的思想和理念，尚属于观念之范畴；如何将这些理念化解为国家治理的手段？还需要另一种规范——制度的建构予以实施，或者说，在调整君民关系的同时若要实现国家的平稳且能长治久安，制度的建设不可或缺，它才是最根本的保障。

二、唐朝制度化建设的主要内容

制度建设既然是国家稳定状态持续性维护的基本保障，那就必然会成为历朝历代经营治理的一个重要手段，国内外的学术界都承认王朝时代的中国以国家治理能力之强著称，其中的皇权主宰及官僚士大夫为维护皇权而构成的科层制行政系统的有效管理，成为这种能力强化的中心主干要素②，而唐朝又是其中的一个具有代表性的朝代。促使前期唐朝之强的要素，无疑是多种复杂且伴随机缘的，譬如结束分散状态构建一体化隋朝的样板仿

① （唐）吴兢撰，谢保成集校：《贞观政要集校》卷1《政体第二》，中华书局2003年版，第34页。
② 参见［英］塞缪尔·E·芬纳著，王震译：《统治史》卷1《古代的王权和帝国——从苏美尔到罗马》（修订版），华东师范大学出版社2014年版，第474—554页；［美］弗朗西斯·福山著，毛俊杰译：《政治秩序的起源：从前人类时代到法国大革命》，广西师范大学出版社2012年版，第109—134页。

效、统治集团的积极有为与君臣的奋进迸发，乃至胡汉人群的交往融合铸造的新格局等，都不可或缺，但与这些并行的制度建设，更是王朝运行直至走向强盛的基本保障：制度的恒定与人事的变通配置得当，是我们了解唐朝鼎盛局面出场的一个系统性解释。既然制度的建设如此重要，那么唐朝前期有哪些重要的制度呢？这里仅择要列举其中的五项。

（一）职官制度

职官制度是唐朝经营和管理中最核心的体系，它直接与国家的运行发生关联。李唐王朝的领导集团是以皇帝为核心，辅佐皇帝治理天下的行政班子是宰相牵头、以他们为首设立的一套中央体制，地方则有州县一整套系统，构成了全国上下有序的行政框架，通常称为"三省六部"和地方州县的职官体制。

如此看，唐朝的职官大体分作中央和地方两大系统，中央官制的核心是三省六部九寺五监。三省指的是中书省、门下省和尚书省。中书省是代替皇帝起草重要文件的机构，相当于国家管理的中枢大脑；门下省负责审核中书省起草的文件，有监督审核即所谓封驳之权，由于这两个机构十分重要，遂成为辅佐君主的决策机关。尚书省接受中书省和门下省做出的决策，然后执行，是典型的行政机构，它又分为吏、户、礼、兵、刑、工等六部。吏部是为国家选拔人才、管理官吏的重要部门；户部负责管理生产、财政税收等事务；礼部负责调整国家运作中的礼节仪轨，是国家合法性表现的中心；兵部管理重大军务，如军队组织、军队建设、调动配属、后勤保障等；刑部是国家的司法部门；工部负责大型工程的兴修与建设等。唐朝的宰相由三省最高负责人共同组成，实际上是个宰相团体（有主次之别），它配合皇权的辅主相成，成为前期唐朝行政权力的核心主干；州（郡）、县配置的地方政府，则是地方治理的基本架构。

（二）科举考试制度

科举考试是为国家选拔管理专门人才的制度，它是唐朝官僚制度的重要补充，到了宋朝以后就成为官吏选拔的主要手段。中国古代官员的选择通常限定在其后代的子孙或社会高门这个范围，他们按照父祖官职高低的规定递进补入，称为"荫补（或门荫）"；汉朝又实行察举、孝廉，将那些德行高品的青年才俊收入进来补充官员队伍；到了魏晋，又出现了更具规范性的"九品中正制（或九品官人法）"，但这些方法都将人才的揽纳限定在社会上层这个狭小的圈子内，其质量得不到保证。于是，以考试选拔优秀的精英人才进入国家官僚管理层的科举制度便应运而生。科举选拔的好处是将选择的范围扩大到全社会良民阶层的男性，通过学校的专门学习，再经过吏（礼）部的铨选等方式，从道理上讲，它能够最大化地吸收当时最符合规定且优秀的人才以充实官员队伍。

（三）均田与租庸调制度

均田制与租庸调制是唐朝前期社会重要的经济制度，其中均田制是基本的土地制度（尤分布在北方），租庸调制则是基本的赋役制度，它们都是国家运行得以依托的物质基础。之所以形成这种制度，既是对前朝的继承，又顺应了唐朝社会的发展。唐朝以前的北魏系由鲜卑拓跋部所建，它在南向中原发展的同时，融合了胡汉两种（或多种）经济生产和文化要素，均田制就是一项突出的经济制度，随后逐步发展变迁，最后被南北结合的唐朝所延承，均田制和租庸调制就成为前期唐朝重要的经济制度。

前期的唐代，其社会经济实际上有两个主要的面相。首先，最重要的当然是农业生产。它鼓励农民在规范内的土地上进行劳动，生产的劳动产品在满足自身需要的同时，通过上交税赋和服役等形式为国家奉献以用于政府的各项支出。唐朝国家的财政收入主要依赖农业生产，它是唐朝经济结构的核心。其次是牧业生产。在唐朝从中原向四周拓展塑造成为农耕游牧兼纳的复合型格局之下[①]，它的疆域和势力已进入到北方草原、西域内陆等广袤地区，那里分布着游牧、渔猎、游耕和半农半牧等多样化的生计方式，但是其经济收入在朝廷的份额中所占

---

① 参见李鸿宾：《唐朝前期的南北兼跨及其限域》，《中国边疆史地研究》2016 年第 2 期；李鸿宾：《中华正朔与内亚边疆：兼论唐朝北部长城地带的意涵》，《学术月刊》2017 年第 2 期。

比率有限，最重要的就是为唐朝提供马匹这样的战略物资，用于军队骑兵的建设。如此看，土地的收入是支撑唐朝经济建设的重心，也是中国古代王朝的经济命脉，均田制、租庸调制就理所当然地成为唐朝经济的核心制度。

均田制授予夫妻组成的家庭 100 亩土地，其中 80 亩为口分田，用于种植粮食作物和经济作物，为国家缴纳赋税；其他 20 亩为永业田，可传承子孙后代。各级官员依据品级之高下被授予多少不等的田地，享受优厚的待遇。均田制之所以施行，就是国家能将掌握的土地按照一定规则和比率授予农民，农民通过赋役的形式为国家储备物资。因此，政府控制的土地越多，均田制颁布的范围越广，自身的获益也就越大。

与均田制配套的赋役制度是租庸调制。租是指从土地中生产出的产品征收的粮食份额；庸是农民为政府提供的义务性力役（可以用实物折合）；调是供应国家另一种形式的税收，一般征收丝、麻等纺织品，多有本地特色。唐朝政府就是通过租庸调制确立的赋役体系获得国家经营和运作的资财，它成为前期唐朝生产建设中重要的物质基础。

（四）军事制度

军事制度是唐朝维护全国安全的主要手段，也是唐朝开拓疆域的重要工具，它从硬件上保障了朝廷免遭内外动荡造成的戕害。

前期唐朝的军事体系主要由中央禁军、府兵与边防军三个部分构成；中期以后随着边地形势的变化，又形成了节度使体系，它兼容府兵、行军和边军诸多系统，成为后期遍布各地的军事单位，与之对应的中央禁军则出现了神策军的独大现象。就前期而言，府兵以驻扎在北方为要的全国各地、通过轮番服役的方式，构筑了以保护长安、洛阳为中心的全国性军事体系。它源自西魏兵农合一的组建，经过后续的发展衍变，到唐初就形成了一套由胡汉交织到中原本位的军队制度，对唐朝内外的安稳起到了重要的维护作用。与之对应的边防军分作军、镇、戍、守捉等单位，多驻扎在北部边地形势复杂多变之地带，与都督府、边州等行政建置相互配合，统归边地驻守的最高军政单位——都护府。如果遇到规模较大且边军无法应付的战事，唐廷就纠集各路人马组成行军并在大总管的协调下以应对，事后各自还原，这是唐朝处理边地规模性动荡的一种办法。两京尤其宫廷的保卫任务，就落在了历朝都存在的禁军肩上，唐朝为此发展出十六卫为标志的禁军系统。然而到了玄宗当政前后的中期，由于内外形势变化，这套军事体系也相应调整予以因应，进而转变为节度使、神策军为要的军事系统。

（五）法律制度

唐朝的法律是对破坏国家正常运转行为的惩罚性制

度措施。它延续并完善了秦汉以来的法制思想和各项制度，塑造成为一套更加完备且波及周边广远地带的东亚体系，与罗马法构成了欧亚大陆东西两个系统化的典范，进而又规范了此后中国历朝历代的法系。

《唐律疏议》是唐朝法律体系的典范性文献，由律、令、格、式四个部分组成，"凡律，以正刑定罪。令，以设范立制。格，以禁违正邪。式，以轨物程事"①，从多方面多角度规定了对违反相应法律的行为给予的惩罚，旨在维护王朝的安稳与整体运作，就有唐三百年尤其前期的发展运行的状况而言，这套体系的确发挥了重要的维系作用。倘若与罗马法系加以比较，以唐律为代表的东方法系，它更重视的是对违法犯罪的惩罚，意在遏制这类有害朝廷乃至社会的行为，就皇帝属下臣民权利和利益维护之职能而言，则较缺少系统性的关照。

三、制度化建设与唐朝兴盛之关系

上面的五项只是唐朝诸多制度建设中的若干部分，但它们却代表了前期唐朝的主干和要旨。倘若对包括唐朝在内的历史经验加以总结，可以深知，制度化建设与国家的兴盛息息相关；如果缺少这种建置，政权的维系和稳定就得不到保障，其合法性亦因此削弱甚至丧失。

---

① （后晋）刘昫等撰：《旧唐书》卷43《职官志二》，中华书局1975年版，第1837页。

如何将制度化的建设与国家政权的具体运作有效连接以提高治理能力，最终达到良善治理呢？这是制度建设的核心内容。就前期唐朝发展的状况而言，主要表现在以下几个层面。

（一）制度化建设出场之成因

被日本史学界称为"律令制国家"[1]的唐朝的制度化建设之成熟，至少可以从两个方面予以总结。

第一个层面就是结束魏晋南北朝分裂状态的隋朝确立的根基。制度化建设必须依托一个稳定的王朝，通常是具有较大规模王朝的持续运转；分散状态下的诸国虽然也多有自己制度化和体系化的考虑，但因受内外条件的制约乃至动荡不稳，难以形成长期效果且具影响力的建构。结束这种分散的隋朝，面对自身超大规模的格局，若要将它维系得住且能有效实施统理，规范而持续的制度颁行，就成为要务的关键。隋朝的确打造了一整套的制度体系，随后而至的唐朝若要长久地经营，隋朝成功的经验和失败的教训，就不能不贴近地吸收、采纳乃至扬弃，可以说，唐朝制度化的建设就是依托隋朝而来的。

第二个层面是，出身关陇集团的李唐统治阶层，与刘邦、刘秀这类中原汉系君主不同，他们不仅谙熟中原的政治传统，对草原胡系文化亦不陌生，许多成员干脆

---

[1] ［日］谷川道雄主编：《魏晋南北朝隋唐史学的基本问题》，中华书局 2010 年版，第 197 页。

就来自这个系统；多文化催生的唐朝统治集团，在开放心态的支配下，能够破除羁限，吸收东西南北各路优秀的文化成分，创建的制度亦包括多种层面和多元要素，譬如禁军属内胡汉成员的会聚、府兵制下的兵农合一、均田制的颁行乃至律令格式的多样，就是典型的展现。

前朝的雄厚积累、胡汉异质文化的凝聚，执政集团胡汉的融合，使得618年建国之后的李唐，伴随着政权的运作和国家的发展，其制度的创立和颁行及其随后的运转，就在适应各种现实条件和形势的过程中，逐一成型且走向纯熟。这就是我们所理解的前期唐朝制度化建设之出场的成因。

（二）制度化建设的实质

制度化建设的实质，就是它能够为王朝运行的平稳与持续提供坚实的基础。"维系的基础"是实质的核心，维系的对象就是王朝，二者缺一不可从而构成一个整体，即"一体两面"。前文所言中国古代王朝治理能力突出，集中体现在有一套成熟的选拔人才方法，能够将优秀的人才充实到官员队伍参与国家治理；行政系统极其完备，是国家施行有效治理最重要的依凭力量，实现有效的治理主要依靠的是领导集团或统治集团，这个集团质量的好坏，在很大程度上决定着治理水平的高低。与此配套的就是制度化的建设，它与统治集团及其行政配置不同的是，后者属于"人""成员"这些软件要素，制度化的建设无疑就是硬件构造。它不因为人情感和思想的变化无常而有波动甚或激荡，它以非情感、恒常稳定而著称，能够弥补"人"的弱项和不足，这是制度建设的特有职能。如此看，制度化建设的实质如果定位在"维系的基础"，那么这种维系的要素主要由软、硬两个构件组合，硬件要素具有的常规稳固，是这种"维系"的底盘，人的活动就建基于此。这就是我们所理解的制度化建设的实质。

（三）制度化建设与唐朝的兴衰

既然制度化的实质已经明晰，那么它与唐朝兴衰的关系又是怎样展现的呢？

二者的关系，集中体现在前期的数十百年之间。单就前文列举的五项制度而言，三省六部制与州县地方行政体系相配套，协助君主为首的统治集团治理国家，它所发挥的作用足以促使朝廷按照既定的方针稳步前行；这一统治集团及其属下的行政队伍，其成员前后延续获得充足的保障，则赖以制度化的贡举和铨选，正是它与其他途径的相互配置，才满足了中央和地方对优秀管理人才的吸纳；均田制的颁行与租庸调制的规范，又为朝廷提供了治理国家所需的物质支撑；当朝廷征集军队维护内地、边防治安抑或内外征讨之时，军队的功能就凸显出来，它更表现在朝廷以征服东西突厥为标志构筑的跨越长城南北异质型格局所展现的功能和发挥的作用之上。至于律令格式在维护朝廷内外、社会之中的等级秩序，尤其在维护皇权的法统地位方面，它发挥的作用不仅突出，更应该说达到了秦汉以来的新高度；即使在后期社会震荡的环境下，这些法律规范仍旧发挥着对个体和社会的整合作用，后世之继承唐朝律令并依据自身条件不断修改完善，亦足以表明有唐法制的能量之大、波及之广。这一切都表明制度化建设为唐朝走向强盛提供了必要而充足的条件。换言之，唐朝之走向强盛，与其在制度化建设诸方面的完备有直接而密切的关系。顺便一说，制度化建设固然出自统治集团的需要，但能够在吸收总结前朝经验和教训的基础上将国家治理得比较完善，说明这个集团有清楚的头脑，具有聪明才智，综合素质较高，这是国家治理的理性展现。

然而相反的例子同样表现在唐朝——后期唐朝。

与前期的辉煌、制度化建设齐整的兴盛局面形成对照，后期的唐朝呈现出皇权威望衰落、节度使分权、族群与区域离合的乱象。造成这一现象的直接原因就是安史之乱。但就其内生因缘追溯，实际上是唐朝政治结构转换的结果。

唐初朝廷稳定中原之后，太宗就开启了经营周边的方略，经过前后打造，铸成了一个超越前人的大型王朝之格局，但因维系局面的持续性能量不足，终以突厥复辟再建国、吐蕃咄咄进逼、周边其他势力扰乱而破局，唐朝被迫改变了攻势战略转而固守中原，将边地的防务交付节度使，安禄山趁机叛变，进而打破了朝廷的布局，其结果是灾难性的：从此，长安朝廷就陷入与节度使争衡以稳定局面的内斗之中。面临这种遽然改变的局势，再完善的制度也难以应付，协调整顿、改换门面就成为朝廷的一项重要任务。事实上，如前文所说，持续七八年的安史叛乱，隐藏的恰恰就是唐朝结构性转变的事实，此前颁行的各种制度，都要在形势改变的情况下做出调整，要么是主动应对，要么就是被迫跟随，职官系统中频频出现的"使职"差遣、两税法的颁行、神策军的突起，乃至节度使的遍布，就是突出的例证。这些因应变迁而出场的新职能与新制度，仓促上阵或临时抱佛脚，难以做到帷幄运筹、三思而后行。这本不是朝廷的有意为之，更不是破罐破摔的行为，而是权威消耗、臂非指全身、能量不足的顺应表达，但即使在如此纷乱的状态下，制度化的建置也在形势的逼迫中慢慢成型或由散而聚，递经五代十国的纷乱在走向北宋的整合之中衍化成新一轮的制度构造。

可见，制度化建设在有唐将近 300 年间的表现，突出的就是它的完备与朝廷兴衰之间存在着的密切对应。当统治集团初始建国将其臣民纳入到"舟""水"良性互动的网络之时，制度化的建构就顺利成行，促使这个政权走向稳固，即使它增大且限定在合理的范围之内，也能稳步发展。然而一旦胡汉势力纷争、统治阶层矛盾激化、被统治群体造反导致政权结构的破损之后，这种情况下的制度建设就会遭受破坏，原有的成型制度也无法化解矛盾，制度的更张或重建就势所必然了。唐朝前期的强盛与后期的衰微，与其产生关联的要素多样且复杂，但制度化建设与之对应如此密切与衔接，应当是诸种因素当中的最要者，换句话说，二者内存的关联将彼此置于一套规范的逻辑架构之内，以至于脱离这种关系就不能解释彼此。这就是我们对制度化建设与唐朝兴衰直接相关所做的解释。

四、唐朝制度化建设对后世的影响

上文简略地讨论了制度化建设与唐朝兴衰存在的必然关系，为了搞清楚这种关系，我们就必须明确"制度化建设"的概念及其在唐朝的主要表现。既然唐朝的制度化建设与它自身的关系如此密切，那么唐朝以后的历朝历代同样存在着类似关联也就不足为奇；唐朝二者之关系倘若能对后世产生影响，无非是它正面的经验或负面的教训足以发挥示范效益。"历史"通常被人们当做以往的"谈资"为后人所思考，目的是为了自己行事方便；所谓参考借鉴，这一直是中国的传统（国外也基本如此），譬如司马光修撰《资治通鉴》"以明乎得失之迹，存王道之正，垂鉴戒于后世者"[1]，就明白不过地表达了这种诉求。唐朝的统治集团同样需要这种参照为己所用，他

---

[1]（宋）司马光编著，（元）胡三省音注，"标点资治通鉴小组"校点：《资治通鉴》，《宋神宗资治通鉴序》，中华书局 1956 年版，第 34 页。

们的确成功地吸收了前朝的经验、借鉴了教训，为使自身走上正轨且有效运作，采取了诸多措施和方法，制度化的建设无疑是重中之重；在唐高祖、唐太宗等君臣的持续努力下，终于构建了包括政治、经济、军事、法律和社会管理等一整套的制度规范，使国家在良性的轨道上迅速崛升并走向强盛，成为中古时代与印度世界、波斯·阿拉伯世界、拜占庭帝国和基督教拉丁世界鼎立而行的东亚文明体且以国家统辖、治理能力的强化著称于世。①

正是有了成熟的建设以及数百年成功的运作，唐朝的制度建设不仅为自身发展提供了保障，也为当时的东亚世界乃至中原与周边的后世王朝提供了丰富的经验，这是唐朝之能成为典范的要义所在。如果说秦始皇、隋炀帝及其统治政策对后人多有教训的话，那么前期的唐朝无论君主本人还是施行的政治，都多以正面的形象被后世所褒赞。② 它的成功，既体现在政治的成熟和国家治理的有效，也展现在经济和贸易实力的雄厚，更蕴藏在文化上的兼容并包；唐朝的制度建设及其成就在促进自身发展的同时，又向东方世界释放出了强烈的波纹效应，其影响遍布东亚的朝鲜半岛、日本和东南亚等地，亦伸向广袤的草原和遥远的西域内陆，它一度将欧亚大陆的

---

① 参见 S. A. Adshead，T' ang China：The Rise of the East in the World History，New York：Palgrave Macmillan，2004。

② 具体可参考王夫之：《读通鉴论》卷 1《秦始皇》、卷 19《隋炀帝》、卷 20《唐高祖·唐太宗》，中华书局 1975 年版，第 1—3、556—616 页。

东缘编织成包括王朝、族群、经济、贸易、思想、文化要素在内的"共同网络",以至于现代学者采用"东亚体系""封贡体系"等不同的词汇加以表述,应当就是那种局面的写照。①

唐朝成功的制度化建设固然为当时的东方世界提供典范并被后世所效法,它后期制度失范的教训也同样被后人所汲取。自安史之乱以后,以河朔三镇为代表的节度使势力分割了朝廷权力,军队将领染指国家政务,中央的权威受到挑战;与此伴生,边地契丹、党项、吐谷浑、沙陀、吐蕃等势力亦随即崛起并盘踞所在地域,引发出内外局势的高度紧张。随后的数十百年间,唐朝就周旋于这种权力的博弈之中,最终在公元907年被朱温势力推翻,中国就此进入五代十国的纷乱之中,直到960年宋朝的建立,重回一统,但其北部和西北则有辽、夏两强崛起,与中原王朝成鼎足之状,中国政治的重心从西北转向东部又走向了华北,历经元、明、清诸朝的磨砺,塑造成蜗居华北、指向西北、面向华南的王朝新布局。正是在这些王朝的经管和接续之中,唐朝制度的成功典范及其衰竭的教训,就被它们汲取,成为它们制度化建设中的有益养分。

---

① 参见〔美〕费正清编,杜继东译:《中国的世界秩序——传统中国的对外关系》,中国社会科学出版社2010年版,第1—17页。

走向盛唐的追梦人

刘后滨

中国人民大学图书馆馆长，历史学院教授、院学术委员会委员。兼任教育部高等学校历史学类专业教学指导委员会委员，中国图书馆学会常务理事。

主要研究方向为中国古代政治制度史、隋唐五代史。代表作有《唐代中书门下体制研究》《唐代选官政务研究》和《盛唐政治制度研究》（合著）等，联合主编学术辑刊《唐宋历史评论》。

我在学习、研究隋唐史几十年的时间里一直在思考几个问题。

第一，熟读唐诗的人都知道，初唐和盛唐时代的文人，他们很高调地追逐功名，但是他们没有被认为是利己主义者。

第二，盛唐的诗歌创作都是以个人为中心，抒发个人的情感。可是，没有人批评他们是与社会相疏离的人，还被认为是特别具有时代性，跟时代合拍。

第三，中国历史上有过一个盛世，叫开元盛世。在唐朝建国100年前后，中国历史上出现了一个前所未有的盛世局面。那么是谁告诉我们这是一个盛世？是杜甫还是李白？

第四，是什么力量推动唐朝走向了全盛的局面？

这些是我在长期教学研究中思考的问题，我想将这些问题放到《走向盛唐的追梦人》题目中来尝试回答。在唐朝建国后100年的历史中，我们选择了一些大家熟悉的唐朝诗人，来粗线条地追踪走向盛唐的时代和那个时代里面追梦的人们。

一、女皇时代政治变革的文学呈现

中国历史上曾经有过这么一个时代，政治上很动荡，尤其是高层政局，时而风起云涌，但是社会是相对安定的。据统计，武则天参与和执掌朝政的将近50年的时间，是中国历史上农民反抗官府斗争最少的时代。武则天，这个人物的出生本身就预示着一个伟大时代的到来。

> 高宗则天顺圣皇后武氏，并州文水人。父士彟，见《外戚传》。文德皇后崩，久之，太宗闻士彟女美，召为才人，方十四。母杨，恸泣与诀，后独自如，曰："见天子庸知非福，何儿女悲乎？"母韪其意，止泣。既见帝，赐号武媚。及帝崩，与嫔御皆为比丘尼。高宗为太子时，入侍，悦之。①

我们看武则天跟她妈妈说的这句话，"见天子庸知非福，何儿女悲乎？"我脑海里突然就想起王勃《送杜少府之任蜀州》"无为在歧路，儿女共沾巾"。同时代的这些话传递出来的信息，我感觉到那一代人对不确定的未来充满自信，至少是毫不恐惧。其实，这就是一个时代的精神。

武则天当皇帝以后就获得了用人权，她的用人在历史上一直有争议。武则天在历史上有两大罪状，其一是酷吏

---

① （宋）欧阳修、齐祁撰：《新唐书》卷76《则天武皇后传》，中华书局1975年版，第3474页。

政治，如我们熟悉的来俊臣请君入瓮的故事；其二是用人，选官用人门槛太低，什么人都提拔。但是，唐朝中期一个很有名的宰相叫陆贽，他曾经给唐德宗写了一个报告，讲唐朝用人最值得学习的除了唐太宗就是武则天：

> 往者则天太后践祚临朝，欲收人心，尤务拔擢。宏委任之意，开汲引之门。进用不疑，求访无倦。非但人得荐士，亦得自举其才。所荐必行，所举辄试。其于选士之道，岂不伤于容易哉！然而课责既严，进退皆速，不肖者旋黜，才能者骤升。是以当代谓知人之明，累朝赖多士之用。此乃近于求才贵广、考课贵精之效也。①

这也是我们现在理解武则天时代的一个很重要的角度，就是从武则天用人来看。文学呈现当然有很多角度，我讲一个故事，就是"黄粱梦"。

> 开元十九年，道者吕翁，经邯郸道上邸舍中，设榻施席，解囊而坐。俄有邑中少年卢生，衣短褐，乘青驹，将适于田，亦止邸中。与翁接席，言笑殊畅。久之，卢生顾其衣装敝亵，乃叹曰："大丈夫生世不谐，而因如是乎。"翁曰："观子肤极

---

① （唐）陆贽撰：《陆贽集》卷17《请许台省长官举荐属吏状》，中华书局2006年版，第546—547页。

腴，体胖无恙，谈谐方适；而叹其困者，何也？"
生曰："吾此苟生耳，何适之为。"翁曰："此而不
适，而何为适？"生曰："当建功树名，出将入相，
列鼎而食，选声而听，使族益茂而家用肥，然后
可以言其适。吾志于学而游于艺，自惟当年，朱
紫可拾，今已过壮室，犹勤田亩。非困而何？"

言讫，目昏思寐，是时主人蒸黄粱为馔，翁
乃探囊中枕以授之曰："子枕此，当令子荣适如
志。"其枕瓷而窍其两端，生俯首枕之，寐中，
见其窍大而明朗可处，举身而入，遂至其家。娶
清河崔氏女，女容甚丽而产甚殷。由是衣裘服御，
日已华侈。明年，举进士，登甲科，解褐授校书
郎，应制举，授渭南县尉，迁监察御史、起居舍人，
为制诰。三年即真。出典同州，寻转陕州。生好
土功，自陕西开河八十里以济不通。邦人赖之，
立碑颂德。迁汴州、岭南道采访使，入京为京兆尹。

是时神武皇帝方事夷狄……帝思将帅之任，
遂除生御史中丞、河西陇右节度使……归朝策勋，
恩礼极崇，转御史大夫、吏部侍郎。物望清重，
群情翕习，大为当时宰相所忌，以飞语中之，贬
端州刺史。三年征还，除户部尚书。未几，拜中
书侍郎同中书门下平章事，与萧令嵩、裴侍中光
庭同掌大政。十年，嘉谋密命，一日三接，献替
启沃，号为贤相。

数年，帝知冤，复追为中书令，封燕国公，恩旨殊异。生有五子……其姻媾皆天下望族。有孙十余人。凡两窜岭表，再登台铉，出入中外，回翔台阁。三十余年间，崇盛赫奕，一时无比。末节颇奢荡，好逸乐，后庭声色皆第一。前后赐良田甲第，佳人名马，不可胜数。[①]

这个故事写在安史之乱以后，是一种反思，我觉得那是唐朝繁华过后人们的一种失落感，可是故事里面呈现的卢生的完整的经历，却恰恰代表了此前一个时期唐朝士人的普遍追求。唐朝在武则天到唐玄宗的时代恰恰是门阀社会开始衰落，普通地主家庭出身的读书人开始兴起的时代，所以我们经常会强调这样一个问题，这个梦只出现在唐朝的前期，秦汉魏晋南北朝社会阶层很固定，没有人做这样的梦。

宋朝到明清是科举社会，但是有资格有能力考科举的人越来越多。而唐朝前期是科举制的早期阶段，参加科举考试群体的数量还相对少，改变命运的空间还比较大。黄粱梦的故事，我认为是沈既济的仕宦经历同理想重叠起来的一种文学的想象。卢生后来做到了宰相、节度使，出将入相，而且家族很完美。他最后被任命为中书令，封为燕国公，皇帝很重用他。他有五个儿子，每个儿子娶的都是

---

① 陈桂声、沈董妹编著：《古小说精华·枕中记》，苏州大学出版社2011年版，第21—24页。

崔卢李郑王等天下的望族。儿子们又生了十几个孙子。他两次被贬官，两次当宰相，是当时显赫无比的人物。而且他晚年也很幸福，生活过得很安逸。等到人生最高峰的时候，睡梦中就去世了，这是人生最高境界，实现了那个时代人们的梦想。在武则天前后，读书人生活在那种大的政治变革的时代，是一种什么样的人生生存状态？举一个人为例，杜甫的爷爷叫杜审言，他是跟武则天同时代的人，考上了进士。唐朝前期，能够考上进士的人每年也只有二十几个。杜审言诗写得好，字写得好，但是很狂妄。

（杜）审言，进士举，初为隰城尉。雅善五言诗，工书翰，有能名。然恃才謇傲，甚为时辈所嫉。乾封中，苏味道为天官侍郎，审言预选。试判讫，谓人曰："苏味道必死。"人问其故，审言曰："见吾判，即自当羞死矣！"又尝谓人曰："吾之文章，合得屈、宋作衙官；吾之书迹，合得王羲之北面。"其矜诞如此。[①]

狂妄到这种程度，换一个时代你会觉得这种人是疯子，当然，杜审言确实也有他的疯子的一面。但武则天就很喜欢这样的人。还有一个人叫员半千，这个人也很有意思。南北朝、隋唐之际，是中国中古历史最深层变革的时期，

①（后晋）刘昫等撰：《旧唐书》卷190上《文苑传》，中华书局1975年版，第4999页。

在这个大的社会变动当中崛起了一些新兴的家族。

> 员半千，本名余庆，晋州临汾人。少与齐州人何彦先同师事学士王义方，义方嘉重之，尝谓之曰："五百年一贤，足下当之矣！"因改名半千。及义方卒，半千与彦先皆制服，丧毕而去。①

他曾经给唐高宗写了一份《陈情表》："请陛下召天下才子三五千人，与臣同试诗、策、判、笺、表、论，勒字数，定一人在臣先者，陛下斩臣头，粉臣骨，悬于都市，以谢天下才子。"能够跟皇帝这样讲话，那个时代太特别了。

高宗武则天到开元时期的这些人物，为什么是这样一种状态？我想应该是和那个时代的政治文化、社会背景有关系。高宗武则天时期上承贞观之治，下启开元盛世，是唐朝建立以后出生的一代人进入太平生活的半个世纪。社会心态和政治环境（包括选官制度）都开始转变。对未来的不确定性呈现出来的是无限可能和广阔天地，尚未构成恐惧和威胁。

中古社会在高宗武则天时期发生着深刻变革，给人们带来信心和希望。李白的"长风破浪会有时，直挂云帆济沧海"，表达了人们的信心和希望，我相信社会学家所说的，对每一个社会成员来说，向更高的社会地位爬

---

① （后晋）刘昫等撰：《旧唐书》卷190中《文苑传》，中华书局1975年版，第5014页。

升,是个人的梦想；而对于国家来说，无数人梦想的集合，则是社会进步的动力。

武则天时期，还有一个人叫郭元振，写了一首《古剑篇》：

君不见

昆吾铁冶飞炎烟，红光紫气俱赫然。

良工锻炼凡几年，铸得宝剑名龙泉。

龙泉颜色如霜雪，良工咨嗟叹奇绝。

琉璃玉匣吐莲花，错镂金环映明月。

正逢天下无风尘，幸得周防君子身。

精光黯黯青蛇色，文章片片绿龟鳞。

非直结交游侠子，亦曾亲近英雄人。

何言中路遭弃捐，零落漂沦古狱边。

虽复尘埋无所用，犹能夜夜气冲天。

那个时代的人都有一种豪情，郭元振因为这首诗受到了武则天的赏识，但后来成为了李隆基发动宫廷政变的核心人员，出将入相，钟鸣鼎食。

讲到武则天时代，还要提到一个人，就是陈子昂。陈子昂官做得不是很高，但在文学史上，却是前无古人、后无来者的,是唐诗转型的关键人物。我们来看陈子昂的经历。

《独异志》这样记载陈子昂从四川来到京师长安时的情况：

不为人知。时东市有卖胡琴者，其价百万，日有豪贵传视，无辨者。子昂突出于众，谓左右："辇千缗市之。"众咸惊，问曰："何用之？"答曰："余善此乐。"或有好事者曰："可得一闻乎！"答曰："余居宣阳里。"指其第处，并具有酒，明日专候。"不唯众君子荣顾，且各宜邀召闻名者齐赴，乃幸遇也。"来晨，集者凡百余人，皆当时重誉之士。子昂大张宴席，具珍羞。食毕，起捧胡琴，当前语曰："蜀人陈子昂有文百轴，驰走京毂，碌碌尘土，不为人所知。此乐，贱工之役，岂愚留心哉！"遂举而弃之。升文轴两案，遍赠会者。会既散，一日之内，声华溢都。①

这就是武则天时代的人常有的表现，确实是在经济快速发展的时代改变命运的一代人。他们要走向政治舞台，空间也很大。陈子昂有一首《感遇诗》："可怜瑶台树，灼灼佳人姿。碧华映朱实，攀折青春时。岂不盛光宠，荣君白玉墀。但恨红芳歇，凋伤感所思。"感于心，困于遇，我们要理解初唐时代人的困。他不是说生活困苦，吃不饱饭，不是为衣食发愁的困，而是自己的理想没有得到实现，人生际遇困顿之中所感于心者。陈子昂不同于初唐四杰之处在于，他比四杰积极有为。四杰走向江山塞

---

① 李昉等编：《太平广记》卷179，中华书局1961年版，第1331页。

漠含有回避现实的一面，尽管激愤中不失通达，但人生主基调是失意与落寞。

陈子昂来到了幽州台，写下了《登幽州台歌》："前不见古人，后不见来者，念天地之悠悠，独怆然而涕下。"如果我们回到陈子昂的语境和他的时代里面去，我们会感觉到这四句诗情绪太饱满了，天地之间那种孤独感回肠荡气。这恰恰写下了那个时代人最高境界的孤独感，具有孤独感并不等于是失败者。这里表达的恰恰是理想主义者的孤独感。我觉得越是有理想的人可能越会感到孤独。陈子昂的经历和他的诗歌创作，从一个侧面，以文学的方式呈现出了一个不一样的时代。王夫之提出，陈子昂"以为大臣任社稷而可也"。葛晓音认为，陈子昂提出汉魏风骨、风雅兴寄，诗歌从美刺讽喻走向慷慨意气，"把初唐文人对功业的渴求、对现实的不平、对宇宙人生意识的觉醒和淡淡惆怅升华到更自觉、更富有理性的高度"。

二、初唐士人追求功名的壮志豪情

初唐时代，有一群士子，他们高调地追逐功名，可真正实现了建功立业理想的恰恰不是他们。他们在仕途上走得特别艰难，是蹉跎的一群人，在诗歌创作当中却是特别高调的，这个反差其实是很有意思的。代表人物就是初唐四杰。《旧唐书·文苑传·杨炯》中有一段记载："炯与王勃、卢照邻、骆宾王以文词齐名，海内称为王杨卢骆，亦号为'四杰'。炯闻之，谓人曰：'吾愧在卢前，耻居王后。'当时议者，亦以为然。"

四杰生活的唐朝前期，是一个人人都有梦的时代。四杰的出身资格和行政能力，也许都不足以支撑其走上高位，但这并不影响他们喊出时代的最强音。无论是王勃的"海内存知己，天涯若比邻"，杨炯的"宁为百夫长，胜作一书生"，卢照邻的"寂寂寥寥扬子居，年年岁岁一床书"，还是骆宾王的"不求生入塞，唯当死报君"，这些代表了时代精神的诗句，出自命运蹉跎、仕途坎坷的诗人笔下，不正说明那个时代整体上还给人以广阔的上升空间吗？年轻的诗人们即使在失意的人生旅途中，依然豪气冲天、壮志凌云，又怎能用一句"浮躁浅露"（司马光语）来盖棺论定呢？

骆宾王的"鹅鹅鹅，曲项向天歌"是大家最熟悉的，骆宾王是一个自负的人。他曾经写过一首诗，叫《浮槎》：

昔负千寻质，高临九仞峰。

真心凌晚桂，劲节掩寒松。

忽值风飙折，坐为波浪冲。

摧残空有恨，拥肿遂无庸。

渤海三千里，泥沙几万重。

似舟飘不定，如梗泛何从。

仙客终难托，良工岂易逢。

徒怀万乘器，谁为一先容。

这个人其实一辈子都不顺，他进士及第以后，没有家庭背景，跟着将军去西域打仗。他很不幸运，此前十年或后十年唐朝都是打胜仗，偏偏他参加那次唐朝打了败仗。他本来想去建功立业改变命运，回来还受了个处分，然后又因为财务上出了点问题，被抓起来了。后来徐敬业到扬州来造反，反对武则天临朝称制，他投奔徐敬业，终于有机会要改变命运了。他替徐敬业起草了《讨武曌檄》，大骂武则天，可是武则天一个月就把扬州起兵给镇压了。所以说骆宾王是一辈子没有实现理想的人，可是从他的诗歌里面能看出来他一直没有放弃理想。

卢照邻出身范阳卢氏，大家族，他们家祖上可能五代祖先以前，曾经辉煌过，他爷爷开始成为了平民子弟。他的《元日述怀》非常打动我。元日，我们现在叫春节，他在春节时身体很不好的情况下，写了这首诗。

筮仕无中秩，归耕有外臣。
人歌小岁酒，花舞大唐春。
草色迷三径，风光动四邻。
愿得长如此，年年物候新。

他说，我曾经占卜过，这辈子无法在朝中做官，可能归耕垄亩，可是生活在我们这个时代，我们能看到民众还在喝酒，还在唱歌，我们的生活是太平安定的。卢照邻本人的人生很失败，官场失意，情场失意，身体不好，一个人生完败的人，他笔下呈现出来的是大唐的满眼春色，我觉得这就是盛唐精神。

三、社会阶层垂直流动的制度路径

初唐时期是从天下大乱之后的治世局面再到深层变革的时期。这种变革不仅仅是唐朝内部的变革，它是中古时期从未有过的一个深层的变革。这个变革的意义是什么呢？魏晋南北朝时期是一个门阀社会，一个人的社会地位从出生以后，甚至没出生以前，就由家庭背景决定了。而经过隋末的动荡、唐朝初年的调整，到了唐高宗、武则天在位时期，门阀士族衰落了，整个社会在政治变动当中。经济地位得到改变的一个群体开始走向政治的舞台，一般地主家庭出身的官员越来越发挥着主导的作用。正是在这样一个背景下，我们才能理解李白喊出来的"长风破浪会有时，直挂云帆济沧海"。为什么每个人都觉得有机会呢？我们从历史的角度来分析一下初唐的时代特性。

（一）门阀贵族衰落和一般地主兴起，经济发展开启新模式

以前的经济模式是庄园经济，大家族的经营。而到了唐朝建立以后，个体农户的独立生存能力提高。国家实行均田制、租庸调制，培养了一批在州县登记户口的个体农户，使得唐朝的经济发展模式转变，民间的经济

也在发展，国家的财富也在积累。所以杜甫后来写了一首诗《忆昔》："忆昔开元全盛日，小邑犹藏万家室"，人口在急剧地增长。不是限制兼并的模式，而是中国历史上并不多见的放任地主兼并土地，农民失去土地以后，还可以以租佃者的身份回到土地上去生产的一种经济发展模式。总之，武则天时期允许地主兼并土地，农民逃亡之后就地落籍，可称之为自由经济发展的时代。这是中国历史上少有的一个时期。我们一般会说，土地兼并带来的是社会矛盾的激化，而武则天时代恰恰是土地兼并、适当规模经营带来经济高速发展的时代。因为那个时代由于土地兼并带来的社会矛盾，通过政策调整还可以消化。这是一个大的背景。

（二）民族融合与边疆形势的变化，开疆拓土面临新局面

李唐皇室本身是多民族融合的结果。唐朝不管是高级将领还是高级文官，很多都是鲜卑精英阶层与内地民族融合的结果。民族融合同时，还有个背景就是边疆形势的变化，在唐朝建国以后的前六七十年的时间里面，唐朝是整个亚洲最强大的政治体。后来当然有吐蕃和阿拉伯帝国，形成了三大政治力量。到天宝年间，边疆形势就比较危险了。东北还有契丹。但是在唐朝前期的几十年时间里面，恰恰唐朝在边疆经营比较成功，具有绝对的优势。新罗复国以后，日本、朝鲜和唐朝的关系基

本是稳定的，是派遣遣唐使来学习的。吐蕃还没有构成那么严重的威胁，经营西域还没有碰到阿拉伯帝国的东来。所以整个边疆形势的变化导致了唐朝在那个年代是一个开疆拓土的理想的时代，这就为士人的发展提供了一个非常大的空间和舞台。

（三）政治格局的大调整，政治体制出现大转型

武则天时代，一年可能换好几批宰相，可能当半年就不当了，当过宰相的人总数很多。在政治变动当中，进入高级官员行列的家族数量增加，变换频率在加速。政治体制在此背景下发生着深刻的转型。

（四）出身途径的多元化，社会流动产生新机制

一种是应征从戎。最典型的例子就是薛仁贵。薛仁贵是没有任何政治背景、有些经济基础的人物。带着装备投奔唐朝大军奔赴辽东战场，被授予五品游击将军的职衔，很快改变了命运。《从军行》主题的诗作当中，也能看到相关情况。武则天还编了一部书，叫《姓氏录》，官居五品以上的人都可以进入官方认可的知名家族，导致整个社会阶层改变。

要是不愿意当兵，武则天还提供了另外一个机会：告密。武则天在临朝称制和改朝换代的几个关节点上大开告密之门。她甚至让人设置了一个铜匦，像邮政投递的邮箱一样，只要投进去就拿不出来，由专人直接呈送

给武则天。只要告密就可以享受一定待遇，把告密者送到武则天所在的地方，亲自接待。如果所告属实，那当然你提拔更快，所告不实，也不治罪，其实那个时候引起了很大的问题，官场完全失去秩序，引起恐慌。可是武则天利用酷吏，还能控制住酷吏。

当然最主要的途径是通过科举出身。不是文章写得好就一定能考上科举的，唐朝的科举还要有人推荐，往往还没有开始考试，状元是谁基本上就定下来，因为考官身份是公开的，应举者会事先把写好的文章呈送给考官或与他熟悉的知名人物。白居易就曾经写文章送给顾况，顾况调侃他，"京师米贵，居大不易"，白居易给他看了自己写的"离离原上草，一岁一枯荣。野火烧不尽，春风吹又生"。顾况忍不住赞叹：能写出这样的诗句，你想要住在长安就很容易了。

科举制是社会阶层垂直流动的制度保障，隋唐时期还是早期阶段，选拔了大量的人才。通过考试选拔精英来治国，是隋唐以后中国的基本选官方式，承担了很重要的选拔精英的作用，是中国社会一个深层的转型。科举选拔的士大夫是双重身份，由读书人治国。选拔出来的精英是文化传统的担当者，他们有一种强烈的政治参与意识，通过科举出身，一步一步历练，做到高官的人，他们承担了儒家传承的"道"，到宋代甚至认为"道"高于君权。君权和道权形成了一种互动关系，士大夫要受到皇帝的认可，同时士大夫也可以批评皇帝。考试是中国社会阶层流动的基本途径，"朝为田舍郎，暮登天子堂"是贫寒子弟的千年梦想。在唐代前期，作为中国科举社会的早期阶段，科举考试提供了社会阶层垂直流动的制度路径。

四、盛唐士人多元选择的政治空间

开元中后期活跃于政坛的文士出身的官员中，张说、张九龄和贺知章最具文学才华。他们的人生态度和进退出处并不相同，却一同构成了开元之治的历史底色，也是唐朝建立以后几代文士所追求盛世梦想的实现者。

（一）张说的庙堂与江湖

张说是《枕中记》中卢生的原型。张说（667—730），洛阳人。其父张骘，明法科擢第，历饶阳、长子县尉，介休主簿，洪洞丞，调露元年（679）卒于县廨。载初元年（689），张说应制举词标文苑科，则天御洛阳城南亲试举人，对策天下第一。

713年六月，玄宗诛太平公主及其党众，大赏功臣。七月，张说被召回，拜检校中书令，八月，封为燕国公，九月，正授中书令。年底罢相，相继外放相州、岳州和幽州。

张说是武则天提拔的新兴阶级出身官员的代表，中下层官僚子弟出身，放在魏晋南北朝来说，基本是平民，在武则天要亲自走向政治舞台之际被选拔出来。他精明能干，富有文学才华，前后三秉大政，掌文学之任达三十年，深得唐玄宗的信任。从魏晋历史往后看，张说的经历是非常显眼的，具有划时代的意义。一个特别受到皇帝喜爱的人，受到政治影响，也可能遭遇贬官。被贬在岳州的时候，他做了一首《对酒行》：

> 留侯封万户，园令寿千金。
> 本为成王业，初由赋上林。
> 繁荣安足恃，霜露递相寻。
> 鸟哭楚山外，猿啼湘水阴。
> 梦中城胭近，天畔海云深。
> 空对忘忧酒，离忧不去心。

诗歌呈现了盛唐诗人遭遇挫折后的普遍情怀。兼具留侯（张良）功业和园令（司马相如）文章的理想遇挫后，产生深沉的忧思。他曾经成就很高，遭遇挫折后，还在相信内心的理想，并不绝望，经得起政治上的起落，即使以后再也回不来了，也没有完全被打败。他又写了一首《送梁六自洞庭山作》：

> 巴陵一望洞庭秋，日见孤峰水上浮。
> 闻道神仙不可接，心随湖水共悠悠。

没有故作振奋，没有虚情假意，不着一字，远神远韵，送意自在其中。前人评云："但言悠远，而别意自见。美人秋水之思，当是别后意耳。"缠绵悱恻，不失诗人敦厚之旨，盛唐作者所以为正声也。"他也怀念曾经的朝廷，也怀念出生入死的岁月，也有失落。王湾曾写了一首《次北固山下》：

> 客路青山外，行舟绿水前。
> 潮平两岸阔，风正一帆悬。
> 海日生残夜，江春入旧年。
> 乡书何处达？归雁洛阳边。

张说在做中书令的时候，曾把这首诗亲自题写并挂在宰相办公厅政事堂上，这是唐朝开元盛世的高光时刻。这首诗境界很宽广，前景辽远，朝霞满路的时代，庙堂和江湖都具有自信的时代，也是制礼作乐、进入太平盛世的时代。张说题写此诗，标志着唐朝走进了盛世。

（二）张九龄的荣达与孤单

张九龄是盛唐士人的代表，他的人生经历不仅有荣达，还有孤单的一面。

张九龄（678—740），字子寿，一名博物。曾祖君政，韶州别驾，因家于始兴，今为曲江人。父弘愈，以九龄贵，赠广州刺史。九龄幼聪敏，善属文。年十三（690），以书干广州刺史王方庆，大嗟赏之，曰："此子必能致远。"登进士第，应举登乙第，拜校书郎。玄宗在东宫，举天下文藻之士，亲加策问，九龄对策高第（711），迁右拾遗。九龄以才鉴见推，当时吏部试拔萃选人及应举者，咸令九龄与右拾遗赵冬曦考其等第，前后数四，每称平允。

开元十年，三迁司勋员外郎。时张说为中书令，与九龄同姓，叙为昭穆（新传作"通谱系"），尤亲重之，常谓人曰："后来词人称首也。"九龄既欣知己，亦依附焉。十一年，拜中书舍人。

无几，说果为融所劾，罢知政事，九龄亦改太常少卿，寻出为冀州刺史。九龄以母老在乡，而河北道里辽远，上疏固请换江南一州，望得数承母音耗，优制许之，改为洪州都督。俄转桂州都督，仍充岭南道按察使。上又以其弟九章、九皋为岭南道刺史，令岁时伏腊，皆得宁觐。

二十三年，加金紫光禄大夫，累封始兴县伯。李林甫自无学术，以九龄文行为上所知，心颇忌之。乃引牛仙客知政事，九龄屡言不可，帝不悦。二十四年，迁尚书右丞相，罢知政事。后宰执每荐引公卿，上必问："风度得如九龄否？"故事皆搢笏于带，而后乘马，九龄体羸，常使人持之，因设笏囊。笏囊之设，自九龄始也。

初，九龄为相，荐长安尉周子谅为监察御史。

至是，子谅以妄陈休咎，上亲加诘问，令于朝堂决杀之。九龄坐引非其人，左迁荆州大都督府长史。俄请归拜墓，因遇疾卒，年六十八，赠荆州大都督，谥曰文献。[1]

盛唐的人，心中没有执念，张九龄做宰相时，曾经受到李林甫的中伤，张九龄曾作《归燕诗》（一题《咏燕》）贻林甫：

> 海燕何微眇，乘春亦暂来。
> 岂知泥滓贱，祗见玉堂开。
> 绣户时双入，华轩日几回。
> 无心与物竞，鹰隼莫相猜。

如何反观孤寒之士的荣达之任，是张九龄两次贬谪期间诗歌创作中对人生反思的核心主题。张九龄的宦海沉浮，集中体现了开元之治中政治路线上的文学与吏治之争、选官理念上的门阀与才学较量、施政措施上的制礼作乐与理财治边并重等多重矛盾。从早年的理想出发，张九龄实现了那个时代读书人普遍追求的盛世梦想。至于宠辱穷达的个人命运，作为宰相重臣的张九龄，既不可能摆脱专制皇权维系机制的影响，也难逃转型时代历

① （后晋）刘昫等撰：《旧唐书》卷99，中华书局1975年版，第3097—3099页。

史任务的羁绊。

（三）贺知章的超然与自省

不是所有诗人都想成为社稷之臣，也不是所有活在开元的诗人都有成为社稷之臣的际遇，但诗歌创作进入开元却在整体上接续了陈子昂提出的兴寄与风骨。"吴中四士"（贺知章、包融、张旭、张若虚）之作就是初入盛唐格局的代表。

如果说诗歌史上的盛唐气象指的是诗歌审美的内涵与形式相统一，即风骨与声律的完美结合，那么也可以说，创造盛唐气象的诗人群体中开始出现了文学与吏干兼具的代表人物——张说、苏颋与张九龄。他们是武则天时代特殊政治环境造就的幸运儿，是后来唐代历史上"艺实"之士的先声。

贺知章作为开元之治制礼作乐政治实践中的关键人物，则呈现出其时文士进退出处多元选择的可能性。

贺知章为秘书监，累年不迁。张九龄罢相，于朝中谓贺曰："九龄多事，意不得与公迁转，以此为恨。"贺素诙谐，应声答曰："知章蒙相公庇荫不少。"张曰："有何相庇？"贺曰："自相公在朝堂，无人敢骂知章作獠。罢相以来，尔汝单字，稍稍还动。"九龄大惭。①

　　贺知章对张九龄这个诙谐之答，未必是对被罢宰相张九龄的讥讽，也不见得就是对久不升迁的仕途表达不满。张九龄罢相之后，自己作为南方文士受到"尔汝"之轻蔑，使其更加明白虽然受到君王和宰相的某种眷顾，却原本无所依凭。

　　贺知章既是放旷之人，还能做到"当时贤达皆倾慕之"，除了其自身的人格魅力之外，恐怕与那个时代士人具有广阔的发展空间直接相关。这也是盛唐气象的具体体现。《新唐书》将其列入《隐逸传》，恐怕是对"四明狂客"（贺知章自称）及其所处时代的一个误解。

　　从女皇时代到开元全盛，是社会经济的全面繁荣与制礼作乐的壮阔舞台。舞台大，空间大，选择多。科举社会早期形态为中古社会转型过程提供了政策红利的释放与对精英力量的容纳。这是中国历史上的黄金时代。从文人到文士的转型，展现了精神动力的延续与多元思想的文化空间。文人的仕途可能很挫折，可是在时代背景下迸发出的进取精神，汇聚成为盛唐气象。

　　文人士子敢于追逐功名，敢于批评，敢于得罪人，即使在寻求帮助的时候也展现了一种清高。他们是时代的参与者而非旁观者，他们的激情和酸辛都很真实，他

---

①（唐）封演撰，赵贞信校注：《封氏闻见记校注》卷10《讽切》，中华书局1958年版，第86页。

们的诗句是与时代精神合拍的强音。他们的个人情怀和民众的感知并不分离。他们的诗句并不空洞，不花哨，有着真诚的交流能力，是时代的真切回响。开元盛世是唐玄宗的盛世，文武百官的盛世，一定意义上也是民众的盛世。走向盛唐的追梦人，是从初唐四杰到张说、张九龄、贺知章的三四代人，他们以自己不同的仕宦经历和文学创作，实现了难得的盛世理想。

《老子骑牛图》（局部）明·张路

《道德经》中的人生智慧

李中华

北京大学哲学系教授、博士生导师，兼任
北京大学《儒藏》编纂领导小组及工作小组
成员，北京大学中国哲学暨文化研究所
所长，中国文化书院副院长等职。

主要研究方向为中国哲学史、道家及道
教。主要著作有《冯友兰评传》《谶纬与
神秘文化》《中国人学思想史》《魏晋玄
学史》等。

本文和大家一起探讨我国一部重要的传统文化经典《道德经》。大家知道《道德经》是中国古代智者老子所作，老子和《道德经》以及老子的思想在中国文化中影响非常大。谈到老子就要谈到道家，因为老子是道家学派的创始人，而道家学派在中国文化中又和儒家学派几千年来相互对峙、互补，形成中国文化中的两个重镇，就是道家和儒家。有人形容儒道的关系像双峰并峙，像两条河流并跹。在佛教传入中国以前，中国人的思维方式、生存智慧、人生的哲学基本上是在儒道两家影响下形成的，因此，先秦诸子中老子创立的道家学派对中国文化的影响非常大。

一、关于老子

老子的名字最早见于《庄子》，这部书一共33篇，其中将近20篇提到了老子。书里讲关于老子的故事、涉及老子的内容、老子的名字等，据我统计有70多次。《庄子》一书中涉及的人名很多，但其中提到老子、老聃是最多的。

历史上真正给老子作传的是司马迁的《史记》，其中一篇叫《老庄申韩列传》，这篇传记讲到四位人物：老子、庄子、申子（申不害）和韩非，都很简略。从司马迁简略的记载里，我们能看到老子的一些基本情况。司马迁说"老子者，姓李，名耳，字聃"，说老子姓李，名字叫耳，他的字叫聃。然后说他是周的守藏室之史，守藏室就是藏书室，藏书的地方。老子做守藏室之史，就是担任这个国家藏书的图书室的史官，相当于现在的国家图书馆馆长。所以老子为什么有学问呢？因为他管理天下图书。《庄子》书中讲老子所在处叫"征藏室"，"征"就是征集的征，他不仅要收藏、要管理，还要不断地征集。另外还有书记载老子是"柱下史"，古代用于开会的房间里面有很多大柱子，坐在柱子旁边负责记录的人就是柱下史，其责任就是把这些东西记载下来，变成国家的档案，变成国家的历史，大致相当于现在的秘书处、秘书长。

　　老子研究的是道德，这里的"道德"和我们现在讲的道德伦理的道德不完全是一个意思，它不仅包含现在所讲道德的内容，还大于我们现在讲的道德的内容。这个"德"字不仅包括人的性，还包含万物之性。"老子修道德，其学以自隐无名为务"，他做学问是自己把自己隐居起来、隐藏起来，无名，不像儒家强调有名、正名。老子讲的是无名，"以自隐无名为务"，为自己努力的方向自隐，不追求名声。老子在周王朝的朝廷里做官，做了很久，"见周之衰"，他亲眼见到周王朝逐渐衰落，"乃遂去"，于是他离开了。有人说他辞职了，也有说法是周王室礼崩乐坏以后，王室的官就都失业了。

老子所处时代的一个重要特点，就是王朝的力量一步一步衰落，各诸侯国的力量一步一步增强，导致天下"礼崩乐坏，官失其守"，"守"就是职业，做官的失业。那么像老子、孔子这样在春秋末期涌现出来的大思想家，按照这代人的说法，他们和原来的周王朝都有一定的关系。比如，汉代大儒刘歆在《诸子略》里面谈到诸子的起源，谈到道家的起源就是根据老子做过史官这段史实，他讲"道家者流，盖出于史官"。"历记成败、存亡、祸福、古今之道"，史官的任务就是记载国家的成败、存亡、福和祸以及古今之道。那么老子作为史官对于历史的了解、对时代的了解应该是很深入的，所以他"见周之衰，乃遂去"，到哪儿去了？司马迁讲"至关"，到了一个关，就是现在我们说的函谷关，过了函谷就往西去了。

老子过函谷关时遇到关令，"关令"就是关长，守关的军队首领。这位关令名叫尹喜，他知道老子有学问，就强制老子留下来写书。"关令尹喜曰：子将隐矣，强为我著书"，尹喜说，您就要隐居了，一定要为我著书。"强"不是勉强，也不是强迫，是"一定"的意思。"于是老子乃著书上下篇，言道德之意"，老子于是就写了一本书，分上下两篇，书的内容主要谈道和德，道德的含义。"五千余言而去"，写了五千多个字，我们叫"五千言"。为什么老子写的这本书现在叫《道德经》？就是因为司马迁所写"言道德之意"，这本书的主要内容是讲道和德的。老子著完书就过了函谷走了。"莫知其所终"，司马迁说，最后也不知道老子到哪里去了。

这是最早的关于老子的历史记录，非常简略，因此为后人创作老子的生平事迹创造了余地，真正的老子其人应该看这种科学的、基础的、原话的内容。《庄子》里面记录了很多老子的事迹，比如大量的孔子和老子的对话。庄子的书叫"寓言十九"，十分之九都是寓言，寓言就是他把思想寓于一种言，主要体现其思想，因此书里讲的这些事都不是真实的，把真实隐去了。因此，历史上大家都反对把《庄子》里面关于老子的记载当作考证老子的内容根据，一般都是把司马迁的《老子列传》所讲的内容当作正宗的史料，最可靠的史料。

二、《道德经》的动机与目的

《道德经》这部著作最值得重视的是我们所要汲取的人生智慧，前面谈到老子《道德经》写作的主要动机和目的，反映了诸子想矫正时弊。在春秋战国这样一个兼并战争、急剧变动的社会时期，诸子百家各自提出自己的主张，叫作"救弊补偏""救弊扶偏"。老子的《道德经》五千言，虽然简练，但是提出了非常重要的原理和原则。

《道德经》概括来讲，就是"道"和"德"，"德"就是无为的内容。我们可以把老子对在上的统治者、对帝王所希望的内容，变成每一个人的生活中所不能或缺的。比如"无为"，在上的统治者当然要无为，那我们每一个人是不是也要有这种无为的态度呢？要用无为的态度去做任何事情，这样我们就可以避免失败，按照客观世界的本来面目去做，就像《淮南子》黄老学派对道家无为的解释，"私志不得入公道，嗜欲不得枉正术"，所谓无为，就是"舍己而以物为法"，舍掉自己的主观成见，以客观外物的、客观的规律为法、为原则、为依据。所以道家反对的是人的这种主观的意志。人如果忽视了客观世界，那他的主观就要膨胀。主观意志一膨胀，那当然是作为管理者、在上的人的危害是最大的。所以对于国家的统治者、管理者，诸子百家的目的都是希望发挥这样的作用，让国家治理得更好，提出各种各样的建议。

三、《道德经》里蕴含的十个命题

我们把老子的思想扩大，对于现代人来讲，从《道德经》里面能得到什么样的智慧呢？因为内容非常广阔，我想就十个命题来谈谈老子的这种人生智慧。

（一）见素抱朴

《道德经》第十九章中写道：

> 绝圣弃智，民利百倍；绝仁弃义，民复孝慈；绝巧弃利，盗贼无有。此三者以为文不足，故令有所属。见素抱朴，少私寡欲；绝学无忧。

　　"见素抱朴"也就是"素朴"，道家把"素朴"归结为人的自然之性，儒家把人性归结为"善"，孟子讲人性善，后来这种人性善的理论成为儒家的人性理论的一个主流。道家的人性理论叫作人性自然论，"自然"就是不加人为修饰和雕琢的，原始的朴素、朴实的最真实的性，老子叫作"见素抱朴"，这是老子思想中特别是关于人生智慧的一个很重要的命题。

　　老子讲要"绝圣弃智,民利百倍；绝仁弃义,民复孝慈；绝巧弃利，盗贼无有"。讲"三绝三弃"，他要弃绝的这些东西是儒家所强调的圣人、圣智，就是后来孟子讲的仁、义、礼、智、信。在老子看来儒家讲的理论是挺好，但是被有些人歪曲了，有圣智礼法，就有人打着圣智礼法的旗号搞出假的圣智礼法。怎么办？要把这些假的仁义礼法弃绝，叫"绝圣弃智"。绝圣弃智了，老百姓才能有百倍的利益，"民利百倍"。"绝仁弃义"，老百姓才能真正恢复到自然的父慈子孝，而不是虚伪的装出来的孝慈。"绝巧弃利，盗贼无有"。把那些巧利、那些小聪明、那些小的技巧绝弃了，那么社会上的大盗、盗贼就会减少。在这里提倡"巧利"，这儿创造一个宝物那儿创造一个宝玩，珍贵它，这样社会上就引起盗贼，老子认为消除盗贼的一个办法，就是从根本上不要去提倡"巧利"。"绝圣弃智,民利百倍,绝仁弃义,民复孝慈,绝巧弃利,盗贼无有。"圣智、仁义、巧利，"此三者以为文不足"。文，就是礼乐制度、礼法。把这三者作为一种制度，老子认为是不足的。"故令有所属"，一定还要有所属，还要去寻找到别的这种作为社会的一种制度、一个根据的东西，那就是"见素抱朴，少私寡欲"。要见素抱朴，要表现出每一个人的自然的真朴、直朴，像没有雕琢的木头，叫作朴；没有上颜色和任何图画的丝织品，叫作素；没经过人工雕琢的、没受过人为污染的，叫朴素，提倡人们要回到朴素的真性、本性上来。"见素抱朴""少私寡欲"成为老子无为说的一个重要内容，也是老子人生智慧的一大命题。

（二）知足不辱

《老子》第四十四章里讲道：

> 名与身孰亲？身与货孰多？得与亡孰病？甚爱必大费，厚藏必多亡。故知足不辱，知止不殆，可以长久。

"知足不辱"，说人不能不知足，不能贪得无厌。"名与身孰亲？"名就是名声，身体指的生命，有时人为了追求名声牺牲生命。所以老子提出，对于你来说，对于每一个人来说，追求名声和生命，哪个是更亲切的？"身与货孰多？"你的生命和你所追求的财货谁更重要？"得与亡孰病？"得到名声、得到财富和失去生命，这两者你选择哪个？其中的得失与利害你怎么考虑？是否为了名声财货牺牲生命呢？

老子提出这三个问题，实际上就是针对人生所免不了的对名、利、财、货的欲望和追求，针对有些人为了得到名声、得到财货丢掉了性命。下面讲"甚爱必大费，多藏必厚亡"。甚爱，过多的追求、过多的私爱，一定会造成很大的耗费、巨大的浪费。你爱的越多，追求的越多，包括名声、利禄、财货，付出的代价越大，这就叫作"甚爱必大费"。"多藏必厚亡"，储藏的越多，积累的越多，丢失的越多。所以作为一个有智慧的人不能这样做，要"知足不辱，知止不殆"，才"可以长久"。要知足，知道满足就不会受到侮辱；知道有所停止就不会有危险；只有这样才可以长久。这个长久是什么？指人生才能长久，而不是昙花一现。这里指的是人生中最大的问题，就是面对世界各种各样的诱惑，你能否保持自我，就是知足不辱。不知足，你要遭到各种各样的耻辱，甚至关进监狱，丢掉性命。

《老子》第四十六章讲：

> 天下有道，却走马以粪。天下无道，戎马生于郊。罪莫厚于甚欲，咎莫憯于欲得，祸莫大于不知足。故知足之足，常足矣。

这本来是对统治者说的，天下如果有道，君主治理天下治理得很好，天下太平，"却走马以粪"，把马卸下来去粪田、去从事农业生产。天下无道则战争连绵，马都被征用去打仗，就连母马都被拉到了战场上，这叫戎马，"戎"就是武装的马、战马。"戎马生于郊"有很多解释，其中一种解释是战马生马驹。在老子看来，这就是一种不知足，为了夺取邻国的财富、人口而发动战争，处理不好引起大祸，所以叫"祸莫大于不知足"。"咎莫憯于欲得"，咎也是错误、罪过，都在于不知足，"欲得"指贪得无厌，贪得无厌就要给你带来祸咎。"故知足之足，常足矣"。知足，要知道满足，知道停止，这样实际上是真正的满足。我们可以把这看作是老子对人生的一个告诫，要知足不要贪得，这是第二个重要的命题。

（三）上善若水

《道德经》第八章中讲：

> 水善利万物而不争，处众人之所恶，故几于道。居善地，心善渊，与善仁，言善信，政善治，事善能，动善时。夫唯不争，故无尤。

这也是一个很重要的命题。老子《道德经》里都是用比喻来喻道，有的时候用水来喻道，而且认为最接近"道"的就是水。因为水是往下流的，老子提出"上善若水"，善，有好的品德的人，上善的人就像水一样，因为水善于滋润万物、利万物而不争。水还有一个特点，它"处众人之所恶"，它往往处在大家不愿意处的位置上，大家不愿意处于低下的地方，但是水可以处，这叫它处在众人之所恶、众人厌恶的地方,什么地方?就是下面的地方,所以水是最接近于道的。这是老子用水来喻道,一个人的一生当中能不能做到像水那样利万物而不与万物相争呢?这也是老子人生智慧的一个很重要的内容。

不仅"上善若水",一个人还要特别注意"居善地,心善渊,与善仁"。"居善地",要选择一个好的地方来居住,善于选择居处。"心善渊",人的胸襟、胸怀、心胸要善于保持得像"渊"那样深远、沉静、深厚、宽广。"与善仁",待人要善于真诚相待。还有一个叫"言善信",说话要善于讲信用。"政善治",为政要善于治理。"事善能",做事情要讲究效率。"动善时",你的行为总要把握时机。这一章里面讲到七个"善"字,讲的都是人生哲学:"居善地""心善渊""与善仁""言善信""政善治""事善能""动善时",都是老子的人生智慧的内容。比如"动善时",道家也强调掌握时机,你的一举一动、你的行为不能违背这个时,所以要动善时。儒家也强调"时"的问题,《周易》里讲卦,卦的本质就是时,"卦者,时也;爻者,适时之变者也"。所以中国的古典哲学强调"时"的重要性是一个普遍的现象。

然后讲到"夫唯不争,故天下莫能与之争"。做到了像水这样接近于道,人也像水那样不争,那么天下就真正没人能和你争了,以不争为争。这里要正确理解老子的不争、知足和不争的事项,比如,有人提出,我们现在处于一个竞争的时代,竞争成为一种常态,那么,老子讲"不争",是不是不让我们竞争?这就涉及对《老子》

的理解的问题。这里所谓的"不争"，实际上类似儒家所讲"富与贵，是人之所欲也"。富与贵，既富有又高贵，那是人人都想得到的。"不以其道得之，不处也"。孔子《论语》里讲：虽然富贵大家都想得到，但是用不正当的方法得到它，君子是不为的。用不正当的方法得到的富贵，是非道的，是不合理的。所以，老子讲"不争"也是这样，不能不顾别人的利益，争先恐后地去争，要以一种退让的精神、谦虚的精神、合理的态度去争，也就是以"无为"的态度去争，那么，"天下莫能与之争"，反倒天下没人能和你争。我们这样来理解，就把老子前后的思想统一了。

（四）知雄守雌

老子提倡守雌的思想，为什么要守雌？因为在老子看来，雌的、母性的是柔性的，不像雄性那样锋芒毕露、个性张扬，这样的人总是生机浅薄、不能持久、没有韧性。

《老子》第二十八章讲：

> 知其雄，守其雌，为天下谿。为天下谿，常德不离，复归于婴儿。

深知什么是雄强，但是安守雌柔的地位，甘愿做天下的溪涧，永恒的德性就不会离失，回复到婴儿般单纯的状态。"雌"就是柔弱，像婴儿那样柔弱，像婴儿那样雌柔、不争。这个"雌"字包含的内容有柔、有静、有

394

处下、有不争，说到底还是"无为"。这是"知雄守雌"的第一层含义。

第二层含义："知其荣，守其辱，为天下谷。为天下谷，常德乃足，复归于朴。"

深知什么是荣耀，却安守卑辱的地位，甘愿做天下的川谷。甘愿做天下的川谷，永恒的德性才得以充足，回复到自然本初的素朴纯真状态。"常德乃足，复归于朴"，常德，正常的德，恒常的德，就能充足。所以，老子讲的"知雄守雌，知荣守辱"，所强调的就是要居下，要不争，要守静，要守柔，柔、静、雌、不争，都属于"无为"的范畴。

"雌"也有母性的意思，就是第六章讲的"谷神不死，是谓玄牝"。老子所提倡的人生哲学的最基本的原则，都和母性联系在一起。守静、守柔、不争、知足、居下，都和母性有联系。所以有人说老子的人生哲学更多的是强调一种母性的哲学，要像天下的母亲那样，有一种生命的韧性、弹性。这就是第四个命题"知雄守雌"。

（五）挫锐解纷

《老子》第九章中讲了这个问题：

> 持而盈之，不如其已。揣而锐之，不可常保。金玉满堂，莫之能守；富贵而骄，自遗其咎。功遂身退，天之道也。

"持而盈之，不如其已"，持守它，使它盈满不如快快地停止。"揣而锐之，不可常保"，"揣"就是锻铁，打铁锻造。把一块金属烧红了锤打，打出尖儿来，叫"揣而锐之"。铁匠把它打得越尖锐，它越容易折断，不能永远保持它的锋芒，越尖锐、越锋锐的东西越容易遇到这个问题。与其"揣而锐之"，不如使它不要"锐之"，因为它不能常保这种锋利。

"金玉满堂，莫之能守"，黄金珠玉装满了你的房屋，但你能把它守住吗？没有人能一生、两生、三生持续保有满屋的金银财宝。"富贵而骄，自遗其咎"，富贵了却变得骄横，就给自己埋下灾祸。那么应该怎么做呢？"功遂身退，天之道也"。事情成功了你就要退下来，这是天道自然，不能违背天道自然，不能贪恋禄位。

老子讲得很有道理，历史上有很多人按照老子的做法，就没有引"祸"上身，很多人为了贪恋禄位最后下场凄惨，落得不好的名声。

《老子》第五十六章的原文：

> 挫其锐，解其纷，和其光，同其尘，是谓玄同。

"挫其锐，解其纷"就是"挫锐解纷"。什么叫玄同？就是玄妙的同一，是一个非常玄妙的同一，一个最高的境界、同一的境界，什么叫"同一"的境界？就是一定要把你的锐利、锐角挫掉，挫掉尖锐、化解纷争。和光同尘，调和你的光芒，不要把你的光搞得那么刺眼。不要把自己搞得太特殊、太扎眼，甚至把自己混同于尘垢，这叫和光同尘，这就叫玄同。达到玄同的最高的境界，就消除了个体的蒙蔽、痼弊，化除一切封闭、隔阂，超越世俗的偏狭和人文关系的局限性，带着一种宽阔的胸怀和无所偏爱的心境，对待一切人和一切物。

"挫锐解纷"是老子人生哲学的一个很重要的看法。有人批评老子这种思想，认为这实际上就是害怕枪打出头鸟，棱角也磨光，锋利也没有，是消极的。如果我们了解老子的整体思想体系特点，就不会这样看。他的"挫锐解纷"实际上是强调在现实生活中不能有太锋利的棱角，那是会伤人的。儒家也有同样的主张，儒家讲中庸，也认为一个人不能太带刺，说话伤人、做事也伤人是不行的，要把棱角磨掉，把纷争化解，才能够保持人际关系的和谐。这也是老子人生哲学、人生智慧的一项重要内容。

（六）守柔曰强

《道德经》第五十二章讲：

> 天下有始，以为天下母。既得其母，以知其子；既知其子，复守其母，没身不殆。塞其兑，闭其门，终身不勤；开其兑，济其事，终身不救。见小曰明，守柔曰强。用其光，复归其明，无遗身

殃；是为袭常。

　　老子最重视的"柔"的问题，一般称为"老子贵柔"，认为是老子哲学的最主要的特点，比如"杨朱贵生""墨子贵兼""孔子贵仁""列子贵虚""关尹贵清""老聃贵柔"，就是"守柔曰强"，柔弱胜刚强。这也是老子人生哲学、人生智慧的一项很重要的内容。《道德经》第七十八章用水来比喻，说："天下莫柔弱于水，而攻坚强者莫之能胜。"天下没有比水更柔弱的了，但是攻击坚强的东西，没有比水更能胜任的了。"弱之胜强，柔之胜刚，天下莫不知，莫能行"，天下都知道这个道理，但没有一个人去实行它，这就不能成大器。老子说："受国之垢，是谓社稷主。"能够承受国家的尘垢的，能够承受国家的屈辱的，才能做国家的主人。"受国不祥，是为天下王"。能够承受国家的灾难，能承担不祥和灾祸，才能做天下的王。实际上讲的都是柔弱胜刚强，能够承受屈辱、承受灾祸，才是老子提倡的这种道德人格，这是道家的标准。

　　《道德经》第七十六章有句话叫"人之生也柔弱，其死也坚强"，人活着的时候都是很柔弱的，那么到死了的时候他就坚强了。人死了变成一具僵尸，那就是坚强了。所以你是做坚强的还是做柔弱的呢？柔弱就是生，坚强就是死。"人之生也柔弱，其死也坚强。""草木之生也柔脆，其死也枯槁。"自然界的草木也一样，草木生长的时候它很柔弱，大家看杨柳、茂草随风摇摆很柔弱，风也吹不断它；而到草木死亡的时候就枯萎了。老子从人生的柔弱到死亡的坚强，从草木生长的柔弱到枯槁的坚强得出一个结论："坚强者死之徒，柔弱者生之徒。""徒"就是类，坚强者属于死亡的一类，柔弱者属于生存的一类。这里蕴含着人生哲学：一个人的人生要保持一种力量，一种内在的韧性的力量、一种柔弱的力量，太坚强了就容易死亡。"是以兵强则灭，木强则折。"军队太强大了就要走向反面，树木太坚硬了就要折毁。

归根结底，强大的最后要居下，柔弱的反要居上。为什么？因为柔弱的东西充满了内在的、新生的生命力，而坚强的东西已经在走向死亡。《道德经》第四十章讲"反者道之动，弱者道之用"。向相反的方向转化是道的运动，"柔弱"是道最重要的表现。所以人生要保持柔弱，不能自以为很坚强。在老子看来真正的强是"守柔曰强"，能保持住这种柔弱，使它不过头、不转化，这才是真正的强。"勇于敢则杀，勇于不敢则活。"勇于敢，就是现在我们说的勇敢，勇敢就要被消灭，不勇敢就能活。在老子看来，"勇于不敢"就是他所说的"守柔曰强"。要守柔，不能冒着生命的危险。这也和道家主张保存、重视个体生命有一定的关系。总而言之，老子强调守柔，"以柔克刚""守柔曰强"，保持一种内在的、有弹性的、有韧性的生命力，用现代的话讲就是，做事要有一定的柔软度。

（七）我有三宝

《道德经》第六十七章讲道：

> 天下皆谓我道大，似不肖。夫唯大，故似不肖。若肖，久矣其细也夫。我有三宝，持而保之。一曰慈，二曰俭，三曰不敢为天下先。慈，故能勇；俭，故能广；不敢为天下先，故能成器长。今舍慈且勇，舍俭且广，舍后且先，死矣！夫慈，以战则胜，以守则固。天将救之，以慈卫之。

老子讲到有三件宝贝是最值得重视的，"我有三宝，持而保之。一曰慈，二曰俭，三曰不敢为天下先"。老子把这三点当做人生哲学的三件最宝贵的东西。"慈"就是道家所主张的一种爱，慈爱，这种爱是发自自然的爱，不是经过修改的、伪饰的、装模作样的爱，而是一种发自内心的、内在的"慈"。所以"慈故能勇"，做到了"慈"爱才能勇敢。

"俭"就是收敛，节俭。更主要的是体现人性的一种内在的向内收敛，而不是向外扩张的这样一种状态；也有节俭、节省精力的意思，所以叫"二曰俭"。"俭故能广"，做到了"俭"才能广大。"不敢为天下先，故能成其长"。不敢好事都抢在前面，所以反倒能走在人们的前面，人们才拥护你。"不敢为天下先"是指不要带头去争抢利益。

因此，老子的"三宝"就是人生哲学很重要的三件事情：慈、俭、不敢为天下先。

总体上讲，老子的人生智慧在形态上和儒家是相反的，就是老子讲的"正言若反"，老子能从一般人看不到的反面，看到人生中的一些问题。因此，老子的人生哲学、人生智慧弥补了儒家的人生智慧的不足，在这一点上也体现为儒道的互补。

（八）知和曰常

这个命题是在《道德经》第五十五章里面讲到的：

> 含德之厚，比于赤子。毒虫不螫，猛兽不据，攫鸟不搏。骨弱筋柔而握固。未知牝牡之合而朘作，精之至也。终日号而不嗄，和之至也。知和曰常，知常曰明。益生曰祥。心使气曰强。物壮则老，谓之不道，不道早已。

"含德之厚，比于赤子"，含德，一个人内在包含的德行越宽厚，他的德行就越高。那么谁的德行包含得最宽厚呢？赤子。赤子就是刚出生的、身体还红红的婴儿。因为他含有的德行太丰厚了，所以"毒虫不螫，猛兽不据，攫鸟不搏"。含德之厚的赤子可以避免很多灾祸，甚至连毒虫也不蜇他、不刺他，猛兽也不捕他，攫鸟也不搏击他。攫鸟就是靠翅膀强飞的鹰隼一类的东西，攫鸟用强力的爪去抓东西叫攫。为什么？就是因为婴儿含德之厚。

"骨弱筋柔而握固。未知牝牡之合而朘作，精之至也。"含德之厚和内在精气的醇厚有关系，叫"精之至"。这个"精"就是精气。一个小小的婴儿，他的骨骼很弱，他的筋肉很柔，叫"骨弱筋柔"，每天小拳头握得紧紧的；他不知道男女这种性关系，但是他的小生殖器长长地翘起来，为什么？这是精之至也。"终日号而不嗄，和之至也"，终日在那里哭号，但是他的嗓子也不嘶哑。这是他内在的这种和谐达到了一个顶点。老子在这里就讲了"知和曰常，知常曰明"。知道了什么是和这才是常，常就是道，知道"和"就是了解了"道"。"知和曰常，知常曰明"，那么如何做到明？要知常。如何做到知常？要知和。因此，和谐就变成常、道和明的前提，这叫"知和曰常"。

老子把含德之厚比作赤子，最重要的是强调赤子的心没有是非、没有杂念、没有那些欲望，是非常纯朴的、自然的、柔弱的，然而却是充满生命力的。就是因为他内在的精气达到至高、达到和谐，他更符合于自然。这就是"知和曰常"，"守柔曰强，知和曰常"，这个强、常实际上都是老子所正面提倡的东西，这是第八个命题。

（九）归根曰静

老子强调人生的智慧，要使你的人生真正成为人生，要做到"虚静"两个字。虚静实际也是老子讲无为的内容，《道德经》第十六章里这样讲：

致虚极，守静笃，万物并作，吾以观其复。
夫物芸芸，各复归其根。归根曰静，是谓复命。
复命曰常，知常曰明，不知常，妄作，凶。

这里的虚静还不是一般的虚静，是使这个"虚"达到极点，使这个"静"达到最醇厚、最笃实，叫"致虚极，守静笃"。虚要到极，静要到笃，这样才能"万物并作"，万物在那纷纭地变动、运动，保持了虚静才能观察到万物的复出，万物的返本归根。"夫物芸芸"，天地万物非常地庞杂，但无论怎么庞杂，都"各复归其根"。根是什么？根就是道，万物的根源，人、物都要回归到万物的根源的"道"上面来，这就叫作"静"。

怎么做到静？要归根。也就是要体道，不体道就做不到静。静和动是对立的，躁动就不能安静。做到了静就叫复命，"静曰复命"，"复"就是恢复，返回到命就是本性。做到了静就恢复了本性，叫"归根曰静，静曰复命"。在这里命就是性，就是道家所主张的人的本性。人的本性是什么？就应该是静的，就应该是虚的，虚静的，这是最符合自然的。所以"归根曰静，静曰复命，复命曰常"。恢复了人的本性这就叫常，叫作常道、常归。"知常曰明"，了解了常道、常归，那是真正的明。所以，在人生道路上，不知道常道、不知道起作用的客观世界的规律性去妄作，那么带来的就是凶祸，这叫"不知常，妄作，凶"，"妄作"就是老子所反对的"有为"。

下面这句话也很重要：知常容，容乃公，公乃全，全乃天，天乃道，道乃久，没身不殆。

容是什么？宽容、包容，无所不包，容纳百川。了解了"道"就能做到包容，像"道"那样包容一切，这叫"知常容"。能包容一切就能做到公，"容乃公"，"公"就是没有偏私，公正，有包容就能做到公正，叫"公乃全"，做到公正就能全。什么叫全？没有任何遗漏是一个大全。"全乃天"，做到了全就符合了自然，符合了自然就达到了道，达到了道就能保持长久。"没身不殆"，一直到死都没有危险。

（十）上德不德

《道德经》第三十八章讲：

> 上德不德，是以有德；下德不失德，是以无德。上德无为而无以为，下德为之而有以为。上仁为之而无以为，上义为之而有以为，上礼为之而莫之应，则攘臂而扔之。故失道而后德，失德而后仁，失仁而后义，失义而后礼。夫礼者，忠信之薄而乱之首。前识者，道之华而愚之始。是以大丈夫处其厚，不居其薄，处其实，不居其华。故去彼取此。

"上德不德"是《道德经》第三十八章的一个总结，《道德经》有两章是必读的，一个是第一章，"道可道，非常道；名可名，非常名"，这是老子"道论"的总纲；一个是第三十八章，这是老子"德论"的总纲。什么叫"上德不德"呢？真正最高的是上德，老子认为真正有崇高德行的人实际上是"不德"，就是不自我标榜这个德，这叫"上德不德"。我们要做一个拥有很高道德的人，不要标榜自己，真正崇高的德是不自我标榜的，这叫不德。

"下德不失德，是以无德"，最下等的那个德口口声声地讲德，不失去这个德，说明他没有德。这里讲"德"是发自于内在的自然表现，而不是自我标榜、自我夸耀、自我矜持得来的。这是《道德经》第二十二章讲的"不自见，故明。不自是，故彰。不自伐，故有功。不自矜，故长"。不自我表现才是明，不自以为是才彰显，不自我夸耀才是真正的有功，不自我矜持才能做领导。老子"上德不德"这一思想强调不能完全有目的地去追求一件事情，这件事情反而做不好，强调不要标榜自己，不要自以为是，不要自我表现，要深藏不露。

我们通过《道德经》的十个命题来谈老子的人生智慧，这些问题最早是对统治者讲的，后来推广成道家的人生哲学。在此与大家共同探讨《道德经》的内容，希望能够帮助大家更好地了解中华优秀传统文化，知己知彼，能够用自己的文化和其他民族的文化展开交流和对话。

明清时期中国的民间组织与基层秩序

龙登高 王 明 陈月圆

龙登高，清华大学社会科学学院教授，中国经济史研究中心主任，教育部『长江学者』特聘教授。兼任中国经社理事会理事，中国商业史学会副会长，中国华侨历史学会副会长。

在《中国社会科学》《历史研究》《经济研究》《管理世界》《民族研究》《社会学研究》等权威刊物与核心期刊发表学术论文近百篇。

王明，南京大学商学院助理研究员。

陈月圆，清华大学社科学院经济学博士。

民间组织作为明清时期中国基层秩序的制度基础与核心要素，拥有较强的合法性与资源整合能力，在相应的产权机制与治理模式下，发挥较强的组织力，并且具有拓展性，以满足基层社会的多样性需求。士绅通过创建、领导民间组织发挥作用，士绅以外的群体也可借助民间组织满足自身需求。独立的民间组织能够激发基层社会的活力，形成稳定的社会规则与具有生命力的自发秩序。政府与士绅、民间组织及其他民间主体有序连接，低成本地实现对基层社会的间接治理。

士绅长期被学界视为传统中国基层秩序与社会治理的核心，费孝通、萧公权、张仲礼、瞿同祖等前辈学者对此作出了开创性贡献。近二三十年来，学界关于明清时期士绅的研究日益拓展，不仅进一步考察了士绅对桥梁、道路、教育、仓储等基层公共事业的广泛参与，而且深入探讨了士绅在宗族、乡约、善堂、书院、团练等各类民间组织中的作用。

与之相应，民间组织创建、运营与管理，及对基层秩序与治理的影响，亦成为关注热点，民间组织在基层公共事业中的作用也逐步得到了重新认识。随之带来的问题在于，士绅与民间组织在基层社会的职能似乎很接近，那么二者在基层秩序与公共事业中各自发挥了什么作用？二者之间又存在什么关系？倘若仅仅停留于浅层次的士绅自然人活动，就容易忽视明清时期基层秩序的制度基础，以及种种相互关联与配套的制度安排。

明清时期中国大量依托各类民间主体承担基层秩序。除承担各类公共事业的民间组织外，官府还广泛委托牙行、官中、歇家等市场主体完成赋税征收与公共管理事务；保甲、里甲亦非政府官吏，接受政府委托代行部分行政职能。这种自生自发的基层自治遗产，为西方历史与当今中国所少见。政府对基层的间接管理得以低成本地实现大一统，是短缺经济与信息技术条件落后约束下的政府治理之道，维系这一秩序的核心制度安排是士绅与民间组织。本文由士绅与民间组织在基层社会作用的差异与联系入手，希冀揭示传统中国民间组织具有活力的制度化模式，深入挖掘民间组织在基层秩序的作用及其与国家治理的关联，并寻求理论启示与现实借鉴。

一、民间组织的"合法性"与协调力

民间组织并非权力与行政机构，而是由不同社会群体出于某种"公共性"目的创建并经营管理的非政府性社会团体，大多还是非营利性的。民间组织如何获得社会一致的认可，成为基层公共事业的主体，亦即"合法性"

问题，是其面临的首要挑战。

首先，政府的支持与"授权"是民间组织合法性的一项重要来源。地方官往往通过准许"立案"、在捐簿加盖官印、下达谕示禁令等方式，维护公共设施建设与使用过程中的秩序，官员亦常常率先捐款或亲自倡导。乾隆五十九年（1794），珠三角桑园围工程在筹集资金时，广东布政使率先垂范，以其母亲的名义捐出白银100两，广州府知府、南海知县等地方各级官员亦带头倡捐。政府"授权"的另一层面，在于通过"授匾""褒奖"等精神奖励，对主持公共工程的士绅与民间组织予以认可。康熙十五年（1676），苏州育婴堂获颁"广慈保赤"的御书匾额，康熙五十五年普济堂亦获"香岩普济"御书匾额；清代汉口的紫阳书院，得到了各级官员所题写的匾额多达31块，各类题敬更是高达60份。政府还通过多样化的手段，帮助民间组织长期、稳定运营，地方政府划拨无主或罚没田地充入善堂、义仓、书院等，颇为常见。嘉定县存仁堂在同治年间重建时，政府即将大量由太平天国战争所致的无主田地拨入其中。需要注意的是，政府的"授权"并非针对个体士绅。无论是以政府名义支持个人建设公共事业，还是直接授权于个人，或是直接给予个人税赋减免、官产划拨，都可能存在"官民勾结、利益输送"的质疑，将不利于公共事业的开展。

民间组织"合法性"的另一重要来源是在组织建设过程中参与者所形成的共同信念与共识。青木昌彦从个体行为与主观观念出发，将"制度"视为"人们关于某种共有信念（shared belief）相互维持的系统"，民间组织作为一种"制度"，正是一套关于博弈、互动所形成的"共有信念"系统。清代山西田地的灌溉较大程度依赖于当地的泉水与河流，由此自发形成大大小小的独立的水利组织，自发选任管理者，编制分定水程的水册、渠册，长期发挥维护水利设施、分配水利资源等功能。这样一种"自发"秩序的形成，与当地人关于水利资源分配的长期重复博弈，及由此形成的信念系统密切相关。民间组织参与基层公共事业，也受到儒家意识形态的支持。来自传统社会、政府、意识形态等不同领域的"合法性"，为民间组织的权威与发展奠定了基础。

基于多元的"合法性"来源，民间组织能够通过不同领域之间的"关联博弈"，制度化地协调、整合各方利益，推动公共事业的建设。江河通常是各级行政区的分界线，因此，横跨江河两岸的桥梁、义渡及水利设施之建设，往往需要跨越乡、县乃至州、府，或跨越城乡，通常需要克服不少行政障碍与习俗差异，责任、义务与利益的协调往往颇费周章。此时，民间组织能够有效整合各方利益，实现不同群体之间的合作。如长沙与善化之间跨越湘江的义渡，连接城乡，双方的分工合作维系了义渡的长期经营。始于同治年间的镇江义渡局，跨越长江天堑，义渡总局设于长江南岸的镇江府西津坊，北岸的扬州府江都县进行配合，协调长江两岸各府县官民相关事务，至 1936 年累计运行乘客逾千万人次。

民间组织较强的协商、调解利益关系的能力，还体现在组织领导层的选任上。桑园围总局涉及 14 堡，各堡在总局中都有代表，"每堡各派三四人，在局赞襄，以昭平允"。山西洪洞县通利渠在选举渠长的过程中，特别强调"不须一村擅自作主，致有滥保之弊"。晋水总河设渠长 1 名，也是四河的总渠长，晋祠镇上的中、南、北三个堡轮流充当，由值年乡绅会同镇里的绅士们秉公议举，且不得连任。

民间组织协调能力的另一重要意义，在于其作为信息传达的渠道，能够为政府决策提供补充。士绅生长于本地社会，对当地的情况较为了解，借助民间组织与各级政府官员直接对话，有时能够突破官僚等级与行政科层的困围。湖南狮山书院理事会面对周边山林石灰开采所引发的环境问题，积极向各级政府协调，最后更是直接与省级政府对话，有效推动石灰开采污染问题的解决。倘若仅存在官僚体系内部的信息流动，在信息的逐级传递过程中，有效的信息就可能被损耗。

二、民间组织的资产独立性与资源整合力

民间组织长期、稳定主导基层公共事业，数十年、上百年，乃至数百年延绵不辍，基础在于拥有相应的财产，时称为"公产"。其法人产权属性保证了民间组织的独立

性、持续性与稳定性，并赋予其较强的资源整合能力。

（一）民间组织资产的筹集与经营

民间组织公益建造基础设施与公共工程，所需资金浩大，大部分都是通过募捐而得。以士绅个人名义募捐，不仅"师出无名"，而且缺乏可操作性。募捐对象往往分散于村村寨寨，民间团体需要组织人力去募化和催捐。捐，与强制性的税相对，名义上是自愿的，但在实际募化过程中，也常带有某种变相的强制，组织者会微妙地利用民间舆论压力，迫使民众不得不捐。户户皆捐、人人皆献的现象很常见，几乎可称之为"社会税""民间税"。清道光五年（1825），山西太谷石家庄村为公共事业集资，"好善乐施"碑刻下了捐赠者姓名以期"永垂不朽"，富者多捐，穷者少纳，其中施钱 300 文者逾 170 人，施钱 500 文者 72 人，近乎达到"无人不捐"的程度。

民间组织能够有效筹集资金的一大原因，在于其往往掌握较为全面和具体的信息。民间组织源于基层社会，通常以特定地域范围为核心，或由同一社会群体所组建，能够较好地避免组织成员"搭便车"的情况。某些民间组织甚至对当地百姓所拥有的财产进行明确记录，能够迅速知晓个体家庭田产的增减变动，并在摊派的时候作出调整，这是里甲等国家赋役制度始终追求却难以实现的目标。另一方面，民间组织发起的捐赠通常是一次性的，尽可能避免同一主体的多次支付，从而减少了"搭便车"的机会。都江堰灌区由崇庆州、大邑县、新津县三地大小堰堤一百余座构成，修建与维护需要流域内民众的协作，成本也由用水者承担。其中的通济堰为三地"公堰"，所需工程款根据受益田亩大小、上下游职责进行分摊。在山西一些地方，即使是一口水井，修建的时候往往也需要使用者共同出资，并轮流维护。

民间组织筹集财产的过程，也是其整合不同人群、不同地域资源的过程。民间组织能够实现跨地域的资源整合，这可从其财产分布得到清晰的展示。镇江义渡局先后购买镇江、扬州两地房产 14 处，购买镇江、江都两县沿江的连成洲芦滩 280 余亩，永济洲芦滩 2800 余亩。山西阳邑六义堂在光绪年间重修乌马河善桥时，筹集资金白银 1348 两、钱 132100 文，除当地资金，还有来自北京、河北、河南等地的捐助，外地捐助的资金分别占白银 43.2%、钱 29.8%。

民间组织的财产具有多样性，田地、商铺、会金、粮食都是常见的形态，股权、收益权等权利也可以成为公产，民间组织亦能根据自身需要灵活配置。乾隆五十一年，山西太原郭成孝等三人以"窑分"捐赠龙泉寺，"凡一切费用获利，一概由龙泉寺专主，与孝等三人无干"，此处转让的"窑分"即为郭氏祖父与人合伙经营煤窑的股份，郭成孝与另外 4 名股东商议后，捐出其可以处置的部分。此后，股份与其收益归属龙泉寺，这一捐赠本质上属于股权的转让。就土地而言，民间组织所拥有的土地遍布城乡，如重庆东川书院拥有大量城市土地，超过 80% 出租为商铺，每年可从中得到租金收入 897.25 两，高于其从田地中获得的田租。

民间组织也广泛利用市场机制经营财产，体现了较强的创造力和灵活性。山西运城鸣条舜帝陵庙为周围四村历年春秋演戏之处，为筹集费用而在其周边设市集、开店铺，向市场中商品征收费用，用于庙宇的整修与祭祀，在不加重地方负担的情况下，庙宇的经费得到了保障。四村为舜帝陵庙筹集公产的过程，与今日设立园区、招商引资异曲同工。民间组织对市场机制的利用，主要体现在土地市场与金融市场之中。民间组织大量投资土地、房产，以其租金维系公共事业。根据刘伯骥的统计，清代广东 205 所书院拥有的田产累计超过 6 万亩。民间组织往往也利用金融市场"发典生息"，寻求财产增值、构筑稳定现金流。汉口紫阳书院初创时期因资金不足，将多间楼房铺面典质与人，后于康熙六十年筹集白银 300 两赎回，并再度出租，以租金偿还本金。本金还清后，租金再作为书院公费，以备书院日后整修。紫阳书院由徽州商人在商业发达的汉口所创，其收入大多来自商铺租金，每年可达 4404 两白银，其中来自土地的租金收入仅有 6 两。广东义仓则将市场的作用发挥到了极致，不少义仓实际上已经发展为一种近似于企业的组织，通过合会筹集启动资金，通过市场运作粮食储备。当时至少有 1/3 的义仓不建仓库，义仓资本完全用于置产、放当等投资活动，平时不作实物储备，荒歉时再用投资收益到市场上（特别是外地）购米救济。水运发达的佛山，当地义仓于嘉庆二年（1797）购置船艇，并将其出租给疍民，每年收取租金，此后租金占义仓年收入的比例超过90%。

（二）"公产"与民间组织的独立性

民间组织的财产，通常被称为"公产"，与"私产""官产"等不同类型主体所拥有的财产并列，在时人眼中存在相对清晰的边界，各方对这一产权性质的认识遵循既有规则与惯例。康熙年间，山西代县百姓向寺庙捐出土地时，就强调"盖田为庙计，非为人计。谁作是庙之主，则食庙之田"。乾隆年间，平遥县金庄村义学扩建后立碑，明确义田归义学所有，管理者"训蒙"代表义学拥有受益、处分的权利，其他人无权干涉。基于同样的认识，晚清兴办义学的"千古奇丐"武训将190余亩地"永为义学之地"，以"义学正"之名在政府缴纳赋税，以之作为产权主体。

通常而言，对于民间组织的财产，其他主体不能主张权利。家族、书院、桥会等各类民间组织的财产，作为管理者的个体士绅或"首士"，亦不能随意支配，必须按章程运营，由组织内部共同商议使用。政府对法人产权的认可和保护与私有产权基本无异。契约表达的产权凭证与交易凭证，在官方则载明于鱼鳞图册。编造于同治年间的浙江汤溪县鱼鳞图册中，令公会、崇文会、青龙庵、胡村庙、芝山庙、七星会等民间组织的名称多处出现，代表它们拥有相应土地的所有权。同治初年，山西平遥士绅筹集白银一万两，交由当铺生息以供书院各项开支，同时明确此次为书院添置公产的做法，乃仿照祁县等三县的章程，公产的筹集、管理与收益等环节政府不能干涉。

官员同样不能随意侵占公产，侵占者亦将受到惩处。乾隆四十年，有官员霸占了浙杭绸商在苏州吴县的钱江会馆30余间房屋，商帮诉至官府胜诉，该官员搬出后，官方下达禁令，并且勒石刻碑，以杜绝官员的随意侵占。瓜洲义渡船专为利济行人而开设，规定对南来北往的官商永不借用。衙门、军队，概不应差，特别报请镇江、扬州官府出示明谕。民间组织的财产与产权制度，保证了其独立性、持续性与稳定性，进而确保了基层公共事业长期、有效的运行，这也是受限于自然寿命的士绅个人力量所无法实现的。

三、基层社会的自组织力：制度与规则

民间组织以其公开透明与权责分明的治理模式，形成了激励与约束机制，具有一定的活力和拓展性，满足基层社会的公共需求。士绅与民间组织制订的乡规民约，长期稳定地维护基层秩序。如果脱离了制度化的民间组

织，士绅个体往往难以充分发挥作用。

（一）激励与约束的制度化

在参与基层公共事业的过程中，民间组织往往建立起有效的自我约束机制。在民间组织的理事会治理模式下，理事会"首事"由民间"公议"推选，自愿担当。民间组织通常设立章程与规约，以保证组织发展与公共事业的稳定性、延续性和长期性，书院志、水利渠册及各地的碑刻等文献资料中多有记载，其人事管理、账目往来基本做到公开透明，向各利益相关方负责。清代江南的城隍信仰，普遍以董事组织和城隍会开展活动。前者主要负责庙宇的修造和维护，置办祭产，产业不仅有田、地、店铺等多种形式，而且多置办于城市交通便利、商业繁荣的区域。后者主要参与城隍祭祀仪式各环节，二者分工明确、联系紧密。

权责的分配与决策中的制约机制尤其重要。长沙与善化之间的义渡跨越湘江的同时亦跨越城乡，义渡管理责任和权利在城乡之间清晰分配。章程规定，乡间首事管理义渡田产，长沙城首事管理河船，每年的整修城乡共同办理。广东南海的桑园围通修工程明确规定，各堡修筑各处基址需要总局派出首事，"协同该处首事，相度办理"，不允许各堡私自修筑。

民间组织可根据实际情况，自我纠正、自我更新、自我完善。雍正年间，长沙、益阳等地初办社仓时，曾实行由本里民众轮流担任社长的方法，运行不长时间后即出现挪移亏空的情况，"良法成弊制也"。此后，社仓明确社长一职由殷实端方绅士担任，不但考虑其乡绅身份，更强调其个人品质和威望，以保证社仓顺利发展。佛山义仓创始初期，由全镇绅士共同推举管理人，嘉庆十七年后，改为二十四铺轮流派绅士管理，以期预防管理者长期垄断管理职位造成的腐败。嘉道时期，江南地区的育婴堂出现了监管松懈、侵蚀公款等诸多弊端，导致婴儿死亡率上升，最早成立的扬州育婴堂甚至一度被讥为"杀婴堂"。经济不够发达的地区情况更为严重，湘贵交界的洪江镇上，当地育婴堂在1880—1887年间所收容弃婴的死亡率高达67%。在这样的情况下，育婴堂通过将家庭引入救助体系，成功提高了救助效率，有学者因此称之为"配合家庭制度的保婴会"。

为获得社会各界的信任，保障财务运行的安全与透明，民间组织创造出了"征信录"这一有效的信息披露机制。"征信录"最早可以被简单理解成年度连续编制的"会计报告"，开列"旧管、新收、开除、实在"四柱清册，汇总一年的收支状况，并向社会公开。康熙二十年（1681）之前，征信录就已经被用于管理善会善堂的账目。随着地方公共事业的发展，征信录逐渐被不同民间组织所利用，如书院、会馆，尤其是在工商业行会中，清代上海各行业的商人行会通常主动刊刻。民间组织在长期发展中，不断顺应实际情况进行调整，这种较强的适应性与创造力是民间组织得以持续、有效运行的重要因素。

（二）民间组织的拓展性

各民间组织能够通过联合、复制与扩张实现资源整合，从而推动基层公共事业的发展。同治三年，杭州全城 23 个民间救火组织"集"联合起来，以祭祀龙神为名，在梅东高桥成立仁和、钱塘县救火公所。光绪十九年（1893），发展到三十余"集"。清代江西新城县中田镇，鲁、陈两大家族于乾隆年间先后创建了家族义仓。鲁、陈二姓经过协商，决定充分发挥各自的优势，在各自义仓的基础之上，共同建立"广仁庄"义仓，对当地的公益事业产生了深远影响。规模较大的民间组织还演化出了多层次的结构，镇江义渡局与武宁浮桥局均建立起"总局—分部"的组织架构，各分部独立开展业务，总部具有统一调度的权力。

宗教组织与其他民间组织的互动尤为频繁。一方面，寺庙的建设离不开施主和其他民间组织的支持。山西太谷县净信寺同时作为合镇公所，是全镇每年祭祀神灵、赛会演戏之处，至雍正十年（1732）寺已破败，寺庙住持和尚祖慧希望重修，重修资金亦得到各社的支持。另一方面，其他民间组织也能借助寺庙发挥职能、兴办公共事业，山西介休兴地村的社仓谷物即储存于当地的回銮寺。清代嘉定县存仁堂延续施棺会"就僧寺设局"的传统，太平天国之后，又利用庙址重建殡房。

民间组织还可突破行政区划的限制，实现跨地域的运营与合作。明清时期广东的水利设施多为民间修建，其中跨越一县至数县的大型堤围、堤岸工程并不罕见。19世纪以来，传统中国本土的民间组织与基层秩序随着国际移民的不断增加，逐渐移植海外，形成跨越国界的资源整合能力。

不同类型的民间组织也能够实现相互联合与资源共享。湖南宁乡县云山书院，下辖桥梁"步云桥"。"步云桥"的修建、管理由桥会负责，桥会拥有独立于书院的理事会和稳定的田产。书院通过每年核算"步云桥"的收支账目，负有监督、管理桥梁日常运行的职责。光绪九年，在原有的慈善组织的基础上，杭州发展出包括25个不同部门的"善举联合体"，涉及养老、医药、救生、育婴、义学等多个领域。

奥斯特罗姆（Elinor Ostrom）从公共资源的研究中得出结论，一个能够良好运行的自主组织通常遵循下列原则：资源具有清晰的边界；所设立的规则与当地的制度相适应；内部成员可自行制定规则并且实现"内部监督"；内部执行、具有一定弹性的惩罚体系；当地存在自行解决冲突的机制并不受外界权威干扰；各种治理活动被整合进一个多层次的嵌套式企业（nested enterprises）中执行。传统中国的民间组织种类多种多样，但通常都源于本地社会，由本地士绅组织并制定规则，存在制度化的激励与监督机制，相应的监督亦由民间组织内部执行；

当公共需求扩展时，民间组织亦形成多层次的结构，以实现不同类型的职能。由此，多样化的民间组织能够长期有效地运行，满足不同层次的基层社会的需求。

（三）民间规则与秩序

基层秩序有其规则约束，相当一部分乡规民约由士绅与民间组织制订，或者是长期沿用的惯例，由民间组织重申或监督。这些规约，成为士绅与民间组织调解民众纠纷的依据，由此能够将社会矛盾在基层直接消解。只有事关命案或个别实在无法调停解决的情况，才赴县衙仲裁。卞利认为，民间规约作为基层社会治理和经济、文化及宗教活动管理的一项非制度性设置，其本身带有一定的自治性质。这些规约普遍存在，现存的碑刻、抄本或印刷品中大量可见，从民间组织的角度大致可归为三类：

第一，特定群体内部成员的行为准则，通常也是民间团体内部的规范。通常而言，各种会社都议定有内部规约，以规范会员行为、协调会社内部各种关系。光绪初年台北溪尾庄为维系庄内治安与社会秩序，职员、总理、绅耆、庄众等"仝立禁约字"，议定"公议"条规十二条，在庄中设立"公馆"以调解纠纷、维护治安，"庄中置公馆一所，凡大小之事，皆先集绅耆、庄众，订日在公馆评断曲直，不得袒庇，庶免强弱欺凌、是非词讼之弊；如有事不先投明绅耆、庄众，而遽自多放投词，至生事端而好事控告者，均同公罚"。并且规定相应的惩罚条款，包括违者罚款、革出外庄、禀官究治等。禁约后盖有"淡水县正堂顾"之印，代表政府对这一民间机构及其条规的认可，民间规则的正当性得以进一步强化。

第二，士绅与民间组织拟定、面向社会全体成员的公共规约。这类规约通常经过呈请官府批准，从而具有法律效力。光绪年间，婺源的士绅面临石灰开采、山林破坏的情况，以书院、文会为依托，"兹集五乡同具公呈，请官惩治，一面给示加禁"。面对近50名士绅的上禀，婺源知县发布禁示，并饬令石窑附近各图约保"查取各窑户姓，提案究办"。以民间规约维系社会秩序，在山林资源的保护中十分常见。徽州地处山区，山林茂密，倘若无限制地开采，往往容易造成植被破坏、水土流失。根据咸丰七年思义社所里禁约合同，嘉庆年间该村"未行示禁"，树木被大量砍伐，致使洪水侵袭村庄，房屋田地尽被淹没。在当地乡耆学福先生的倡议下，"邀集各房人等公议，严禁树木、柴薪，毋得混行砍伐"，此后山林得以恢复。而在四十余年后，原有禁约逐渐失效，思义社内各房重新定立禁约，"重禁树木、柴薪、五禾、菜蔬、瓜果等项"，倘若违背禁约或是盗砍山木，将"公同究治，断不容情"。

第三，市场交易规则。除了牙行、官中等政府授权中介维护市场秩序外，各地行会、会馆、同业公所也往往颁布行规以规范交易秩序，此不赘述。

乡规民约通常具有相当的稳定性，在基层长期发挥作用。福建漳浦县的碑刻记载了明嘉靖至清乾隆年间的几则水陂契约，这一稀见的资料呈现了民间规则长期存续演变的轨迹。

明嘉靖四十五年（1566）建成石陂 3 座，可灌溉周边僧民田共 500 余石，次年周边八社共同"结立合同"。清顺治十八年（1661）水陂曾一度废坠，康熙九年（1670）周边社众再次签订契约，明确灌溉用水的分配与水租的缴纳，"合就鸠集社众，跪神立字，嗣后如有违背禁约，社众出头共攻，鸣官究治，不得推委"。民间团体的契约得到法律的认可，乾隆二十八年（1763）陵门水陂出现用水纠纷时，知县根据上述契约进行断案与调解，并将其结果勒石"永遵断案"。

由于水利设施具有某种共用资源（common pool resources）的性质，容易产生搭便车的行为，因此不仅需要各利益相关方共同订立契约明确规则，而且需要官府勘定和信用背书以确定合约的法律效力，甚至通过"请戏盟神"的方式，以共同宗教与信仰力量强化约束，增强规则实施效力。

民间组织对基层秩序的维护是多维度的。以福州"社境"组织为例，自元代以来，社境作为以共同信仰和祭祀为特征的民间组织体系，在组织迎神赛会的同时成为社区的议事中心，并制定社区公约。倘若事关全城，市民便聚集城隍庙商议，必要时向政府表达诉求。社境的功能随着时代发展不断拓展，19世纪以来，甚至依此形成了民间救火会体系。有时在遇到匪乱的情况下，也是民间自救自卫，晚清团练就是如此，靠地方团练而兴起的湘军还挽救了太平天国冲击下摇摇欲坠的大清王朝。光绪《嘉应州志·兵防》之《团练乡约章程》第一条"使乡自为守，民自为卫。且使乡相救援，民相卫护，然后可戢暴安良"，直接地点明了民间组织维护治安的职能。

四、士绅、民间组织与政府

士绅通过创建与领导民间组织在基层发挥作用，民间组织能够为包括士绅在内的不同社会群体提供活动的平台，并超越自然人的生命与局限。士绅、民间组织与政府有序连接，相辅相成，共同维护基层秩序。

（一）士绅通过创建与领导民间组织发挥作用

公共事业的发展需要集中财产、人力与技术等要素，大量、频繁的市场交易、契约的签订与执行是公共事业得以顺利进行的基础，大型公共事业往往伴随着高昂的交易成本。一方面，公共事业需要持续运营。民间组织拥有财产，受到产权制度的保护，理论上可以实现永续发展。历史上运行数十年、数百年的民间组织比比皆是。另一方面，公共事业所需人力、资金规模相对较大，建设与运营的周期相对较长。前引永锡桥工程共涉及石工、

425

锯工、木工、土工、瓦匠等多工种，超过 4.3 万个工数，在这个过程中，桥梁的工艺与规格、工钱的报价，还有严格的违约惩罚条款，以及完工后的验收等内容，均需签订契约。若仅仅由士绅个人承担这一系列契约的签订、监督与执行，显然难以实现。

民间组织可有效放大士绅的作用，士绅亦主动依靠民间组织的力量。明万历年间，山西沁水县郭壁镇官至通政司右通政的韩范引退回乡，计划在当地设立义仓，"誓之神明，质智长老"，利用"社"的力量组织义仓建设。无论是商人，还是属于家族的士绅参与地方大型的公共工程时，都需要借助"社"的组织，而非仅凭个人力量完成。类似的，对于修建桥梁等具有较高技术要求的公共设施，或收养弃婴、抚恤孤寡老人等需要日常管理的慈善事业，民间组织所具有的制度性力量，包括组织力、动员力以及整合资源的能力往往可以发挥突出的作用。乾隆年间的桑园围工程，既需要筹集 6 万两白银的资金，也需要专业的水利工程技术人才，还需要各段工程的组织管理者，并须在当年冬季水位较低的短暂时间内完成。为此，桑园围总局公议章程十一条，对领导机构、工程监督、工程款使用、工人管理做出明确规定。为保证通修工程的顺利进行，桑园围总局还专门制定了《基工章程》，对施工方案的设计，石料的规格、价格、运输方式等均有详细说明。光绪年间，山西太原小店镇修筑堤坝一段，动用本镇劳力 108 人，外加邻村 920 人前来相助。

事实上，士绅借助民间组织推动公益事业，与士绅利用个人声誉实现这一目标并不冲突，民间组织的制度安排能够让士绅专注于其所擅长的协调、统筹、沟通等工作，从而充分发挥士绅的作用。

（二）超越自然人的民间组织及其可持续性

民间组织长期存在、广泛开展公益事业，因而能够受到社会各界的认可，成为普遍性的制度安排，也可以为士绅以外的其他群体所借重。福建崇安掌管辟支古佛庙的会首，通过轮值的方法确立，这是村中居民共享的权利和义务。如有当值者迁出该村，则由下一户人家预补充继，如有新迁入人家，则会自觉加入轮值之列，从而保证了会首轮值不会受到人口迁入与迁出的影响。

非人格化与制度化的民间组织，具有较强的存续力，能够避免"人亡政息"的困境。桑园围总局于乾隆五十九年创建后，在历代士绅的领导下，两百年来完成多次堤坝的重修与维护，直至民国时期仍延续不辍。苏州育婴堂、普济堂、广仁堂在太平军攻占苏州后被毁，李鸿章收复苏州后又都得到重建，继续履行创建之初所约定的使命。这三所善堂毁于战火之时，均有百年以上的历史，其战后浴火重生之能力，是一代代的士绅在组织与制度框架内所推动和成就的。

相当数量的民间组织，由士绅以外的民众自发创建，这一类型的民间组织也是传统中国基层秩序的重要组成部分。事实上，传统中国历来拥有自由主义朴素传统，基层社会呈现自治形态，家族、宗教与结社基本自由。士绅之外的群体为维护当地生产、生活秩序，保护自身利益，也自发成立了多种多样的民间组织，包括僧侣、道士等宗教人士，处于社会底层的曲艺伶人、手工业者、漕运水手、挑运脚夫等，他们也可以自发形成组织。武训作为乞丐，兴办三所义学，就是典型的案例。妇女亦可以通过民间组织发挥作用，咸同年间长沙的燕坡三节渡即由三名节妇共同捐置，"同心利济，置渡船、雇舟子、建津亭、造庄屋"，并且捐入田产为义渡持续经营提供资助。

（三）政府与民间组织

政府通过和利用民间组织，实现对基层社会的管理，以维护稳定的社会秩序。清代巴县政府为方便管理脚夫，维持地方秩序，也为了在脚夫中抽税、派差，长期通过设立"夫头"、帮助议定行规等方式，协助脚行、力夫建立相关组织。重庆的八省客长，由来自湖广、江西等八省的移民推举，承担了处理商事纠纷、办理保甲、粥厂等地方公共事务，同时亦承担一定官府差役。

民间组织主导公共事业，与政府征收赋税、"教化"百姓、维持社会秩序的目标一致，因而获得政府的支持与优待。地方官员鼓励和倡导基础设施与公共工程建设，以此获得政绩。对民间组织本身而言，政府的支持同样促进了自身的发展。以清代书院为例，政府往往不直接管理书院，而是通过派驻监院，对书院的财务进行监督，书院的日常管理、选派负责教学的"山长"等事务，则依赖由士绅所组成的"董事"。诚如奥斯特罗姆所言，"大多数成功案例中的制度安排都是公共体制与私人体制多方面的结合"。在官府、百姓、士绅等种种社会力量的支持下，作为整体性制度安排的民间组织，有效地实现了跨阶层、跨地域的合作，一定程度上满足了基层社会对公共服务的需求。

官府可以通过士绅连接民间组织与基层社会。士绅通过科举考试获得生员等身份后，享受赋税减免的特权，并保有通向官僚体系的晋升渠道。士绅参与公共建设，会累积功名记录；相反，如果作恶乡里，则会受到相应的惩戒。然而，1905 年科举制度废除后，士绅的激励与约束机制不复存在，"土豪劣绅"开始出现，传统力量与基层秩序逐渐改变，在 20 世纪革命力量的打击下，传统基层社会秩序也日益受到冲击而被解构。

五、结语与启示

本文对明清时期民间组织的制度特征进行了系统性论述，进而探讨士绅与民间组织在基层秩序中的不同作用，由此得到新发现与拓展性认识。第一，民间组织受到政府和社会的认可和支持，具有较强"合法性"与稳定性，能够较好地整合不同社会资源，超越士绅个体生命的局限，进而长期存续。第二，士绅通过创建、领导民间组织参与公共事业，其影响力是显性的，但不能因此忽视背后的组织与制度因素。第三，民间组织一般拥有稳定且独立的财产与管理机制，能够对包括士绅在内的参与者形成制度约束，减少可能的腐败。这一模式具有一定的制度活力和拓展性，长期而言能摆脱对个人权威的依赖，亦能为士绅之外的其他社会群体参与公共事业提供制度基础。第四，对于政府而言，政府可通过士绅联系民间组织，通过多种途径实现三方之间的互动与合作，实现对基层社会的间接治理，从而以较小的官僚体系、较低的行政成本在"广土众民"的国家实现"大一统"。第五，民间组织赋能基层社会，推动了基层社会规则与自发秩序的生成与发展。

民间组织作为非政府、非营利性主体参与公共事业，能够协调不同阶层、不同群体的利益和冲突，同时能够为士绅提供活动平台、放大士绅群体自身的优势。这一模式之所以能普遍存在，有赖于产权制度和治理机制的保障。在制度化的章程之下，独立的财产与明晰的产权，民主推选、公开透明的机构治理，使民间组织具有整合各方资源的能力，并利用地权市场和金融工具实现资产增值，从而使民间组织及其承担的公共事业在数十、数百年的时间尺度上稳定存续，超越个体生命的范畴。由此也可检验过去的一些主流成说，如中国人缺乏自组织能力，中国人没有民主基因，传统中国缺乏制度、规范等，都失之偏颇。传统基层秩序的维系并非仅仅依靠浅层次的道德教化或个人权威，而是配合一套包含产权、组织、市场等要素的整体性制度。这种制度基础不仅为士绅提供了长袖善舞的平台，也为普通民众在公共领域和基层秩序中有所作为提供了可能性。士绅、民间组织和相关与政府有序连接的基层制度体系，国家能力也在与民间社会的互动中得以塑造。

《太平春市图》（局部）清·丁观鹏

成瘾性消费品与经济全球化——以茶叶和鸦片贸易为例

仲伟民

清华大学历史系教授，博士生导师，《清华大学学报》（哲学社会科学版）常务副主编，《国际儒学》主编。兼任全国高等学校文科学报研究会副理事长，中国经济史学会常务理事。

研究方向为中国社会经济史、史学理论。

　　成瘾性消费品是一个容易引起争议，甚至可能被认为是一个含有负面意义的概念。成瘾性是指此类商品的某种特性。部分成瘾性消费品对人身体的确有害，如鸦片、可卡因、烟草等；但也有不少成瘾性消费品不仅不会对人的身体造成伤害，而且可能非常有益，比如茶叶、咖啡、可可等，以及适量的糖、酒等，而且这些成瘾性消费品已经成为我们日常生活中的必需品。

一、为什么要研究成瘾性消费品？

　　消费品研究在现代的学术研究当中非常重要。我们关心的问题是：为什么成瘾性消费品伴随着近代世界、工业化、现代化的形成而大幅度增加，并且在我们的日常生活中越来越重要？

　　文艺复兴后的思想解放、政教分离、科技进步等是欧洲国家率先实现近代化的主要背景和原因。制度经济学认为，自中世纪后期开始的一系列制度变革，包括深刻的经济制度变革，是欧洲现代化的根本原因。上述解释无疑都有非常强的解释力。除上述根本性原因外，其他一些因素也不能忽视。其中，消费品结构的改变与现代世界的形成关系密切。一些特殊消费品就在这个时期发挥了巨大的作用，不仅包括成瘾性消费品，如棉纺织品、糖、茶叶以及后来的化纤制品。正是这些商品的生产、加工和销售，促进了世界一体化进程，成为全球化进程的重要推动因素。

日本学者川北稔认为不管是棉纺织品、棉花，还是砂糖，在过去都是世界历史前进的原动力。我们所生活的这个世界都是由这些商品推动和创造出来的。

除了糖，其他一些重要的商品也越来越受到学者的重视。例如，棉花以及棉纺制品，在近代历史当中的作用无可替代。没有棉纺织业就没有英国的工业化，甚至美国经济的起飞也是根源于棉纺织业的发展。棉纺织品的近期研究成果很多，有代表性的是斯温·贝克特的《棉花帝国：一部全球史》、乔吉奥·列略的《棉的全球史》。

在影响近代历史发展的世界商品中，成瘾性消费品的作用不容忽视。甚至可以说，如果没有成瘾性消费品的推动，世界近代化、全球化的进程会大受影响。成瘾性消费品种类繁多：茶叶、可可、咖啡、糖、古柯叶、槟榔以及烟草、鸦片、大麻等。这些成瘾性消费品和资本主义世界，或者说和近代社会的关联是必然的吗？在我看来，答案是肯定的。成瘾性消费品和资本主义世界、现代化的形成的关联度非常高。

年鉴学派的代表人物布罗代尔，对这一类的消费品做过专门的研究，认为"根据人类生活的常规，食品严重匮乏的持续或加剧势必需要取得补偿"。因此，"任何文明都需要奢侈的食品和一系列带刺激性的'兴奋剂'"。他也特别强调，在历史发展的某一个时期，它们的作用会非常特殊、非常重要。在他看来，这些瘾品在人们的日常生活中扮演着越来越重要的角色，是"王牌商品"。

美国学者戴维·考特莱特认为，"软性"的瘾品——巧克力、较淡的美洲烟草、东方来的茶叶和咖啡——更能配合新兴资本主义秩序的需要。不但如此，这些瘾品本身就是资本主义下的商品。它们为商人赚的钱，为国库增加的收入，比它们在喝走气啤酒、吃大麻籽面包的旧秩序下能获得的可多得多了。

综上，要研究近代世界的形成，研究近代全球化发展的过程，成瘾性消费品是一个非常重要的窗口。

二、大航海是成瘾性消费品影响全球的一个契机

成瘾性消费品与人类生活息息相关，自古就被人类享受、消费，但在前近代时期一般局限于某一区域，即只有某些地区的某些人群食用这些成瘾性消费品。以世界三大饮料为例，茶叶生产和消费主要集中在以中国为中心的东亚地区；咖啡原产于非洲，是阿拉伯人使咖啡广而知之；可可原产于南美洲亚马孙河上游热带雨林，

16 世纪后才被欧洲人当做人间美味。

成瘾性消费品在全世界流行，是在一个非常特殊的时期：大航海后一两百年的时间。大航海是成瘾性消费品在全球传播的一个最重要的契机。伴随大航海所引致的全球化趋势，此类消费品成为近代商品世界的重要组成部分，不仅极大影响了人们的生产与生活，而且成为近代世界形成的重要推进因素。最初，烟、糖、茶、可可等都属于奢侈品。但这些消费品传布开后，下层人民可能得益最多。以茶在英国为例：因为相比于传统的酒类饮料，茶叶既便宜也有营养，而且茶中加糖能够提供更多的热量。尤其是随着下层民众的日趋贫困，但却要从事繁重的体力劳动，茶叶越来越重要。再比如糖，糖家族中最重要的一类是蔗糖，蔗糖原产于大洋洲及美洲，后来亚洲也有生产，但欧洲人直到公元 1000 年左右才逐渐了解并开始食用蔗糖。到 1650 年前后，英格兰很多贵族和富人已经嗜糖成癖，蔗糖也开始频频出现在药品、文学作品中。到 1800 年，蔗糖已经成为英格兰人不可或缺的日常生活消费品，尽管此时蔗糖的价格依然较高。18 世纪末 19 世纪初，蔗糖为英国人的日常饮食提供了近五分之一的热量。

成瘾性消费品在全世界广泛传播的历史，几乎与近代化过程或资本主义产生的过程相一致。全球化进程中如果缺少了这类成瘾性消费品，其速度可能会大大减缓。

三、成瘾性消费品走向世界舞台中心

因为成瘾性消费品在近代化过程中的重要以及特殊的作用，成为目前全球史研究的焦点问题之一。

英国学者麦克法兰认为，在成瘾性消费品全球化过程中，糖是最重要最关键的一种消费品。如果没有糖引入欧洲，可能就不会有茶叶和咖啡在全世界的流行，不会有后来欧洲人的新型的生活方式，甚至可能影响欧洲的近代化进程。美国学者西敏司认为，对近代欧洲来说，在所有的海外商品中，"糖是最重要的。它的历史至少同欧洲向外开拓新世界的历史一样悠久，可以说是它的缩影"。正是糖的广泛传播，带动了诸如茶叶、咖啡、可可这一类成瘾性消费品更为广泛的传播；也正是因为糖与上述几类成瘾性消费品奇妙的结合，使这些消费品成为市场竞逐的宠儿，几乎改变了人类的消费方式，并极大带动了世界经济的发展，成为近代历史发展的助推剂。

咖啡、可可、茶叶能够受到欢迎，其实是因为加糖，不加糖难以入口。中国茶叶影响欧洲、走向世界，是欧洲人在亚洲探险、经商的一种副产品。英国将中国红茶和砂糖结合在一起的消费习惯，起初是一种尊贵和身份的重要标志。后来随着产品丰富、价格降低，至 17 世纪末 18 世纪初，加了砂糖的美味红茶已经不再是贵族和绅士等上层阶层的专属品，迅速成为中产阶级乃至平民阶级的日常消费品。

西敏司认为，从 1650 年起，糖在许多国家从一种奢侈品和稀有品变成一种日用品和必需品，英国就是其中的一个。除了一些极特殊的例外，1650 年以后消费的增长伴随着西方的发展进程。这是第二波（如果忽略掉烟草的话，也可以说是第一波）所谓奢侈品转型的风潮，同时也是世界资本主义生产力勃发和意志涌现的缩影，这首先集中表现于尼德兰和英格兰。

在 17 世纪以及 18 世纪的大部分时间，英国的茶叶价格都很昂贵。原因其一是航路困难，其二是英国的茶税非常高。1784 年英国《抵代税法》是茶叶在英国大规模普及的非常重要的一个契机，茶叶税从 119% 降至 12.2%，茶叶走私基本被制止，茶叶价格大幅度下降。从此，茶叶名副其实成为了英国的民族饮料。从经济与贸易的角度分析，从东方大量进口茶叶也符合英国国家的利益，因为只有茶叶是唯一能够成为普遍消费品而又不与本国制造品竞争的一种商品。而且茶叶给英国带来了非常大的实际利益。18 世纪 90 年代，弗里德里克·莫顿·伊登为撰写《穷人的状况》一书，在英国各地开展调查，详细记录了当时各地普通人在饮食方面发生的巨大变化：绝大多数人都定期购买茶叶和糖，这两项支出占当时普通人家庭总收入的 5%—10%。这说明，糖和茶叶已经成为当时英国人日常生活消费不可缺少的一个重要组成部分。

与英国人对茶的喜爱和迷恋不同，荷兰人、法国人更喜欢咖啡。咖啡流行大致开始于15世纪，最初也仅限于也门等地。此后，咖啡很快就随伊斯兰教影响力的扩大而扩散到了几乎整个阿拉伯世界，在16世纪后影响到了伊朗和土耳其。至17世纪，饮用咖啡的习惯扩展到了欧洲。1645年，欧洲的第一家咖啡馆在意大利的罗马开张。与茶叶在英国流行的情况相似，咖啡很快也成为了欧洲上层社会喜爱的饮品。

除了欧洲，茶叶和咖啡同时被带进了北美新大陆，这两种饮料迅速成为欧美世界最受欢迎的消费品，开始时不分伯仲。波士顿倾茶事件以及随后不久的美国脱离英联邦独立，导致北美排斥茶叶、饮用咖啡成为爱国象征，喝咖啡被看做是支持独立的标志。这直接导致咖啡在北美的销量直线上升，而茶叶的销售量急剧下降。至今，英国人饮茶，美国人喝咖啡，似乎成为英美两国人民的身份标志之一，这是很有意味的事。

与茶叶、咖啡相比，被称为"神仙饮料"的巧克力饮料，原产于南美亚马逊河平原地区，可可这种植物在16世纪之前鲜为人知。可可产量低，极为稀少，因此巧克力饮料起初的价格非常昂贵。16世纪末，西班牙人建立世界上第一个巧克力工厂，产量有限。在17世纪，可可主要由天主教人士食用，但已经非常受到人们的喜爱。固体的巧克力出现更晚，直到1848年才由瑞士人制造出了由可可、牛奶、糖为主要原料的固体巧克力。茶叶、咖啡、可可这些成瘾性消费品在全球的传播，极大带动了砂糖产业的发展。除了中国人饮茶不加糖外，其他地方饮用茶叶、咖啡等，都需要加入大量的砂糖。在人类社会发生急速转型的近代，人们要比传统时代付出更多的体力和精力，就需要补充更多的热量，在肉蛋奶等产品尚不丰富、价格较高的情况下，茶叶、糖等这些成瘾性消费品自然就受到了人们的青睐，成为这个时代的商品宠儿。

四、成瘾性消费品对近代世界形成的影响

（一）近代生活方式和近代文化产生的催化剂

近代化是一个复合概念，既指生产方式的近代化、思维方式的近代化，还指生活方式的近代化。与生产方式转型相比，生活方式的转型更为复杂，也较少引人注意。现在往往把近代社会的转型就简化为"工业革命"或"资本主义的产生"，显然这是一种非常正确但表面化的理解。生产方式与思维方式、生活方式的转型是相辅相成的，它们是近代化不可或缺的重要内容。

茶叶、咖啡、可可等成瘾性消费品是伴随近代化而在全世界普及的重要商品。人们在消费这些商品的过程中，逐渐形成了新的生活方式，这些新的生活方式又影响人们的行为和习惯。例如，咖啡馆（茶馆）是考察欧洲近代生活方式的一个重要窗口，甚至可以说咖啡馆孕育了近代的欧洲文化。因为咖啡的稀缺性、加工复杂以及价格较为昂

贵，很晚才普及到普通家庭，享用咖啡只能到咖啡馆。另外，咖啡是一种稀缺商品，供应经常难以保障，所以咖啡馆里常年供应的是茶。尤其是在英国，咖啡馆其实就是茶馆。在繁忙辛苦工作之余，英国人最喜欢在香雾缭绕的咖啡馆里边喝茶边谈天说地、交流信息。

咖啡馆（茶馆）决不仅是休闲娱乐的场所，它更是各种信息交流最重要的场所：在科学界影响极大的皇家学会就诞生在伦敦咖啡馆，包括牛顿在内的一大批科学家就是学会成员；最早的报纸和杂志在咖啡馆里诞生；近代商业银行、证券公司和保险公司也是最早在咖啡馆诞生。咖啡馆（茶馆）还与近代文学、音乐、喜剧的关系非常密切，不仅像《鲁滨孙漂流记》《格列佛游记》等名作产生于咖啡馆，连小说这一重要文体也是产生于咖啡馆。

另外，咖啡馆是非常开放的场所，妇女也可光顾，甚至成为妇女活动的天堂，而此前妇女曾长期被排除在社会主流之外。因此成瘾性消费品特别受到女性的喜爱。这个时代又是一个特别需要女性劳动力的时代，例如棉纺业。经济发展的需要使得这些妇女能够走出家门。咖啡馆又敞开大门欢迎妇女。正是这一系列生产生活方式的改变促进了成瘾性消费品的增长，消费带动贸易，贸易带动生产，从而形成了一个完整的生产消费链条。近代资本主义的发展和近代生活方式的形成，与女性对奢侈品消费的喜爱和追求有极大的正相关关系。

（二）助推了欧美的近代化进程

欧洲近代化的发展进程，是与殖民地种植园的历史平行展开的，没有种植园的开辟，就不可能生产出大量的成瘾性消费品。因为欧洲既不能生产这些主要的产品，也没有足够的土地种植这些植物。殖民地种植园的广泛开辟，解除了欧洲的土地制约；大量非洲黑奴及华工被贩卖到殖民地，则又解决了欧美的人力匮乏的约束。

以英国为例，砂糖和茶叶的奇妙结合，使英国人的生活方式发生了根本性变化。17世纪前茶叶和砂糖在英国都曾经是价格昂贵的奢侈品，但18世纪后这种情况发生了根本变化：随着东印度公司茶叶贸易的迅速增长以及美洲甘蔗种植园的开辟，这两种商品很快就成为了价格非常便宜的普通消费品，原本只适用于贵族的"茶歇"变成了全民的生活习惯。这对于穷人具有特别重要的作用。当时英国普通人的午餐比较简单，午餐至晚饭之间的间隔时间又比较长，因此"茶歇"在当时成为普通英国人补充体力最佳的方式之一。"茶歇"中的主角表面上是茶，但实际主角是糖和点心，糖为人们提供充足的热量；糖进入餐桌，解决了普通人的基本营养问题。

从18世纪中期开始，糖在人们食物结构中的作用越来越重要，到19世纪中期以后糖甚至成为了主角，人们不仅在茶和咖啡中加糖，其他食品尤其是谷物食品中也逐渐加入越来越多的糖。越是贫穷的阶层，廉价的糖就越重要，消费也是最多。糖成为人们最重要的热量之源，到 1900 年，糖提供了人均至少 1/6 的卡路里摄取量。

在美国，咖啡与砂糖的奇妙结合，使美国诞生了一种新型的迥异于英国的生活方式。可以说，正是咖啡而不是茶叶，塑造了不同于其母体英国的美国文化。当然，美国文化的塑造有多方面的原因，但美国人为了摆脱宗主国英国的控制而抵制茶叶，提倡饮用咖啡，无疑是一个非常重要的原因。

糖与茶叶、咖啡、巧克力的奇妙结合，逐渐改变了欧洲人以酒精饮料为主的习惯。此点在欧洲近代化过程中的作用非常重要，但人们并未给予充分的重视。

在 16 世纪之前的很长时期里，酒精饮料一直是英国人的主要饮品，如淡啤酒、葡萄酒、杜松子酒等。出于对黑死病的恐惧，欧洲人认为酒比水更干净健康。茶叶取代酒精饮料，简单看只是一种生活方式的转变，但如果从历史长河来观察，则不难看到这种新型的生活方式对英国近代化进程所起到的重要作用：其一，新型饮料对人的身体健康更加有利，不仅减少了很多疾病，而且使人们的身体素质大大提高；其二，新型饮料使人的精神更加健康，而原来的酒精饮料往往使人昏昏欲睡，长期饮用酒精饮料将无法在生产线上长期工作；其三，新型饮料不仅营养价值更好，而且价格便宜，适合任何阶层的人消费，包括社会最底层人群；其四，新型瘾品贸易对促进国家经济增长非常重要。

（三）全球化进程的重要推动因素

茶叶、咖啡、可可三大饮料的增长，极大刺激了蔗糖的生产和消费。这些成瘾性消费品形成了完整的种植、生产、加工、消费的全球产业链。在影响世界的三大饮料中，茶叶影响力最大。一因茶叶饮用方式简单，价格的迅速低廉趋势；二因茶叶的品质和味道比其他饮料容易被人们接受，与糖混合后更容易入口。

此类成瘾性消费品不仅导致消费、饮食结构的巨大变革，而且引起了世界经济结构的巨大变化，甚至可以说创造了一种全新的世界经济，并成为全球化最重要的推动因素之一。欧洲消费了大部分的成瘾性商品，却不能生产这些商品。于是他们不得不将资金、人力甚至武力投入到亚洲、美洲、非洲。生产这些消费品需要大量的劳动力，于是他们将非洲黑奴及华工运至美洲。正是这些成瘾性消费品将宗主国和殖民地、半殖民地广大地区联系了起来；正是这些成瘾性消费品，催生了全新的世界经济；正是这些成瘾性消费品，使全世界紧密连接在一起，全球化成为近两三个世纪不可阻挡的历史趋势。

以上内容的简单总结：

第一，尽管强调成瘾性消费品在全球化以及近代化中的重要作用，但需要注意：这些成瘾性消费品是在一个非常的特殊时期才出现的。也就是说，在一个新世界、新制度即将诞生的背景下，因缘际会，这些成瘾性消费品才成为市场的宠儿。诺思提醒我们，只有从制度变迁的角度，才能深刻理解为何只有大航海以来，全世界才发生如此剧烈的变化，包括上述成瘾性消费品在这个时期所发挥的巨大作用。

第二，尽管茶叶、咖啡、可可等在近代社会中被越来越多的人所接受，但这些成瘾性消费品不仅从未完全取代酒精饮料，而且酒精饮料的消费额仍在逐步增长。可见，人类对此类消费品需求之旺盛。近代化并没有最早发生在糖、茶叶、咖啡的原产地，如印度和中国，这说明糖与近代社会转型的关联非常之密切，并非简单消费增加或减少的问题。在大航海之后的全球化过程中，中国与印度始终不是主导全球化的国家，所以这些成瘾性消费品对中国与印度的作用有限。

五、成瘾性消费品、经济全球化与勤勉革命

（一）"成瘾性消费品"与中国的关联

与中国最有关联的成瘾性消费品主要有茶叶、鸦片、烟草。关于茶的成瘾性问题，以及茶叶是不是成瘾性消费品，学术界有争议。茶叶中含有2%—4%的咖啡因（咖啡豆是茶叶的2倍），经常饮茶者对咖啡因的耐受越来越强，饮茶成为一种习惯，即是典型的成瘾标志，只是依赖性没那么强。鉴于茶叶在许多国家实际已成为一种生活必需品，

只是这种消费品对人不仅无害，而且有益，所以不习惯称之为"成瘾性消费品"。在研究中，则是另外一回事情。

烟草及鸦片，无疑都是成瘾性消费品。鸦片是外面传入的。最新研究证明：用来提取鸦片（吗啡含量高）的罂粟种，也是19世纪初期从国外引进的。罂粟家族有28属，250多个品种，但只有鸦片罂粟种和苞麟罂粟种能产生一定数量的鸦片（有较高含量的吗啡），这两种罂粟种都是从国外引进的。

为什么在大航海之前，人们已经广泛地使用这些成瘾性消费品？因为人们在辛勤劳动、吃饭睡觉之外，需要通过一定的方式，达到精神放松或娱乐的目的。如：南洋人嚼槟榔，美洲人嚼古柯叶，中国人对茶情有独钟。

茶为何能成为重要的消费品？李埏先生为孙洪生《唐宋茶业经济》所写序言提到，茶是经济作物，适于小农生产。地主茶园可以种它，一家一户的农民也可以种它，这和种桑养蚕是相似的。但制为成品投入市场时，绢帛不可以尺寸裂，茶叶则可以斤两计，多少都可以售出。尤其不同的是，进入消费过程以后，茶无贵贱都得而饮用，绢帛则非富贵之家是不能服御的……显然，茶的市场较绢更为广阔，绢马贸易自不能不逊于茶马贸易了。

茶叶在中国产地很广，产量很高，价格低廉，尤其适合于贫苦大众消费。饮茶成为中国人最重要的休闲娱乐方式之一，也是中国人最重要的精神生活。

与饮茶完全不同，中国人吸食鸦片，完全是因为受到外来因素的影响。因为最初中国并不生产作为毒品的鸦片，而是靠大量进口，价格高昂；到19世纪初期中国引进新的罂粟品种、大面积种植，并改进吸食方法后，鸦片价格才大幅度下降，也导致吸食人口剧增。

我想通过这两种饮品——茶叶和鸦片的比较，通过中英比较，来看看这两种成瘾性消费品对这两个国家的影响。茶叶在英国开始普及和流行正是在工业革命起步阶段，并非偶然现象。有学者认为，英国工业革命成功并非仅仅因为发明了蒸汽机和纺纱机，以及相应的制度创新。在历史发展的关键时刻，茶叶也起了重要的、不可替代的作用。如果没有中国的茶叶传入，英国的近代化就不可能成功。

中国人其实很早就认识罂粟这种植物和鸦片的药用价值，比如用作鉴赏植物、药品、食物等。但在17世纪之前中国人很少用作吸食，直到18世纪末和19世纪初英国人大量向中国推销鸦片后，以及改变吸食习惯后，中国人吸食鸦片的恶习才流行起来。为何19世纪的中国人迷恋鸦片？此问题复杂，恐与生活贫困、国家组织能力严重削弱及内外环境的恶劣变化等因素密切相关。

（二）经济全球化与特殊商品

同其他成瘾性消费品一样，茶叶和鸦片国际贸易既是早期经济全球化的产物，也是早期经济全球化的推动因素。19世纪中国社会经济的变动与这两种特殊商品密切相关，这两种商品贸易的兴衰不仅对中国的历史发展产生了重大影响，也对世界历史产生了重大影响。

某些特殊商品与植物相关，这些植物的传播特点不容忽视：（1）一般植物的传播及种植大多是偶然因素造成，如玉米、马铃薯、花生等。（2）与成瘾性消费品有关的植物及其加工技术的传播较少出于偶然，如酒类、烟草、含咖啡因植物以及鸦片、古柯叶等瘾品的全球性流通，都是蓄意促成，也是以赢利为出发点——其背后都有资本的力量推动。例如鸦片实际上就是因为英国资本在背后的推动才能从印度进入中国，大量倾销。

中英两国相隔万里，但在19世纪的百年间，两个国家的联系却异常密切，联系契机主要就是因为茶叶和鸦片这两种特殊商品。茶叶在18世纪已成为英国人日常生活必需品，而中国是当时唯一的茶叶供应国。如果不是英国人迷恋喝茶这个偶然因素，英国可能不会对东方的中国产生如此大的兴趣。英国人把中国市场比喻为巨大的铁桶，难以打开。后来英国找到了一把金钥匙——鸦片，可以随意在中国的任何一个地方找到突破口。茶叶与英国，鸦片与中国——两种嗜好品与两个国家的命运如此密切地结合在一起，看似偶然，其实必然。两种嗜好品在两个国家的不同命运，正好证明了两个国家不同的发展历程：茶叶与英国工业革命相始终，鸦片则与19世纪中国的苦难相始终。

来自中国的茶叶，不仅极大影响和改变了英国人的生活习惯，而且在促进英国社会经济发展方面起到了重要作用。首先，茶叶改善了英国人的膳食结构。英国劳动者阶层一般花费食物总开支的 10% 用在茶叶和糖的消费方面，肉的支出为 12%，啤酒的支出仅为 2.5%；茶叶、面包和奶酪构成当时英国人日常饮食的核心部分。饮茶既改善饮食结构和给人增加能量，还能使人的身体更加健康。在 18—19 世纪，英国人的健康状况有了很大改善，重要原因之一是饮茶习惯的养成。热茶加糖不仅比杜松子酒和啤酒有更好的营养，而且能预防很多疾病。比如英国人淋巴腺炎鼠疫、斑疹伤寒、坏疽性咽炎以及很多肠道疾病的减少，都与饮茶直接相关。其次，茶叶贸易促进了英帝国的扩张。英国人饮茶习俗的养成，使英国成为世界茶叶贸易中心；茶叶贩运推动了英国造船业的发展；饮茶时加糖则带动了殖民地制糖业的发展等。也就是说，以茶叶为原点，带动了整个英帝国经济贸易的链条。当时英国是全世界最大的帝国，它的发展实际上就带动了整个全球经济的发展、全球化的发展。

研究英国近代化进程，应关注工业革命之外的一些重要因素。与工业革命相伴随的，是人们就业与生存压力加大，工作更加单调乏味，体力劳动更加繁重，这都要求劳动者有更加充沛的体力和精力。在这个关键时候，英国人发现了茶叶的妙用。茶叶不仅可以代替酒类，而且比酒类便宜，有益于健康，也适应劳动者的消费水平。因此，茶叶在英国的消费量迅速增长。经济发展带动消费，消费又促进经济发展。这一点在英国的茶叶贸易和茶叶消费上表现得最为充分。

英国的现象让我们进行反思，在茶叶成为英国人日常必需消费品、英国人痴迷于茶叶的同时，中国人却在几乎相同的时间沉迷于鸦片，形成鲜明的对比。这种不同的痴迷，与历史发展进程有无关系？

六、茶叶与鸦片贸易在 19 世纪全球贸易中的地位

（一）茶叶贸易对英国经济的重要性

早在 18 世纪初，茶叶对英国的重要性就开始体现。茶叶已经成为英国人必不可少的日常生活消费品。因此，保证国内茶叶供应是英国政府同中国贸易的首要目的，是国家大事。例如马嘎尔尼使华试图改善同中国的关系。因为，如果没有足够的茶叶供应，将会引起茶叶价格上涨，茶叶走私难以控制，甚至引起社会恐慌，还对国家财政税收造成极大损失。

茶叶贸易不仅关乎英国东印度公司的生存，而且茶叶还为英国政府提供了大量的税收，是当时英国财政收入不可缺少的一部分。东印度公司在茶叶贸易中可获30% 以上的纯利润，更重要的是公司 90% 以上的利润来自茶叶贸易，有的年份甚至是 100％。茶叶带给英国国

库的税收平均为每年330万镑，相当于英国国库总收入的1/10和几乎东印度公司的全部利润。即使在东印度公司结束后的多年，英国政府每年从中国进口的茶叶数量并未减少，从本国茶叶消费中获得的税收仍然非常可观。

（二）鸦片是英国东亚贸易中的关键商品

19世纪前中期（第二次鸦片战争前），英国从中国进口茶叶数量飞速增长的同时，输华商品却增长缓慢，有时还呈倒退的趋势。

中国为什么没有成为英国工业品的销售市场？其一，19世纪中国人民的生活水平低，没有消费英国工业品的能力，英国生产的美观、昂贵但并不耐使用的工业品，如毛绒织品、羽毛、呢绒、印染棉布等在中国基本没有销路。其二，英国商人不了解中国人的生活习惯，许多工业品不受中国人欢迎。即使在《南京条约》签订、许多通商口岸开辟以后，这种状况也没有明显的改善。当时很多英国商人因为对中国市场的狂热和盲目而遭受重大损失的例子很多。

从英国东印度公司垄断对华贸易直到第二次鸦片战争后，英国工业品始终在中国找不到销路，对华贸易逆差巨大。只有依靠在中国的鸦片销售，英国商人才能获取他们回程茶叶投资的资金供应，才能最终解决英国对华贸易逆差问题。

1854—1858年间，英国对华贸易逆差巨大，每年高达 7192759 镑，而印度输华鸦片贸易每年为 6365319 镑，仅鸦片一项就可弥补逆差总额的 89%。鸦片贸易投资少、利润高，每箱鸦片的实际费用为 250 卢比，而在加尔各答市场的拍卖价是每箱 1210—1600 卢比，高达其购买成本的 4.8—6.4 倍。正是因为鸦片走私有暴利可图，才吸引了众多鸦片贩子从事鸦片贸易。

（三）茶叶和鸦片是三角贸易的核心商品

茶和鸦片两种成瘾性消费品造成的全球贸易，促进了全球化的发展。当时，世界上曾经存在多个三角关系：欧洲—非洲—美洲、英国—印度—中国、英国—中国—美国等。在 19 世纪，中国的作用越来越重要。

英国、印度和中国这个三角关系对中国影响是最大的。三角贸易中，英、印、中各自扮演相应的角色。英国居于主导地位，三角贸易之所以存在，完全是英国人操纵的结果。中国居于枢纽地位，因为如果没有中国提供茶叶和接受鸦片，三角贸易就没有任何价值。印度作为英国殖民地，在三角贸易中起桥梁作用，是英国人从中国取得茶叶的必经中间环节。三角贸易充分体现了世界经济发展的相关性，也是中国受经济全球化影响的具体表现。

英国、印度和中国三角贸易简洁的路线图是：印度鸦片出口到中国，中国出口茶叶到英国，英国则将棉纺织品出口到印度。但是，三角关系的任何两方都是互动的，而不是单向的。这个三角贸易的根本特征：印度鸦片输

（卖）给中国，中国茶叶输（卖）给英国，英国统治印度，只有这样，才是这个三角贸易的平衡状态。

七、从茶叶和鸦片贸易看 19 世纪中国的危机

从茶叶贸易和鸦片贸易可以明显看出中国 19 世纪的危机：第一是中国茶叶外销的衰落，它是中国 19 世纪危机的一个非常重要的表征。第二是中国的鸦片贸易繁荣，同样是中国 19 世纪危机的一个非常重要的表现。

（一）茶叶在东西方的不同的命运

茶叶不仅给英国带来了巨额财富，还促进了欧洲的"勤勉革命"，为英国的近代化立下了汗马功劳。而作为英国茶叶唯一或主要供应国的中国，不仅没有在此次全球化或近代化大潮中受益，借助茶叶强劲的出口势头给中国带来经济增长和繁荣，反而成为列强的牺牲品，在内忧外患的形势下，陷入危机。

这是一个非常重要的问题，特别值得思考。在 19 世纪之前，中国是英国茶叶唯一的供应国。到了 19 世纪后期，英国在印度和斯里兰卡开辟了大量的种植园。中国不再是唯一的茶叶供应国。英国对中国的依赖性减弱。在英国人主导的贸易中，中国的重要性越来越低。茶叶贸易由盛转衰，就从一个侧面印证了 19 世纪中国社会

危机的现实。中国茶叶出口比值：1870 年，茶叶占出口总值的 49%；19 世纪 75 年，茶叶占出口总值的 53%；1890 年，茶叶出口总值下降到 30.3%；1892 年，茶叶出口总值下降到 25%；20 世纪初，茶叶出口总值降至 10%以下。

这组数据显示了 19 世纪后期中国茶叶贸易的急速衰退趋势。

从茶叶出口量来看，中国的出口量并不是在 1875 年达到最高峰，尽管这一年中国的出口总值达到最高峰。这说明，19 世纪 70 年代中国出口茶叶的价格还是较高的。中国茶叶出口量在 1886 年达到最高峰，但是，出口值反而下降。这说明其价格已经大大下降。此后出口更是量价俱减，20 世纪后降至 10% 以下。值得注意的是，19世纪末、20 世纪初，全世界茶叶需求不仅没有减少，反而大量增加，只是增加的部分连同原来中国的份额，都让给了印度和斯里兰卡。这表明中国在世界茶叶市场上的竞争力迅速衰退。

所以，茶叶出口由盛转衰，是中国 19 世纪社会危机的一个非常明显的表征。

（二）鸦片贸易的繁荣：19 世纪中国危机的表征

英国鸦片贸易可以分为两个阶段。1860 年以前中国进口鸦片贸易量增长迅猛，此与英国茶叶进口增长速度同步。1870 年以后中国从印度鸦片进口速度趋缓，此与英国对中国茶叶的依赖逐步减少，更与中国国产鸦片产量的迅速提高有直接关系。当时中国对鸦片的需求量很大。19世纪后期，中国吸食鸦片的人数是很惊人的，达到2000万人左右，占总人口比重的4%—5%，占成年人口的7%—8%。这个数据包括了三类吸食者，偶然吸食者、经常吸食者以及吸食成瘾者。鸦片消费最高的人群是第三类，一个吸食成瘾者的消费量相当于其他十几个一般吸食者的消费量。第三类吸食者的人数大约有300万到500万。因此，无论是此前的鸦片进口量增加，还是此后的鸦片进口量趋缓，都是19世纪中国危机的突出表征，因为国产鸦片产量比原来进口鸦片数量还多。

包世臣以19世纪初期的苏州为例，估算了吸食鸦片的费用。他说："即以苏州一城计之，吃鸦片者不下十数万人。鸦片之价，较银四倍，牵算每人每日至少需银一钱，则苏城每日即费银万两余，每岁即费银三四百万两。统各省名城大镇，每年所费，不下万万。"苏州当时的总人口没有超过百万，说明超过1/10的人吸食鸦片。苏州人吸食鸦片的比例要超过全国平均人口。此外，还有一个较为准确的数据。英国驻华公使统计，光宣年间四川的鸦片吸食者为315万人，其中17%即54万人成瘾。1911年四川全省人口为4414万人，加上川滇边务所属共4460多万人。可见其吸食鸦片者比例很高。19世纪后期的台湾地区只有300万人左右，但瘾君子竟有50万人。

从鸦片进口数据来看，1870—1880年，鸦片进口达到最高峰，每年都在 10 万箱以上，按每箱 120 斤计算，总数达 1200 万斤。国产鸦片，总量可能已远超 1200 万斤。19 世纪末 20 世纪初，鸦片进口数量迅速减少。但国产鸦片增长迅猛，不仅完全做到了"自给自足"，而且还有出口。在这个时期，有大量的华工到海外，华工吸食鸦片的比例特别高。当时东南亚、北美洲、美国也是吸食鸦片的地区，尤其是美国西部。因为华工去美国修西部的铁路，也把吸食鸦片的习惯带到了美洲，吸引了很多当地人吸食鸦片。在 19 世纪后期，美国有一个反华的高潮。其原因之一是当时中国人把吸食鸦片的习惯带到美国，遭到美国各阶层的反对。

从 19 世纪 60 年代末起，国产鸦片首先在云贵川等地形成了对进口鸦片的竞争优势，至 70 年代发展为全国性种植，80 年代全面压倒进口鸦片。从 1879 年到 1906 年，中国的鸦片进口数量从原来的 8 万多箱降到 5 万多箱，可是我们的国产鸦片从原来 33 万箱涨到了 58 万箱，消费总量增加了 50% 以上。自给率在 1879 年的时候已经达到了 80%，到 1906 年超过了 90%，进口大大减少。

总之，在茶叶贸易战中，中国"完败"；而在鸦片贸易战中，中国"完胜"。无论"完败"还是"完胜"，都是中国陷入危机的突出表征，给中国带来了巨大灾难，值得我们深思。

《灸艾图》（局部）南宋·李唐